Jovana Reisinger

Pleasure

Jovana Reisinger

PLEASURE

park x ullstein

park x ullstein ist ein Verlag
der Ullstein Buchverlage GmbH
www.parkxullstein.de
Instagram: @parkxullstein

ISBN 978-3-98816-014-0

2. Auflage 2025

Bei Fragen zur Produktsicherheit wenden Sie sich bitte an
produktsicherheit@ullstein.de
Gesetzt aus der Scala OT
Satz: LVD GmbH, Berlin
Druck und Bindearbeiten: GGP Media GmbH, Pößneck
Printed in Germany

Inhalt

Prolog

Das Ende eines Jahrtausends

Am 11. August 1999 glaubte unsere Küchenhilfe, dass die Welt untergehen würde, kam aber trotzdem pünktlich zur Arbeit. Der Mond schob sich zwischen Erde und Sonne, verdunkelte die Sonne, und während wir, meine Familie und ich, mit all den Nachbarinnen, Nachbarn und den Verwandten draußen auf der Terrasse unseres oberösterreichischen Wirtshauses die gratis Sonnenfinsternis-Schutzbrillen aus den Fernsehzeitschriften und Kiosken aufsetzten, um das Jahrhundertereignis zu begutachten und vor allem zu *erleben*, schrubbte und polierte die Frau, die ich fortan Charlotte nenne, weil niemals eine*r denken würde, eine Charlotte wäre Küchenhilfe eines Dorfwirtshauses in Oberösterreich, bis zur letzten Sekunde pedantisch die Arbeitsplatten meines Vaters, nur um sich dann Schutz suchend, und vor allem um das Ende der Zeit nicht mitansehen zu müssen, unter ihnen in Sicherheit zu bringen. Charlotte, die uns tagelang auf die anstehende Auslöschung der Menschheit vorbereitet hatte, die Bibelverse rezitierte und Rosenkränze zum Segnen in die Dorfkapelle brachte, die ihre eigene Familie in der Annahme, sie nie wiederzusehen, zu Hause zurückgelassen hatte, sich morgens verabschiedete, vielleicht unter Tränen, vielleicht durchaus mit Erleichterung und einem Gefühl von Genugtuung, aber ich spekuliere nur, denn gefragt habe ich sie nie, die Charlotte also ließ es sich nicht nehmen, ihrem regulären Arbeitsalltag nachzugehen und auf die Minute genau ihre Schicht zu beginnen, was selbst mir als Zehnjähriger imponierte. So viel Arbeiterinneneifer am letzten Tag der Erde oder überhaupt an irgendeinem anderen würde ich heute, jünger als Charlotte damals, nicht aufbringen.

Ganz im Gegenteil. Ich würde, wäre ich wirklich überzeugt vom anstehenden Weltuntergang, überhaupt nichts mehr leisten, außer den großen Abschied, ein letztes Hurra und die maximale Entgrenzung, einen einzigen hemmungslosen Exzess. Niemals aber würde mein Plan vor dem Abtritt darin bestehen, die kleine, jedoch äußerst gut ausgestattete Profiküche sauber zu machen und für den Koch zu präparieren, der zwar mein Chef ist, aber außerdem hirnrissig genug, im Anschluss an das alles vernichtende Spektakel ein ausgefallenes Menü servieren zu wollen, denn so eine totale Sonnenfinsternis passiert ja wirklich nicht alle Tage, und da könne man, so die Meinung dieses Chefs, auch herausgehoben speisen, als Zelebrierungsmaßnahme und Markierung von Besonderheit. Um dem Weltuntergang mit offenen Armen entgegentreten zu können, ihn also zu feiern, statt tatsächlich bei einer profanen Arbeitstätigkeit vom Untergang alles Menschlichen überrascht zu werden und unvorbereitet beim Schuften – oder wie er, der Chef, gesagt hätte, beim *Hackeln* – zu verrecken, braucht es offensichtlich ein konkretes Datum und nicht diesen mal diffusen, mal deutlicheren, jedoch immerzu drohenden und spürbaren, menschengemachten Klimawandel als Endzeitgarant oder das Mikroplastik in unseren Körpern und in überhaupt allen Körpern der Lebewesen dieser Erde. Man braucht etwas wie den legendären 21. Dezember 2012, der das Ende des Maya-Kalenders markiert, oder etwas Ähnliches, irgendein symbolisches Ende.

Charlotte hatte ihren 11. August 1999 und wusste, das Leben, die Gesellschaft und der Planet würden sogleich verschwunden sein, sich auflösen, verschlungen werden, oder, das war ihre größte Angst, es würde schlichtweg für immer dunkel bleiben, und alle würden langsam krepieren. Gegen elf Uhr dreißig war es Zeit dafür. Die Küche blitzte, Charlotte hatte ihr Tagwerk vollbracht und stand allein und aufrecht vor der Salatkühlung, während das halbe Dorf in unserem Biergarten Platz genommen hatte. Die enorme Nachfrage an Schutzbrillen konnte bis zum Schluss nicht gedeckt werden, und Europa starrte, zum Teil ungeschützt oder schlecht präpariert, allerdings erwartungsvoll in den Himmel. Keine Wolke störte, es herrschte freie Sicht, der Attersee, über dem die Mitte der Totalitätszone in Oberösterreich, also die ultimative Sonnenfinsternis, inklusive Temperaturabfall und Sichtbarkeit hellerer Sterne stattfand, war 55 Kilometer entfernt und die Stimmung prächtig.

An dieser Stelle muss man sich doch spätestens fragen: Charlotte, wozu das Ganze? Es muss Charlotte klar gewesen sein, dass im Falle eines Weltuntergangs weder mein Vater noch meine Mutter an eine faire Honorierung ihrer vorausschauenden Reinigungstätigkeiten denken würde. War das Pflichtgefühl, oder war die Arbeit zum einzig möglichen Ausdruck ihrer emotionalen Schieflage geworden? Ein Nachbar zählte mit theatraler Stimmhaftigkeit stupide die Minuten bis zum Ereignis herunter, Charlotte verkroch sich derweil tiefer ins Herz der Wirtschaft. Dann war es so weit. Die Gesichter im Biergarten wurden noch angestrengter in den Himmel gestreckt, Charlotte indessen vergrub das ihrige in den Händen. Stille, Erwartung auf das große Ende. Die Schönheit der Sonnenfinsternis, die Besonderheit des ganz großen Gemeinschaftserlebnisses, und schwups, war's schon wieder vorbei. Die Angelegenheit dauerte nur kurz, etwa eine Minute, und mit der Rückkehr der für kurze Zeit verstummten Tiergeräusche füllten auch die Stimmen der Betrachter*innen erneut den Biergarten. Wow! Unglaublich! Der Wahnsinn! So ein Spektakel! Atemberaubend!

Charlotte wurde jedenfalls, nachdem sich die Euphorie über die Verdunklung allmählich gelegt hatte – Erdbeben, tote Vögel, die vom Himmel fielen, vollständiger Zusammenbruch des globalen Internetnetzwerks, ein implodiertes Atomkraftwerk, ein klaffender Riss im Boden, all das war ausgeblieben –, zitternd, betend und entgeistert unter der Arbeitsplatte neben der Salatkühlung vorgefunden, anschließend an einen Tisch gesetzt und von eilig helfenden Händen betreut. Da wurde der Puls am Handgelenk kontrolliert, Luft zugefächert, ein Soda Zitron angeboten, ein Traubenzucker verabreicht, auf die Schulter geklopft und der Handrücken getätschelt. Charlotte allerdings wollte nichts von alldem, ihr wurde zunehmend schwindelig und schwindeliger. Es dämmerte ihr: Das Leben nach dem Weltuntergang war das Leben vor dem Weltuntergang geblieben.

Was für eine elendige Gemeinheit! Da hatte sie gebetet und gelitten und ein Leben lang gearbeitet und war sparsam und genügsam und lebte mit allen Entbehrungen und war freundlich und anpassungsfähig und zäh und resilient und jammerte nicht und gebar Kinder und horchte auf einen angetrauten Mann, den sie sich nicht mal wirklich selbst aussuchen durfte, lebte in einem kleinen Haus, welches sie auch nicht wirklich aussuchen durfte, weil es eben schon seit dann und dann im Familienbesitz war, baute ihr eigenes Gemüse an und kochte und putzte und pflegte und tat, wie von ihr verlangt, aber letztendlich saß sie da, alles ruiniert, alles vorbei, und alles blieb wie eh und je, wie gehabt und wie zuvor. Dieser Weltuntergang, so schoss es Charlotte durchs Hirn, ist die größte Enttäuschung ihres Lebens, eine einzige Frechheit, schlimmer als jede bisher erlebte Demütigung, die absolute Hölle.

Das, aber irgendwie anders formuliert und vor allem auf Mundart, schrie sie fassungslos in die leicht erröteten, heiteren Gesichter, die sich vor ihr versammelt hatten, die sie entweder aus- oder anlachten, die entweder helfen oder ihre eigene Dummheit über das Megaversäumnis mitteilen wollten. So ein Jahrtausendereignis schweißt die Menschen zusammen. Nur die nicht, die es verpassten. Charlotte schwitzte, sie atmete tief und schwer, sie verengte ihre Augen und zog ihre Mundwinkel nach unten, während der Vater in der Küche gut gelaunt mit scharfen Messern hantierend das Spezialmenü zubereitete und die Mutti das Bier und die weißen Spritzer in einem hohen Tempo einschenkte und an die vielen Tische brachte, weil plötzlich alle einen enormen Durst bekommen hatten von dieser Grenzerfahrung. Die kleine Menschentraube um Charlotte wurde beim Anblick der keifenden Frau ganz ergriffen und entschied, sich selbst in Sicherheit zu bringen, denn die eigentlich so Zierliche war schlagartig nicht mehr fromm und ängstlich, sondern hasserfüllt und verkrampft und erschien stärker als jemals zuvor. »Ist das hier die Hölle?«, fragte sie in die verdatterten Gesichter, die sich ihr noch zuwandten, und riss der Mama beim Vorbeigehen das Tablett aus den Händen, die sich davon nicht beeindrucken ließ, sondern einen Ausruf des Erstaunens geltend machte, so als würde sie uns Kinder oder den Hund ermahnen. »Die Scherben räumst aber jetzt sofort selber auf«, schob die Mami hinterher, als sie wieder zur Schank ging, um die Getränke erneut zu zapfen und einzuschenken, und ich setzte mich neben die schunkelnde Oma, weil irgendwer ein deppertes Volkslied sang und Stimmung machte und die Omi die Stimmung sofort spürte. Charlotte war sich indes sicher, dass die Welt untergegangen war und dass es sich bei der Fortsetzung der bekannten Welt nach ihrem Untergang um die allergrößte Strafe Gottes handelte, also beschloss sie, dass es jetzt auch schon wurst (egal) sei, stellte sich auf den Tisch und verlangte nach dem Selbstgebrannten, den der Vati der Gesetze wegen oben auf dem Küchenschrank versteckt hielt. »Her damit!«, schrie sie in Endlosschleife, und zu ihrer eigenen Überraschung stimmte die gesammelte, satte und trunkene Wirtshauskund*innenschaft direkt ein. »Jawoll«, schunkelte die Oma, »her damit!«, und der Papa, der überhaupt nichts von dem ganzen Ausraster mitbekommen hatte, kam aus der Schwingtür geschlüpft und schaute auf einen aufmüpfigen Haufen Dorfbewohner*innen, von denen so manche unsere Verwandten oder Freund*innen waren, und wusste gar nicht sofort, was er denn nun bringen sollte. »Her mit dem Essen?«, fragte er ungläubig. »Geh heast! (Also bitte!)«, krächzte die Anführerin, »den Selbstgebrannten sollst bringen!« »Den Selbstgebrannten?« »Der, von dem manche blind werden halt!« »Her damit!«, verlangte jetzt auch die Mama, und damit war eh alles entschieden, also verschwand der Vati noch mal im aufpolierten Arbeitszimmer und kam mit einer unbeschrifteten Flasche wedelnd wieder hervor. Die Wirtshausbesucher*innen brachen in ekstatische Freude aus, und die Mutti war sich jetzt auch sicher, dass alle restlos den Verstand verloren hatten, und ich fand es auch grad lustig, und die Omi klatschte in die Hände, und das Volkslied wurde immer noch blöder und die Stimmung immer noch besser. Jedenfalls ging Charlotte dann von Tisch zu Tisch und schüttete einer Person nach der anderen den Selbstgebrannten in den Rachen, und diejenigen, die sie am wenigsten mochte, bekamen besonders viel davon ab. Am Ende des Tages waren alle sternhagelvoll und legten sich in der Wirtsstube nieder, manche blieben direkt im Biergarten.

Irgendwann fanden wir Kinder es öde, stiegen hinauf in den ersten Stock und schauten dort fern. Charlotte trat am nächsten Morgen ihren Dienst an, wie immer auf die Minute genau. Meine Eltern waren noch etwas derangiert, aber auch sie nahmen sich der selbstauferlegten Pflicht wieder an. Die Hölle ging weiter, man hatte sich damit abgefunden. Die Hölle, das bedeutete Arbeit ohne Ende im eigenen Betrieb und die Hoffnung auf bessere Umstände, auf mehr Geld – das wurde mir in dieser Sekunde klar, als Charlotte ausrastete –, selbst in der Hölle darf man nur gelegentlich, so selten wie nur möglich die Lust, den Spaß und die Genussfähigkeit verlieren. Denn sonst wird's unerträglich und entsetzlich, und das will wirklich niemand, dann ist alles verloren, dann wird es wirklich finster, auch ohne Sonne-Mond-Zusammenspiel der Extraklasse.

Arbeit war Charlottes Leben. So begannen schon Geschichten vor dem 21. Jahrhundert. Selbstverwirklichung durch eine sinnvolle Tätigkeit, vielleicht sogar gesellschaftlich relevant und angesehen. In der Charlotte-Variante muss das ohne Sozialprestige funktionieren, ihre Arbeit brachte ihr keinen Respekt ein. Sie war dazu da, ständig einem Koch hinterherzuputzen, für ihn irgendwas herzurichten und zu verräumen, damit er eine elendige Sauerei bei seiner eigenen Selbstverwirklichung machen konnte. Eine Sauerei, die er niemals eigenständig beseitigte, so als würde sie zu seiner Passion nicht dazugehören. Dafür hatte man ja die Charlotte eingestellt. Sie war dazu da, die Träume meines Vaters wahr werden zu lassen (innerhalb ihrer Möglichkeiten). Präziser formuliert: Arbeit war Charlottes Leben, weil Charlotte ihr Leben sonst nicht hätte finanzieren, also leben, können. Freizeit wird in maximal zwei Tage pro Woche gesteckt, das sogenannte Wochenende, da bleibt wenig Zeit, um das Leben zu genießen, und noch weniger Zeit, sich politisch zu organisieren oder sozial zu engagieren.

Ich denke oft an Charlotte, die eventuell längst verstorben ist. Und immer wenn ich an sie denke, fällt mir wieder ein, wie entschlossen sie am Tag des Weltuntergangs, zumindest hatte sie ihn erwartet, zur Arbeit gegangen war. Am 11. 8. 1999 hat eine Reinigungskraft namens Charlotte mir den größten Erkenntnisgewinn meines bisherigen Lebens verschafft. An diesem Tag, während sich die Erwachsenen den Selbstgebrannten reinschütteten und über ihre schmerzenden, abgearbeiteten Körper klagten, beschloss ich, mich für alle Zeiten fernzuhalten von einer demütigen Arbeitsmoral, von Lebenszeitvergeudung durch Arbeit, die mir keine Freude macht. Erst später, viel später, habe ich verstanden, dass es sich dabei selten um eine freiwillige Entscheidung handelt.

Nicht alle können sich Selbstverwirklichung leisten – und dabei gut leben. Manche sorgen dafür, dass andere es schaffen. Sie putzen die Arbeitsplatten, machen Pläne, assistieren, bereiten vor und bereiten nach. Manche gehen beim Versuch zugrunde oder geben irgendwann auf. Ich gehöre nicht dazu.

Charlotte, die den Schnaps ihres Cousins übrigens regelmäßig über Ländergrenzen schmuggelte und genauso gerne teilte wie trank, hat im Moment der größten Resignation den richtigen Impuls gesetzt und durch bedingungslose Hingabe an die Gegenwart den dringend notwendigen Exzess initiiert. Wie wäre das denn sonst auszuhalten? Eben. Die Feste feiern, wie sie fallen, so auch den (verschobenen) Weltuntergang. In einem arbeitsreichen Leben, in einem mit vielen Pflichten und vielen Sorgen, ist der Genuss die verdiente Belohnung. Über die Belohnung hinaus geht die Dekadenz, die verschwenderische Fülle. In so einem *kleinen* Leben, einem mit mehr Entbehrungen als Bonuszahlungen, ist die Hingabe an Pleasure beinah eine Form des Widerstands. Eine Grenzüberschreitung.

Pleasure steht für Genuss und Bedürfnisbefriedigung: eine Praline, das gute Obst, der Edelschmuck, die Freibadpommes, die Designerhandtasche, der Kuss, die geilen Heels, der Sonnenuntergang, die Umarmung, ein Käsebrot, die Postkarte aus dem Urlaub, der Urlaub, die Berührung, das ausgeschlafene, erholte Aufwachen, der richtige Satz, das merkwürdige Ereignis, die ergreifende Kunst, der alles verschlingende Sex. Um ein Bedürfnis befriedigen und genießen zu können, muss es als solches nicht nur erkannt werden, sondern man muss sich dem Wunsch danach hingeben, in gewisser Weise *sich ergeben*. Man muss es sich wortwörtlich leisten können. Ohne Scham oder Schuldgefühl. Ein *Guilty Pleasure* ist kein Pleasure. Pleasure steht dafür, sich selbst und anderen etwas gönnen zu können, Eigennutz und Altruismus nicht im Widerspruch, sondern in einer kongenialen Ergänzung. Aus dieser beinah idealistischen Betrachtung heraus sorgt Pleasure als Haltung auch für Irritationsmomente, für Frustration, ist in gewisser Weise die reinste Form der Provokation.

Pleasure ist die Behauptung des guten Lebens, der Sorglosigkeit, des Luxus, des Vergnügens, der Unterhaltung. Wie ein ewiges Reenactment bekannter Highlife-Szenen, einer bestimmten dekadenten Symbolik, Imitation und Ritual – aber eben auch der Beweis der Genussfähigkeit. Pleasure geht auch kleiner als Jachthafen, Jetset und Edelrestaurant. Pleasure geht auch auf dem Balkon, dem Sofa, in guter Gesellschaft oder allein.

Liegt es in der Eigenverantwortung, ein gutes, schönes, ausschweifendes, sexy, selbstbestimmtes Leben zu führen – entgegen den strukturellen Demütigungen, Niederlagen und Felsbrocken, die in so manche Lebenswege gelegt wurden, dass es scheinbar für immer nur so scheppert? Pleasure ist keine Notwendigkeit, Pleasure ist eine Einladung.

Die Haltung des behaupteten Luxus ist zweifelsohne eine Pose, eine Selbstinszenierung, Darstellung. Meine liebste Spielart des Pleasure ist der Glamour, dazu später mehr. Aber Pleasure ist, meinem Verständnis nach, vielmehr eine Haltung als eine Lüge, ist eine lebensbejahende Praxis – bei manchen bedeutet das: allen Widrigkeiten zum Trotz. Das kostet Kraft, Ressourcen und verursacht Schmerzen. Für andere ist es ein Prinzip, eine Forderung, das sogenannte Entitlement, also eine unverfrorene Anspruchshaltung, eine Beiläufigkeit, Normalität. Pleasure ist moderner Manierismus und das Codewort für Extravaganz. Für mich ist Pleasure eine Haltung, die von unten kommt und die *oben* entweder als anmaßend, vulgär oder unkritisch wahrgenommen wird. Weil aber jede*r, nicht nur manche, entscheiden darf, was Kritik ist, behaupte ich: Pleasure ist eine ästhetisch-weltanschauliche Revolution.

Mag sein, dass das zu hochtrabend scheint, zu dick aufgetragen und aufgesetzt. Zu schwülstig süß, regelrecht vor Sentimentalität und Emotionalität tropfend, wie fetttriefende Mehlspeisen aus der Fritteuse oder eine lustvoll nasse Vulva. Aber ich glaube daran. So, wie ich an den Humor glaube. An die Widerstandsfähigkeit, die Resilienz, aber auch an die Ruhe und Erholung. Ich will über das ausbeuterische System lachen und trotzdem in ihm brillieren. Ich will die Gemeinheiten der unfairen Verteilung sämtlicher Mittel adressieren und dafür gelobt und bezahlt werden. Ich will mich der Selbstverwirklichung verschreiben und trotzdem geliebt werden. Nicht nur für meine Kunst, sondern trotz meiner Kunst. Warum das ein Widerspruch zu sein scheint, erkläre ich auch. Ich will nicht nur diese schier bedingungslose Lust aufs Leben zelebrieren, sondern auch die Enttäuschungen, die damit einhergehen, weil sie dazugehören, mich aber nicht zerstören. So viel Macht will ich ihnen nicht geben. Ganz im Gegenteil: Ich will die Liebe, den Sex, die Romanze, den Erfolg, die Selbstbestimmtheit, das Geld, die Sorglosigkeit, die Karriere, das Outfit, die Gesundheit, den Fame, die Geschenke. Ich will mich nicht dafür schämen müssen – weder dafür, dass ich über meine Grenzen gehe, um manches davon zu bekommen, noch dafür, dass ich manches davon bekomme und es mich glücklich macht. *Pleasure* ist ein Manifest für den Glamour, eine Lanze für das Rumliegen, die Völlerei, den Kitsch. Warum wir alle dieses Manifest benötigen? Die ausführliche Antwort hat mit Luxus und Klasse zu tun, und für die brauche ich exakt 317 Seiten und keine einzige weniger.

Um Pleasure auf die Spur zu kommen, ziehe ich das Konzept des Luxus heran, denn Luxus ist wie ein exklusives Versprechen, eine sinnliche Verheißung, eine pompöse Einladung, eine fantastische Sehnsucht. Die Sahnetorte, der Cocktail, der Pool, der Liegestuhl im Garten, der strassbesetzte Bikini. Luxus ist vage, Luxus ist moralisch, und was wenige wissen: Will man das ausschweifende Leben beschreiben, braucht man ausschließlich drei Alltagskategorien, Kleidung, Essen, Schlaf. Diesen drei Lebenspraktiken folge ich in diesem Buch, denn auf meinem Weg zur Selbstverwirklichung, beim geglückten Versuch des Klassenwechsels und dem Aufstieg auf der Karriereleiter, empfinde ich sie als die hilfreichsten und dankbarsten Kategorien, dem Klassismus auf die Spur zu kommen, der subkutan unsere egalitäre Gesellschaft bestimmt.

Dass es nicht nur mir so geht, beweisen meine Freund*innen. Haben Sie die Gespräche im Freund*innenkreis einmal geclustert? Tatsächlich sind die häufigsten Fragen, die wir einander stellen: *Wie war das Essen? Was haben dir der Abend und die Nacht offenbart, oder auch, wie hast du geschlafen? Und was hattest du an?*

Meine These ist, dass sich anhand dieser drei Kategorien nahezu alle sozialen Interaktionen, zahlreiche Erlebnisse und Situationen bewerten und verstehen lassen. Essen, Schlafen, Kleidung – sie geben Aufschluss über Zugang, Mangel, Abwesenheit und Überfluss. Manchmal führen sie zu etwas – zu Liebe, zu Sex, zu Sehnsucht, zu Gier, zu Rache, zu Gesundheit, zu Krankheit, zu Glück, zu Unglück.

Knapp fünfundzwanzig Jahre nach dem Beinah-Weltuntergang trage ich eine kurze, graue Radlerhose, einen pinken Spitzen-BH und den dazu passenden Stringtanga, ein cremeweißes, semitransparentes Shirt aus Seide und eine Plastikhaarspange in Muschelform und Perlmuttoptik. Ich habe stabile achteinhalb Stunden im eigenen Bett geschlafen, meine Träume handelten von der Planung einer Beerdigung und von einem Knödelgericht. Außerhalb des Traums habe ich bisher handgezogene chinesische Nudeln mit scharfer Aubergine und eingelegte Gurken verzehrt und zwei Tassen Kaffee getrunken. Die Welt ist nicht wieder untergegangen, jedenfalls nicht vollständig, und ich will sie genießen. Weil die Parameter, unter denen ich aufwuchs, ein anderes Leben vorsahen, ist das gar nicht so leicht.

Ich ziehe
mich an,

Der rote Teppich

Letzten Sommer verstand ich, dass in diesem Leben wirklich nichts zusammenpasst und dadurch alles Sinn ergibt. Ich wachte morgens nach einem Sturm in Berlin auf, der andernorts ganze Landstriche verwüstet hatte, spazierte durch das dezent gewitterbeschädigte Neukölln, traf entgegen meinem eigentlichen Vorhaben den Lover zum Frühstück, da vorübergehend die Züge gestrichen worden waren, hatte dann, als ich doch irgendwann in München ankam, dreißig Minuten Zeit, um mich in ein Outfit, das die Einladungsaufforderung »Cocktail« erfüllte, zu werfen, um anschließend hemmungslos viel Prosecco mit meinen Girls zu trinken, auf dem roten Teppich zu posieren und mich von einer völlig fremden Frau beschimpfen zu lassen. In der Nacht vom 23. auf den 24. Juni 2023 lag ich angesoffen mit schmerzenden Beinen im Bett und erkannte an, dass dieses Chaos, diese Gleichzeitigkeit, mein Leben ist – und dass ich kein anderes haben will. Aber bitte der Reihe nach.

Die Eröffnung eines großen Filmfestivals ist naturgemäß ein Spektakel, das zwischen Glamour und Hilflosigkeit changiert, das Lokalberühmtheiten und tatsächliche Stars zusammenführt, die wiederum von Wartezeiten und Geltungsdrang bestimmt sind. So eine Eröffnung ist, wie jede andere elitäre Veranstaltung der Kulturindustrie, eine einzige große Behauptung, sie erzwingt von den Beteiligten die Fähigkeit zur Pose, die sich oft nur mit Täuschung oder durch gelungene Imitation realisieren lässt. Einerseits herrscht Einigkeit darüber, dass es sich bei diesem, bei all diesen Events um etwas Außerordentliches handelt, um etwas, was man auskosten und genießen will, wofür man sich entsprechend kleidet, anreist, den Terminkalender freischaufelt, die Wichtigkeit auch durch die eigene Präsenz anerkennt und wertschätzt, andererseits herrschen strenge Codes (Kleidung, Benehmen, Gästeliste), zu deren Einhaltung man sich im Laufe des Prozesses irgendwann stillschweigend verpflichtet – schließlich will man ja dabei sein, sonst ginge man nicht hin.

Die einen behaupten das Interesse an der Kunst, zumindest an der zelebrierten Kunstform, die anderen an der Politik, ganz andere behaupten für sich das Außenseitertum und eine rebellische Antihaltung. Das ist die amüsanteste Pose, denn sie entlarvt eine langweilige Trostlosigkeit, Stagnation oder Resignation. Da versichern dann beispielsweise die besser verdienenden Produzent*innen, Regisseur*innen, Schauspieler*innen, Agent*innen, dass ihnen Geld nicht wichtig sei und sie ganz aufopferungsvoll nur für die Kunst lebten und deshalb am allerliebsten diese Events abschaffen würden, auf denen sie regelmäßig mit Preisen und Prestige belohnt werden. Das sind auch die, die Nepotismus nicht zu kennen glauben sowie die Notwendigkeit eines Netzwerkes, das sogenannte und häufig alles entscheidende Vitamin B. Alle haben eigene Ziele an so einem Abend, aber sie alle, und jene dazwischen, bilden die Grundlage einer solchen Gala, auf der Welten aufeinanderprallen. Auch ich behaupte etwas, natürlich tue ich das in meinem kurzen, eng anliegenden Kleid, in meinen zehn Zentimeter hohen Heels, mit meinen scheinbar unfrisierten Haaren, mit meiner Freundinnnen-Entourage, bestehend aus fünfzehn heißen, klugen, auffälligen, schönen Frauen. Was behaupte ich? Eine süffisante Lässigkeit, eine coole Ungerührtheit, unmissverständlich meine Zugehörigkeit, wenn all das nicht ersichtlich ist, zumindest (m)einen Lifestyle.

Als wir ankommen, herrscht ein aufgeregtes Durcheinander. Wir werden sofort gesehen, erkannt, zum Einlass gerufen und durchgelassen. Ich fühle mich wie ein Starlet, das keine Schwierigkeiten vor besonders *harten* Türen kennt, so mühelos elegant, so ikonisch, so angesagt. Dummerweise ist das kein Standardmodus meines Lebens, aber ein hübscher Moment, um an die Mutter aller It-Girls zu denken, die ich mir seit jeher als Vorbild nahm und zu imitieren versuche, Paris Hilton. Die einst mit ihrer dümmlich wirkenden Performance populär gewordene und dafür verspottete Hotelerbin ist längst für ihren harten Geschäftssinn bekannt. In ihren Memoiren *Paris* beschreibt sie, wie sie es, zwar bereits bekannt, aber noch nicht international berühmt, dauerhaft auf Gästelisten schaffte und zum äußerst gern gesehenen Partygast wurde.

»Ich weiß noch, wie Sarah die Tür machte und entschied, wer in und wer out war. Die Leute gingen gerne mit mir aus, weil ich immer in war, und ich war immer in, weil ich immer eine fantastische Gruppe von coolen Leuten dabeihatte. Ich habe mir einen unglaublichen Freundeskreis aufgebaut – und nicht nur die berühmten Leute, die man schon kennt. Ich spreche von wunderbar seltsamen, kreativen Menschen, deren Namen Sie vielleicht nicht kennen, obwohl sie L. A. zu dem wunderbar seltsamen, kreativen Ort gemacht haben, der er ist. Ich liebte es, mit Künstlern, Dichtern, Musikern, Filmemachern, Schriftstellern und Technikfreaks zusammen zu sein.«[1]

Eine gut kuratierte Gruppe ist genauso notwendig wie eine gut kuratierte Party.

Der obligatorische rote Teppich erstreckt sich meterlang, ebenso die Fotowände mit Sponsorenpräsentation. Aufmerksamkeitsökonomie und Hierarchie: Wer wird wo abgestellt, abgelichtet, wer bekommt wie viel Zeit, welche Namen werden gerufen, wer wird ergeben betreut, wessen Fotos sind notwendig, um das Image der Veranstaltung nicht nur zu unterstreichen oder zu belegen, sondern vielleicht sogar auf-

1 Paris Hilton: *Paris: The Memoir*, New York 2023, S. 198.

zuwerten, wer ist nicht wichtig genug? Für wen selbst ist das Foto wichtig, um das eigene Image zu unterstreichen, zu belegen oder es vielleicht sogar durch den Besuch, die Einladung aufzuwerten? Es gleicht einem Staffellauf. In diesem Fall erfüllt die Fotowand draußen eine andere Funktion als die, die im Inneren aufgestellt wurde. Drinnen haben sich die Fotograf*innen hinter einem Absperrband aufgereiht, die einzelnen zu fotografierenden Personen werden von der Festivalcrew angekündigt und tippeln in gähnender Geschwindigkeit los. Stehen, posieren, zwei Schritte weiter, stehen, posieren, zwei Schritte weiter. Je berühmter, umso größer das Interesse, umso lauter die Rufe, umso länger der Moment. Draußen werden auch die weniger wichtigen Promis in Szene gesetzt, Fotos geschossen, die zufälliger wirken sollen, ausgelassener, freundlicher und spaßiger. Die innere Fotowand ist das Sieger*innentreppchen, die äußere die Teilnehmer*innenurkunde. Das Ziel ist natürlich, regelmäßig auf dem richtigen roten Teppich abgelichtet zu werden, mit der Absperrung und Ankündigung, bei den richtig wichtigen Events. Als Zeugnis der eigenen Berühmtheit und Bedeutung landen diese Fotos dann auf den Webseiten der Bildagenturen, werden mit Namen versehen und dienen als Beweis: Die war anwesend, die war drin, man weiß, wer die ist. Fotograf*innen und PR-Personen klammern sich an ihre Fotomappen, das sind Listen, auf denen Namen neben Porträtfotos gedruckt wurden, um keine wichtigen Personen zu verpassen, sezieren die ankommenden Massen. Fans stehen bereit, um Autogramme zu bekommen, die meist gerne gegeben werden, denn sie befriedigen den Wunsch, nicht nur wichtig zu sein, sondern auch erkannt zu werden. Leute suchen sich, streiten am Einlass mit denjenigen, die nach Namen auf iPads suchen, andere lachen zu laut, zu gewollt, zu markant. Ein amüsantes Spektakel, bei dem alle schwitzen und versuchen, diesen Umstand zu ignorieren. Schweißflecken unter den

Achseln, wedelnde Fächer vor Gesichtern, glänzende, aufgedunsene Gesichter. Es ist heiß in München. Der Sturm kam nicht mal ansatzweise hier an. Seit Wochen herrscht Hochsommer. Etwas, was die Stadt tatsächlich mühelos kann: Genuss und gutes Wetter. La dolce vita und (deutscher) Glamour.

Teure Sonnenbrillen, Designerhandtaschen, Schuhe aus den neuesten Kollektionen, frisch vom Laufsteg. Die einen besitzen sie, die anderen leihen sich die Statussymbole. Das Geld wird bei so einem Event zur Schau gestellt, präsentiert, schamlos offenbart. Die ewig gleichen, klassischen schwarzen Anzüge. Die merkwürdigsten und die schönsten Kleider. Es ist fantastisch. Jemand schreit meinen Namen, ich schreie einen Namen. Wir besorgen die nächste Flasche Prosecco, ärgern uns darüber, dass wir selbst dafür zahlen müssen, verlieren uns in Small Talk und fallen einander euphorisch in die Arme. Küsschen hier, Küsschen da. Ich liebe es, mich davon verschlucken zu lassen. Von so einem Aufriss. Von so einem Schauspiel. Ich muss dann nicht erst klarkommen, ich bin dann ganz gegenwärtig, wach. Der unbändige Drang, etwas Großes zu erleben oder zumindest *etwas* zu erleben. Dabei passiert ja ständig was. Steuererklärung, Mietpreiserhöhung, Inflation, Herzschmerz, der Kühlschrank geht kaputt, das Eisfach läuft aus, der Farn vertrocknet, der kleine italienische Supermarkt hat während meiner Abwesenheit geschlossen und ein Lieferdienst stattdessen eröffnet.

Die Flasche ist schneller leer, als uns lieb ist. Eine stellt sich erneut in die Schlange. Namen werden getuschelt, Stars in unmittelbarer Nähe, zum Greifen nah. Heute Morgen sagte ich dem Lover, während wir Händchen haltend durch Neukölln spazierten, dass ich gerne bei ihm bleiben würde. Jetzt wundere ich mich über diesen sentimentalen Zustand. Über meine Lüge. Es muss an einem wetterbedingten Heimeligkeitsgefühl gelegen haben, an einem missverstandenen Wir-gegen-das-Chaos. Ich will nirgendwo sonst sein als hier. Ich wollte immer, seit meiner Land-und-Dorf-Kindheit, an genau diesem Ort sein. Wie konnte ich das vergessen? Ich schiebe die Schuld auf die heuchlerische konservative Drohung, dass ein Leben nur dann schön, erfolgreich und voller Liebe ist, wenn es in einer heterosexuellen Ehe gipfelt. Das habe ich schon enthusiastisch durchexerziert. Der erste Versuch war's nicht.

Dann mein *Fotocall.* Ein Mitarbeiter des Filmfests positioniert mich in der Schlange zur richtigen, zur alles entscheidenden Fotowand, meine Girls stehen oben auf der Brüstung und überwachen die Performance. Ich beobachte sie, wie sie mich beobachten: Gelangweilt und ungerührt lehnen sie da, die Handys in der Hand, bereit, im richtigen Moment, dann, wenn ich den Teppich betrete, ein Video aufzunehmen. Nicht nur weil es mir wichtig ist, sondern uns allen. Beweise, Beweise, Beweise. Ich ziehe eine Grimasse. Sie lachen.

Die Schauspielerin Luisa-Céline Gaffron und ich entscheiden uns, gemeinsam das Foto zu machen. Es gibt keinen äußeren Grund dafür, wir haben kein gemeinsames Projekt auf dem Festival oder teilen uns irgendeine öffentlichkeitswirksame Kampagne oder Funktion, die wir dringend unterstreichen müssen. Aber es gibt einen persönlich-gefühlvollen, und das ist auch in Ordnung: Als wir einander vor mehr als zehn Jahren kennenlernten, waren wir klein, aber die Hoffnungen groß, und als wir jetzt gemeinsam in der Schlange stehen, stellen wir im Abgleich mit der Realität fest, dass die Hoffnungen nicht zu groß waren. Etappenziel! Wir lassen uns von der Euphorie einnehmen, von der Erleichterung, von der exaltierten Stimmung, den strahlenden Gesichtern und den Gesprächsfetzen. »Oh, sie ist auch da!« »Ich dachte, er würde nicht mehr eingeladen werden?« »Ah, schau, da ist (irgendein Name, den vermutlich alle kennen)« »Nein, hat sie nicht gesagt!« »Doch!« »Nein!« »Doch!« Wir beschließen, unsere Freundinnenschaft der Presse zu präsentieren, der es egaler nicht sein könnte. Tendenziell kennen sie von uns beiden Luisa, vielleicht hilft ein gemeinsames Foto ja meiner Berühmtheit. Man wird schließlich mit den Leuten assoziiert, mit denen man sich zeigt. So oder so ähnlich las ich das in einem Ratgeber für Businessbabes. Wir werden angekündigt, unsere Namen genannt, dann werden wir auf den Teppich geschickt. Zwei Schritte, stehen bleiben, lächeln, drei Schritte weiter, stehen bleiben. Lächeln, Bein zeigen, Brust raus, gerader Rücken, den Kopf niemals schief halten, das signalisiert Schwäche, heißt es, direkt in die Linse blicken, keine Angst haben, keine Scheu, keine Verunsicherung. Wir halten uns an den Händen, finden das eine schöne Geste. Manche Fotograf*innen rufen etwas, etwas Witziges, etwas Nerviges, etwas Dummes, selten wird etwas Nettes gerufen, um eine Reaktion zu erzwingen. Man muss sie dabei gekonnt ignorieren, darf nicht mit ihnen sprechen, um keine Gesichtsentgleisung zu erzeugen, darf die Körperhaltung nicht verlieren, nicht aus der Rolle fallen, muss sich stets auf das Foto konzentrieren, das man am Ende haben will. Luisa neben mir, an meiner Hand, gibt mir Sicherheit, der schönste Grund, das Foto gemeinsam zu machen. Irgendjemand ruft »Danke«, und die Fotograf*innen blicken uns gelangweilt an. Sie haben genug von uns, genug Material, haben genügend Versuche gemacht, etwas Tolles aus uns herauszuholen. Wir werden nicht mehr benötigt, jemand anderes ist dran. Ich stelle mir vor, wie dieses Foto das Zeugnis meiner Ungewöhnlichkeit darstellen wird. Oder auch nicht. Später werden sie unsere Beine, dadurch mein nur knapp über den Schritt reichendes Kleid, meine phänomenalen Heels, aber vor allem bedauerlicherweise unsere einander haltenden Hände abschneiden. Dabei haben wir so schön performt, und keiner hat es kapiert. Meine Eltern werden es trotzdem ausdrucken und laminieren.

Alles, was danach kommt, ist Entspannung. Wir gehen in den Kinosaal, die Girls und ich sitzen auf der Empore, tauschen unsere Parkettplätze ein, wollen uns absondern, als große Gruppe zusammen sein, erst die Reden, Politik, Kunst, Wirtschaft, Sponsoren, dann läuft der Eröffnungsfilm an, der oft den Grundton eines Festivals setzt. Ich habe hörbar Magenknurren, in der Aufregung vorhin vergessen zu essen. Tina steckt mir einen Müsliriegel zu, wir teilen. Der Abspann. Applaus. Darauf haben alle gewartet. Schnell raus, weil sowieso alle auf die Toilette müssen. Schnell raus, weil es jetzt richtig lustig wird. Schnell raus, weil das Barpersonal immer überfordert ist, die Masse aber gierig. Schnell raus, weil die ersten Tabletts mit Essen schon bereitstehen, es aber dann zu einer längeren Wartezeit kommt und alle Angst haben, nichts zu bekommen. Schnell raus, um mit den Stars Fotos zu machen, ehe sie in ihre Luxushotelzimmer verschwinden, weil sich ein Star stets rarmachen muss, um ein Star zu bleiben. Schnell raus, um das Projekt beim Sender, beim Streamer, bei der Produktionsfirma zu pitchen, bevor es alle anderen getan haben und sich das Zeitfenster der Selbstüberhöhung geschlossen hat. Schnell raus, um der Jury bloß nicht vom eigenen Projekt in ihrer Sektion zu erzählen, aber die eigene Grandiosität zu beweisen, beispielsweise durch eine witzige Anekdote und einen lockeren Umgang mit denjenigen, die über das Preisgeld entscheiden, ganz so, als würde es einem nichts ausmachen oder als wäre das eigene Überleben, Wohlbefinden, die Karriere nicht vom Gewinn abhängig. Schnell raus, um den Programmierer*innen vom Festival den eigenen Film für nächstes Jahr darzubieten, denn es muss ja immer weitergehen. Eröffnungsparty. Diese anstrengende Kombination aus zelebrieren und netzwerken, aus loslassen und Contenance bewahren. Für manche ein Drahtseilakt, eine Geduldsprobe, für andere ein umfassendes Amüsement. Es ist herrlich. Irgendjemand benimmt sich immer daneben. Partygossip, Drogen, Grapschereien, Scherben, Tränen, ausgetauschte Nummern, hilflose Komplimente. In solchen Momenten denke ich ans Ende der Welt, das erregt mich nur noch mehr. Ich will immer das Beste aus so einer Party herausholen, wer weiß, was noch kommt. Es werden Fotos von uns als Gruppe gemacht. Alle sehen entzückend sexy aus. Wir stehen auf dem roten Teppich, der längst nicht mehr von Celebrities und Fotograf*innen bestimmt, der von keinen Absperrungen mehr geschützt wird, sondern nun allen als Untergrund dient, stehen vor dieser Wand, die an diesem Abend die Welt bedeutet. Nach der offiziellen Begrüßung machen dort beinah alle Fotos. Um sie danach zu posten, um zu beweisen, dass man Teil dessen war, was für Extravaganz und Exklusivität steht. Eingeladen, mit der Kulturelite zu feiern, ist gleichwertig mit: die Kulturelite sein. Ich denke an die Aufzählung der perfekten Party, die mir einmal jemand in einer versoffenen Nacht diktiert hat. Der unangenehmste Einladungsgrund ist das personifizierte Hintergrundrauschen. Damit sich was rührt. Damit sich die anderen entspannen und den wesentlich aufregenderen Rollen hingeben können. Dann gibt es die, die eingeladen werden, weil sie hot sind und von allen begehrt, diejenigen, die nachweislich intelligent sind und die Gespräche erträglich machen, die Witzigen und die, die irgendwas liefern, sei es die Musik, seien es Snacks, Drinks oder Drogen. Nicht zu vergessen die, die eingeladen werden müssen, weil sie *iconic* sind. Glamour, Tratsch, Supplements und Sex, eine gut kuratierte Party besteht aus all diesen Ingredienzen. Weiterhin ist der Ort relevant. Aber als gut kuratierte Gruppe funktioniert die perfekte Party auch in der Waschanlage einer Tankstelle.

Wir posieren, kontrollieren die Fotos, verlangen mehr, bessere, mit Blitz, nehmen mit einer vielleicht arroganten Selbstverständlichkeit diesen Raum ein, zwingen andere zu warten, bis wir zufrieden sind (bleiben dabei aber stets cute, dazu später mehr). Der DJ, der bis dahin mittelmäßig ablieferte, spielt einen Eurodance-Hit, und wir tanzen, davon wird ein

Video gemacht. Die unterschiedlichen Stylings passen überhaupt nicht und deshalb extrem gut zusammen. Keine wirkt in ein Motto gezwängt und verkleidet, sondern auf ihre Art hot, extravagant, stilvoll und anbetungswürdig (ich liebe meine Freundinnen). So eine Gruppe ist unschlagbar. Jede von uns ist jederzeit bereit, die anderen zu verteidigen, auch wenn es gar nicht notwendig ist. Ein schöner Umstand zwar, aber eine entsetzliche Grundvoraussetzung, dass man Banden bilden muss (und was für Banden sollen das sein, der Tussi-Club?), um sich gegenseitig zu retten, weil es immerzu gefährlich werden kann – und dann niemand zu Hilfe eilt. Erst recht kein Prinz auf einem Schimmel. So einen habe ich überhaupt noch nie gesehen.

Ich löse mich, will zur Toilette, navigiere mich durch die Menge, schiebe manche dezent zur Seite, muss einmal durch den ganzen Raum, bin zum ersten Mal seit Stunden allein. Bin von diesem Trubel wie high. Genieße die Lautstärke, die Gesprächsfetzen, die nervöse Stimmung und Atmosphäre im Raum. Es wird vegane Currywurst serviert. Ein Versuch, es richtig zu machen, der nicht gelingt. Die Idee ist nicht schlecht. Wurst, ohnehin ein unsexy Gericht, als Gegengewicht zur bourgeoisen Veranstaltung. Als Marker der Ungezwungenheit, der Lässigkeit. Das vegane Substitut als Zeichen des Bewusstseins und der zeitgemäßen Esskultur. Allerdings muss eine (vegane) Currywurst richtig geil sein, damit sie überhaupt als Gericht funktioniert. Ist sie zu sabschig, also zu weich, verkommt sie zu einer traurigen Mittelmäßigkeit wie Mikrowellenessen, ist die Soße zu fad, also nicht gut genug abgeschmeckt und gewürzt, kann auch diese das Unterfangen nicht retten (macht es aber auch nicht schlimmer), und als Ergänzung benötigt so eine Currywurst immer (immer!) sehr gute Pommes, die hier fehlen. Das Catering für solche Veranstaltungen ist eine Herausforderung, da Konservatismus, Extravaganz und guter Wille aufeinanderprallen. Was ich den

Organisator*innen aber auch in diesem Punkt anerkennend lassen muss: Es ist ein schöner Anblick, die gut angezogene Elite Currywurst aus kleinen Schälchen essen zu sehen und zu beobachten, wie sie ihr Geschick, sich und ihre Roben nicht zu versauen, unter Beweis stellen müssen. Ich höre die ersten Gerüchte, dass die Drinks gleich etwas kosten werden, und weil bei allen das Geld nicht mehr so locker sitzt, vor allem nicht in der Filmbranche, verbreitet sich diese beängstigende Neuigkeit schneller als Syphilis in europäischen Großstädten. Lieber noch ein paar Gläser auf Vorrat holen.

Business und Pleasure sind in der Kulturwelt eng verwandte Zustände. Im Idealfall lassen sie sich verbinden, damit das Business erträglicher ist und man selbst ständig vergisst, dass man in diesem Kulturbetrieb andauernd arbeitet, weil es keine Grenzen des eigenen Schaffens gibt. So ein kreatives Leben ist uferlos, in jeglicher Hinsicht. Da reichen sich der Selbstbetrug und die Selbstverwirklichung so euphorisch die Hände, dass man sich selbst beim Staunen ertappt, wie erschreckend einfach die Selbstausbeutung vonstattengeht. In meinem Fall genügt es, wirklich *alles* als Material zu betrachten und dementsprechend alles der Öffentlichkeit und also der Kommerzialisierung freizugeben. Dann gibt es kein sündhaftes Nichtstun mehr, sondern eine Dauerproduktion und Verwertungslogik. Toll wäre nur, wenn die Kunstproduktion gemeinhin auch als richtige Arbeit verstanden werden würde. Sei es drum. Man, also ich, wollte es, das kreative Leben, schließlich so und nicht anders, und man muss die Einladungen zu derlei Veranstaltungen ja nicht annehmen.

Ich aber brauche diese Kulturveranstaltungen wie die Luft zum Atmen. Entgegen der Einsamkeit am Schreibtisch, der unermüdlichen Hingabe an die Fiktion im eigenen Hirn. Immerhin gibt es in so einem Leben ständig was zu feiern. Selbst das eigene Scheitern lässt sich öffentlichkeitswirksam zelebrieren, wenn man es richtig anstellt. Heute wird allerdings nicht gescheitert, sondern connected. So ein Branchen-Megatreffen bietet die ideale Möglichkeit, sich und die eigene Arbeit ganz beiläufig zu präsentieren, sich anzubiedern, entdeckt zu werden oder zumindest sich einmal kurz vorzustellen. »Hallöchen«, sage ich da an der einen oder anderen Stelle und denke mir eine sinnhaltige Anekdote aus, um meine heitere Eloquenz zu exemplifizieren, denn lustige Frauen werden tendenziell lieber betrachtet als strenge, die machen noch immer zu große Angst. Der unkompliziert-freudestrahlenden, süßen, aber zugleich frech fordernden Frau wird ganz o.k. gut zugehört. Sogar recht aufmerksam. Da erzähle ich lieber gleich noch eine schlagkräftige Pointe und zeige mich von meiner unterhaltsamsten Seite. »Hahahahaha, die ist ja lustig!«, ruft die Redakteurin aus und schaut ihren Kollegen an, der erleichtert nickt. Jawoll, eine, die sich nicht direkt beklagt und über Brancheneinbruch, Krisenmanagement und ausfallende Beteiligungen schimpft. »Hahaha, ja«, sage ich, »das bin ich!« Erfolg! (Und ein grenzwertig dummes Dialogende.) Manche werden heute Nacht Ideen verkaufen, jemanden Wichtiges kennenlernen, zu besoffen sein oder enttäuscht werden. Alle haben etwas vor. Projekt, Pitch, Projekt, Pitch, Projektpitchobsession. Selbstüberschätzung und andere Abgründe. Auch ich blicke mich um. Wen kenne ich? Wer könnte mir nützlich sein, meiner Karriere dienlich, was will ich eigentlich, wo will ich hin, was will ich tun? Neben mir wird der Chef eines internationalen Streaminganbieters begrüßt. Es kommt zu einem Moment des Stillstands. Kurzes Warten. Ob ich gleich mitmachen soll? Auch ich glotze schließlich Serien auf der großen Plattform, die er gestaltet, haben wir bereits die erste Gemeinsamkeit gefunden. Der DJ spielt schon wieder irgendwas, was niemanden abholt. Der Chef wird mit Fragen gelöchert, denen er geschickt, aber offensichtlich ausweicht. Eine Gegenfrage stellen oder etwas ganz anderes erzählen ist seine Strategie, um aus dieser unangenehmen Situation herauszukommen, die auch ich gerne verwende, um meine Gegenüber von deren Agenda abzubringen. »Meine Güte, wie schön war dieser Eröffnungsfilm.« »Ja.« »Und auch politisch ein wichtiges Zeichen.« »So wichtig.« »Das haben die gut gemacht.« »Ja, wirklich, haben sie.« Es tut sich keine Lücke auf. Der Chef will nicht über das Business plaudern, deshalb klinke ich mich nicht ein (Timing!) und suche einen anderen Weg. Ich muss auch wirklich dringend und drehe mich ein wenig, will den Chef und die Traube, die sich mittlerweile um ihn gebildet hat, umkreisen. Er ist seiner Firmenposition entsprechend auch körperlich recht groß, daher versperrt er mir ständig die Sicht und nimmt mich unabsichtlich in Platzgewahrsam. Und dann passiert es.

Ich vernehme in einer unüberhörbaren Lautstärke und direkt neben mir folgende Frage, die unmittelbar mein Interesse auf sich zieht: »Was macht eigentlich die Prostituierte auf dem roten Teppich?« Huch! Es braucht keine Sekunde, damit ich mich angesprochen fühle, ach was, es braucht nicht mehr als eine Zehntelsekunde, um zu wissen, dass ich gemeint bin. Ich weiß, wie ich aussehe (heiß), ich weiß, wie ich mich kleide (slutty). Natürlich weiß ich, dass ich generell, aber erst recht in so einem Outfit, sexualisiert werde. Ebenso konnte ich vorher bereits ahnen, dass ich nicht zuletzt durch dieses Styling abgewertet werden könnte. Aber diese dreiste Direktheit überrascht mich dennoch. »Hahahaha, ja genau, was macht die hier?« Huch, huch! Jetzt auch noch Zustimmung? Ich spüre die Blicke, es wird weitergekichert. Das Lachen ist unangenehm präsent, als hätte jemand allen anderen ein Sprechverbot gegeben, die Hintergrundgeräusche komplett runtergefahren. Ich hyperfokussiere und verharre in meiner Position, obgleich der Weg soeben frei wird, der Chef selbst einen Ausweg aus seinem Gespräch gefunden hat, ich drehe mich um, schaue der Frau, von der ich vermute, dass sie die Frage gestellt hat, mit offenen Augen ins Gesicht und werde ignoriert. Ich sehe, wie sie dasteht mit dem Champagnerglas in der Hand. In einer Runde, fünf, sechs, sieben Personen, hochwertige, gebügelte Outfits, gute Schuhe, teure Haarschnitte, weiße Zähne, dosiert und garantiert chemisch gebräunte, gepflegte Haut, dezentes, aber gutes Make-up, Echtschmuck und Manschettenknöpfe. Menschen, die ich vorher noch nie gesehen habe, von denen ich nicht weiß, wer sie sind, die mich auch nicht weiter betrachten, sondern das Gespräch direkt in eine andere Richtung lenken, um sich nicht mit mir auseinandersetzen zu müssen. Dabei stehe ich direkt vor ihnen, die Prostituierte vom roten Teppich, in einem kurzen, knallpinken vintage La-Perla-Kleid mit einem tiefen Ausschnitt, in den bläulich transparenten Heels, deren Absätze pfennigschmal sind und einen aufgespießten Schmetterling darstellen, in meinem Namilia-Denimmantel mit aufgedruckten Penissen und meinem blauen Swarovski-Schmuck, meiner gefälschten blauen Dior Saddle Bag am linken Handgelenk baumelnd. Da stehe ich, mit meinen langen blonden Haaren, meinen pinken und glitzernden Lippen, den blau getuschten Wimpern und den blau schimmernden Augenlidern, mit dem Parfüm, das nach Mandarine, Tabak und Moos riecht. Stehe da, mit meiner aufkommenden Wut, meiner Streitlust, meiner Arroganz, meinem Gefühl der Überheblichkeit. Warum nutzen sie ihre Chance nicht, jetzt, wo sie meine uneingeschränkte Aufmerksamkeit haben, und fragen mich, was ich, die *Nutte*, hier tue oder für wen? Wen ich zu befriedigen gewillt bin? Trauen sie sich nicht?

Sie lassen ihre Chance verstreichen, weil es nicht um mich geht, sondern um das, wofür ich gehalten werde, wofür ich stehe. Nicht ich bin für die Unterhaltung relevant, ich biete lediglich eine Grundlage zur Unterhaltung. Kein Subjekt, sondern Objekt. Ein kleiner Scherz. Ein degradierender Witz. Eine dumme Bemerkung. Eine spöttische Beleidigung. Grundlos. Lediglich, weil sich die Gelegenheit bot, sich selbst zu überhöhen. Als könnte sie ihr eigenes Stilbewusstsein, ihre eigene Berufswahl, schlicht ihre Existenz durch diesen Kommentar unterstreichen und betonen. Oder als müsste sie es. Weil ihr etwa der Platz genommen wird – von einer wie mir? Komm schon, denke ich mir, frag mich. Frag, was ich hier mache, was ich arbeite, wer ich bin, wie ich mich definiere. Ich bin kurz davor, noch einen Schritt auf sie zuzugehen, tue es aber nicht. In meinem Hirn geht ein Argumentationskatalog auf. TED Talks über den Sexismus der Liberalen, den der Linken, den der Unpolitischen, Sexismus der Rechten sowieso. Über Abwertungsstrategien, Solidaritätsversuche, patriarchale Märchen und Slutshaming, über Mode. Alles direkt abrufbar, weil schon so oft vorgetragen, so oft geübt. Übung macht die Meisterin. Wiederholung und Praxis. Da sie nicht auf mich reagiert, mich wie ein nutzlos gewordenes Dekoelement, oder eine hässlich gewordene Pflanze, ein verschmähtes Buffetangebot ignoriert, wende ich mich wortlos ab, gehe dorthin, wo ich hinmuss, habe keine Szene gemacht, mich nicht gewehrt, mich ordentlich benommen, war die Klügere, die, die nachgibt, the bigger person. Irgendwas tut weh. Es sind nicht die Schuhe. Es ist nicht das enge Kleid. Es ist nicht der Prosecco, es sind nicht die nudefarbenen Tapes, die meine Brüste an der richtigen Stelle halten, es ist nicht der Spitzentanga.

Prostituierte oder Schlampe (oder etwas Vergleichbares) genannt zu werden, ist für mich nicht erschütternd oder eine neue Erfahrung, sondern gehört zu meiner beruflichen Realität. Spätestens seit ich für die *Frankfurter Allgemeine Zeitung* in einer monatlichen Kolumne über mein Single-Leben schreibe, geschieht dies in einer vorhersehbaren Regelmäßigkeit. Für die einen bin ich die deutsche Carrie Bradshaw, für die anderen die Flittchenautorin, für manche beides. Die Serienfigur Carrie Bradshaw aus *Sex and the City* und ich haben tatsächlich einiges gemein: die Lust auf Mode, die Schuhsammlung, kein Faible fürs Kochen, dafür aber fürs Schreiben, die fabelhaften Freundinnen und, offensichtlich, die Sexkolumne. Die fiktive Carrie Bradshaw verdient allerdings ein ebenso fiktives Autorinnengehalt, mit dem sie sich ihren exaltierten Lifestyle in New York leisten kann. Nicht der Rede wert, dass ich davon nur träumen kann. Carrie wird in der Serie häufiger mit Lob für ihre Texte als mit Kritik begossen. Ist sie traurig und verletzt, dann meistens der Liebe wegen, als Bewältigungsstrategie gibt sie sich dann dem Pleasure hin: Geht einkaufen, schlemmen, Cocktails trinken, mit ihren Girls abhängen. In meinem Fall, im Fall der wahrhaftigen, im Sinne von realen Sexkolumnistin, erreichen mich die Enttäuschung, Wut, Demütigungsfantasien und der Vergeltungsdrang meiner Leser*innen relativ unvermittelt. Manchmal kommen sie tagelang, die Beschimpfungen, Bloßstellungen, Vermutungen über mein Leben, meinen Charakter und mein Befriedigungsdefizit als Kommentar, als E-Mail, als Direktnachricht. Sie attestieren mir psychische Probleme, Gefühlskälte, Frigidität, Frustration, eine pathologische tiefe Trauer und Unzufriedenheit und ein völlig falsches Weltbild. Geschrieben werden sie von Frauen, von wesentlich mehr Männern, von Alten, von Jungen. Berufsrisiko. Meine Bewältigungsstrategie ist allerdings weniger glamourös und weniger exaltiert, sondern pragmatisch. Die Kommentarfunktion wurde nach sechs Ausgaben zumindest auf der Webseite der Zeitung eingestellt, den Rest versuche ich zu ignorieren oder direkt weiterzuverwerten. Die richtig heftigen Leser*innenbriefe leite ich direkt an die juristische Abteilung weiter. Mein Kaufdrang regt sich nur dann, wenn sich meine Trauer im romantischen Bereich ausbreitet, dazu gleich mehr. Werde ich für meine Texte beschämt und angegriffen, spüre ich nur die andauernd sich selbst bestätigende und zugleich ernüchternde Gewissheit, dass wir noch viel vor uns haben, wenn wir diese Gesellschaft verändern wollen. Der Lover, der die Kolumne immer liest, fragte mich einmal, wie man einerseits so durchs Leben gehen kann und dann, andererseits, auch noch alles aufschreiben will. Was er damit meinte, war: Wie kann ich so freizügig, intensiv und lustvoll leben und dann auch noch so freizügig, offenbarend und selbstentblößend darüber schreiben? Beides schließlich unsichere Lebensentwürfe für Frauen. Schlampe und dann noch Schlampenschriftstellerin. Unseriös, unliterarisch, nicht ernst zu nehmend, beschimpfenswert.

Ich liebe es, aus den eigenen Bettgeschichten, den persönlichen Dramen und hübschen Begegnungen gesellschaftliche Fragen herauszudestillieren. Nicht nur über den eigenen Sex, das Begehren und die individuellen Erlebnisse nachzudenken, sondern über allgemeine Modelle, Bewegungen und Phänomene. Außerdem bietet so eine Grenzüberschreitung des guten Benehmens (als Frau) eine gewisse Freiheit, eine Spielmöglichkeit, gar eine Subversion (Ist der Ruf erst ruiniert, lebt es sich ganz ungeniert). Warum also wühlt mich die Kommentatorin vom roten Teppich auf?

Mit ihrer spitzen Stimme und ihrem spitzeren Kommentar zielt sie, ohne es zu wissen, auf einen Defizitgedanken meinerseits. Die Fragestellerin verweist mich auf meinen Platz, der ihrer Meinung nach anderswo ist als auf dem roten Teppich. Vermutlich weiß sie selbst nicht genau, wo sie mich gern hätte. Aber sicherlich nicht hier, nicht in ihrer Gruppe, ihrer sozialen Klasse, nicht mal in ihrer Reichweite oder ihrem Sichtfeld. Nicht bei den Schönen und Reichen. Ihr Kommentar bestätigt: Sie verkehrt nicht mit Prostituierten. Sie verkehrt nicht mit Frauen, die sich kleiden, wie Prostituierte ihrer Meinung nach aussehen. Sie verkehrt nicht mit Schlampen, die sich hergeben, die sexuell aktiv, selbstbestimmt und damit Raum einnehmend sind. Sie verkehrt nicht mit wertlosen, billigen Frauen, die in der Rangordnung irgendwo unten stehen, weit unter ihr, denn wäre sie nicht so weit oben, wäre sie nicht hier. Dass sie möglicherweise sehr viel mehr auf dem Boden der Tatsachen stehen würde, wenn sie sich ab und an mal mit einer tatsächlichen Sexarbeiterin über die Welt austauschen würde, ist offensichtlich.

So eine Veranstaltung will eine Feier der Hochkultur sein, sie lebt von Exklusivität. In der Einladung und der anschließenden Erinnerungs-E-Mail zum Eröffnungsabend des Filmfestivals änderte sich der Dresscode von »Cocktail« zu »Summer Casual« und wieder zurück. Mein Kleid ist ein *cocktail dress*. Meine Nägel sind gemacht. Mein Schmuck war im Sale, aber immer noch teuer. Meine Handtasche ist zwar Fake, aber Designer. Mein Mantel stammt von einem Berliner Label, das seit ein paar Jahren international von Stars gefeiert wird. Stimmt doch alles. Hatte ich die Regeln durch mein slutty Auftreten dennoch verletzt, gebrochen? Damit die Regelkonformität der Fragestellerin angegriffen? Habe ich es ihr zu schwer gemacht, meinen Wert zu erkennen, weil sie glaubt, Frauen wie ich oder Frauen, die sich kleiden wie ich, seien wertlos? Hätte sie sich auch gern so gekleidet, aber traute sich nicht? Das wäre die Erklärung: Spott aus verdrängtem Begehren.

Eine Frau, die weiß, wie man sich auf sämtlichen Teppichen dieser Erde bewegt, ist die Journalistin und Autorin Katja Eichinger. In *Mode und andere Neurosen* schreibt sie über die geheime Verabredung, die einem öffentlichen Auftritt zugrunde liegt:

> »[E]in ›Dresscode‹, also eine Kleiderordnung, das ist immer ein symbolischer, hochemotionaler Gesellschaftsvertrag. Insbesondere bei Preisverleihungen, deren Existenzberechtigung darin besteht, dass sich ein sozial-kulturelles Soziotop versammelt, um Wertigkeiten zu definieren. Wer diesen Vertrag ignoriert, wird vom System bestraft.«[2]

2 Katja Eichinger: *Mode und andere Neurosen*, Berlin 2022, S. 22.

Ich behaupte, dass sich Preisverleihungen und rote Teppiche in der selbst auferlegten Wichtigkeit und dem daraus resultierenden Zwang sehr ähneln. Nun, warum soll die Prostituierte also nicht über den Vorleger stolzieren? Weil sie nicht das geforderte Wertesystem repräsentiert.

Meine Verteidigungsrede, die ich in den wenigen Sekunden, in denen wir uns gegenüberstanden, gedanklich formulierte, kreiste ausschließlich um meine Leistung. Ich bin, weil ich arbeite. Ich bin, weil ich erfolgreich arbeite. Ich bin hier, anwesend, real, (an)greifbar, weil ich mich hierher *gearbeitet* habe. Was habe ich bisher erreicht? Meine gedankliche Liste enthält: alle Bücher, Filme, Stücke, Essays, Ausstellungen, Preise, Stipendien. Ich zähle sie auf, als würde mein Leben davon abhängen. Setze meiner Leistung kleine Denkmäler, um bestehen zu bleiben als das Große, das Ganze, das eine Person nun mal ist. Ich versuche, mich zu beruhigen, indem ich mich über meine Arbeit definiere, ausschließlich über jene, die sichtbar ist, die durch Preise und Geld honoriert wurde, die noch immer gesehen, gelesen, besprochen wird. Status, Status, Status. Merke, wie abgefuckt dieser Mechanismus ist. Leistung als Legitimation. Leistung als Daseinsberechtigung. Leistung als Einladungsgarant. Als Besonderheit der eigenen Geschichte. Es gab schließlich keine (einfluss) reiche Familie im Hintergrund, kein lange vor meiner Geburt bestehendes Netzwerk, kein Name, der sich vermarkten lässt, weil die Eltern Schauspieler*innen, Journalist*innen oder Models sind, keine Eliteförderung. So eine richtig geile Arbeiter*innenkinderbiografie, so eine magisch funkelnde Unterschichtenstory. Eine sexy Aufsteigerinnengeschichte. Ist meine Leistung daher noch mehr wert? Noch beeindruckender, weil die Koordinaten, unter denen ich aufwuchs, eigentlich in eine andere Richtung zeigten als in die der roten Teppiche, Designerkleider, Schampus-Pyramiden und exklusiven Einladungen? Ist es das, was die Prostituiertenjägerin stört?

Ich sitze auf der Toilette, mache ein Selfie und schicke es dem Lover. Er findet es heiß, weil das Kleid ein beachtliches Stück hochgerutscht ist, aber trotzdem nichts sehen lässt. Erotik ist Auslassung, ist das richtige Maß der Herstellung von Leerstellen. So funktioniert Sehnsucht. So funktioniert gutes Storytelling. Die Klofotos sind unsere Tradition, seit ich weiß, dass er sie heiß findet. Neulich waren wir zusammen auf der Toilette. Er beobachtete mich beim Pinkeln und dabei, wie ich die Strumpfhose danach wieder nach oben zog. Den Mann muss es in diesem Moment verschoben haben, denn ständig erzählt er davon. Vermutlich war, was er so unverschämt erregend fand, mein Ärger über die verruchten Laufmaschen, weil die Strumpfhose teuer und angeblich unzerstörbar war und trotzdem in der ersten Nacht kaputtging. »Darling«, sagte er, »du bist so scharf«, während ich an den übertriebenen Preis der Strumpfhose und meine spitzen Fingernägel dachte, die das Malheur verursacht hatten. Es sind ständig die gleichen Sätze, die er mir entgegensabbert, aber mich kriegen sie ein jedes Mal. So einfach funktioniere ich, so einfach funktioniert der Flirt, und exakt so einfach funktionieren der Lover und ich. Auch jetzt jagt eine geile Formulierung nach der anderen durch unseren Nachrichtenstrom, und ich spüre, wie sich zwar was regt (Nässe), aber bemerkenswert wenig. Marginal, im Vergleich zu der sonstigen Dringlichkeit, die der Lover sexuell in mir auszulösen imstande ist. Indessen spukt die Was-macht-sie-hier-Frage durch mein Hirn, wie sonst nur Deadlines es können. Im Reflex schreibe ich eine Nachricht, in der ich seinen (imaginierten) harten Penis sehnsüchtig lobe, und verschweige die just erlebte Demütigung. Ich kenne einen Sexarbeiter, der häufig auf solchen Veranstaltungen Sex mit seinen Kunden auf der Toilette hat. Wir plaudern manchmal über seinen Job. Ich interessiere mich für die Logistik, die praktische Umsetzung, das Tempo, die Heimlichkeit, was davon den größten Reiz ausübt, was die verheerendsten Konsequenzen sind. Denke daran, dass er nicht als solcher erkennbar ist. Wie sieht ein Sexarbeiter aus? Ja, da fehlt es mir direkt an Vorstellungskraft, schließlich stehen nur wenige in der Öffentlichkeit. Ich überlege, ob ich hier jemanden vögeln wollen würde. Jetzt, direkt, auf dem Waschbecken, in diesem hell erleuchteten, weiß gekachelten, sterilen Waschraum. Ich hatte schon lange keinen Sex mehr, bei dem man von Fremden überrascht werden könnte. Im Club oder Restaurant, in einer Bar oder einem Konzerthaus. In einem Theater oder in einem Büro. Sex, der unkontrolliert und heftig, schlagartig und plötzlich passiert. Vermutlich bin ich bequemer geworden, bevorzuge den weichen, soften Untergrund oder bin nicht mehr so oft aus oder bin aus, dabei aber nicht besonders geil. Vielleicht ändert sich das heute Nacht. Ich frage den Lover, denn jetzt komme ich aus der Sache auch nicht mehr so richtig raus, ob er hier mit mir schlafen will, schicke ein Foto vom Waschraum und von mir im Spiegel. Dabei schiebe ich gekonnt die Hüfte nach hinten, verlagere ein Bein nach vorne und schaue direkt in die Kameralinse. Ich mache ihm ein Angebot, eins, das er rein praktisch nicht annehmen kann, wie lächerlich einfach, wie gemein. Der Lover spielt mit und antwortet brav (und vorhersehbar), dass er überall mit mir schlafen will. Ich habe keine Lust auf endloses Sexting und verstaue das Telefon in meiner Handtasche. Mit der Fantasy muss er jetzt selbst klarkommen, ich habe anderes zu tun. Ich habe das Bedürfnis, meine Würde zu retten, und empfinde die Notwendigkeit dieses Vorhabens als extrem würdelos.

Schon letztes Jahr stand ich auf diesem roten Teppich herum, schon letztes Jahr wurde mein Outfit zum Gesprächsgegenstand. Ich trug ein neongrünes, semitransparentes Kleid, das wie eine Ansammlung schönster Algen aussah. Darüber ein schwarzes, viel zu großes Herrensakko, eine kleine Gucci-Handtasche (Tom Ford) und Namilia-Stiefel, mit neongrünen Highlights und Penissen als Absatz. Die Haare waren zu einem strengen Zopf gekämmt. Das Kleid wurde eigens für mich angefertigt und leuchtete unerwartet stark im Dunkeln. Es gibt Fotos, auf denen ich als fluoreszierender Punkt im Saal zu erkennen bin. Letztes Jahr war ich Teil einer Jury, hatte einen Preis zu vergeben, ständig Termine und reservierte Sitzplätze im Kino mit bereitgestellten Getränken. Ich hatte dadurch eine wirkmächtigere Position und wurde wesentlich häufiger fotografiert und bevorzugt behandelt. Obgleich die Penisschuhe für Irritation sorgten, wurde mir aufgrund meines Status anders begegnet: Man traute sich weniger. Abwertung dient dazu, die eigene Position zu stärken, den eigenen Status zu verteidigen. Der Platzverweis gelingt am besten, wenn man nichts zu befürchten hat, da der eigene Status offensichtlich besser und höher als der der Degradierten ist. Sie, die Fragestellerin, muss sich sehr sicher gefühlt haben. Sonst wäre ihr das nicht passiert. Sexarbeiter*innen sowie alles, was diesen Begriff als Beleidigung umschließt (die verbrauchte, die verlebte Frau, ihr vulgäres Styling, ihr unseriöses Benehmen, ihre ordinäre Wortwahl, ihre Wert- sowie ihre Machtlosigkeit, ihre Faulheit, die mangelnde Intelligenz), sind weit weniger sicher und werden dem Milieu zugeschrieben, aus dem ich teilweise komme. Das Milieu der bildungsfernen Arbeiter*innen, der Schmarotzer*innen, des gesellschaftlichen Bodensatzes. Deshalb also, weil sie mich so lässig beiläufig enttarnte, greift mich das Gesagte an. Weil sie recht hat mit ihrer Behauptung, die sich als Frage getarnt hatte. Analog zu ihr frage ich nun mich: Was mache ich eigentlich hier? Die Frau hatte mich eben nicht als Escortgirl bezeichnet, als eine, die mit sündhaft teuren Edelhotels, leckeren Cocktails und reichen Männern assoziiert wird, die als Statusobjekt zum Eindruckschinden gebucht wird. Nein, sie bezeichnete mich als eine, die von der Straße kommt – und ebendort auch bleiben soll. Eine, die mit Dreck verbunden wird, mit Gewalt, Ausbeutung, mit sexuell übertragbaren Krankheiten, mit einer miesen Lebensqualität und einer niedrigeren Lebenserwartung. Eine, um die man sich besser kümmern sollte, es aber aus Ignoranz und falschen neoliberalen Ansichten nicht tut (selbst schuld, wer auf der Straße landet). Aber auch das haben die Sexarbeiterin und ich gemein, wir wissen, wie man mit so einem Schwanz umzugehen hat. Letztes Jahr wurden mir für die Schuhe viele Komplimente gemacht, zehn Zentimeter hohe, glatte, schwarz polierte Pimmel mit zwei wohlgeformten Hoden als Absatz trugen mich über den Teppich und durch die Nacht, machten mich größer, meine Haltung besser und gaben mir Halt. Eine Kollegin war von meinem Auftritt genervt und spottete: »Ich will keinen Penis mit Füßen treten.« »Warum eigentlich nicht?«, fragte ich zurück, erhielt aber keine Antwort. Wenn der Penis als das Symbol des Patriarchats gelesen wird, das Patriarchat, das uns, die Kollegin genauso wie mich, in unseren Positionen, Professionen, für unsere Sexualität, unser Geschlecht geringschätzt, haben wir allen Grund dazu. Abgesehen davon ist Fun ein wichtiger Aspekt von Mode. Das spielerische Aneignen von Symbolen, Worten, Silhouetten, das Brechen der Normen, das Überschreiten der Grenzen des guten Geschmacks, der Sehgewohnheiten. Mode ist eine Kunstform und, wenn sie gelingt, stilsicherer Ausdruck von Persönlichkeit. Ich trage Penisse und Hoden als Absätze, um sie zumindest in der Fantasie zu treten, wenn sie mir das Leben zur Hölle machen.

Die Langeweile auf den roten Teppichen stellt sich immer dann ein, wenn die Promis auf Sicherheit setzen. Klassische, durchgesetzte Designerware, erwartbare Kleidung, Stylings und Marken. Glamour durch fehlerfreie Korrektheit ist langweiliger Glamour. Das verstehe ich unter *deutschem Glamour*, da er so zurückhaltend ist. Der nicht ausgelebt wird, weil man direkt die neiderfüllten, frotzelnden, überflüssig spaßbefreiten Kommentare hört, wenn man die Outfits anprobiert, die aufwendigen Speisen verzehrt etc. (»Du kannst es dir wohl leisten«, »Geltungsdrang«, »Geldverschwendung«). Wenn es kein Wagnis gibt und deshalb auch nichts erwartet wird, dann werden die allgemeinen Erwartungen zwar nicht übertroffen, aber auch nicht enttäuscht. Dann geschieht überhaupt nichts. Dabei sollen Entertainer doch entertainen. Ein roter Teppich kann alles sein, er ist tatsächlich der Untergrund, eine Einladung zur Provokation, eine Möglichkeit zu Mut. Letztendlich ist der rote Teppich die Grundlage für einen Auftritt. Für manche ist das Teil des Berufes, für andere eine Ausnahme, für wieder andere ein Sehnsuchtsmoment, für manche hochgradig uninteressant. Für mich ist der Auftritt das Potenzial für unendlichen Spaß. Ich liebe den roten Teppich. Nach jedem größeren Red-Carpet-Event klicke ich online die Looks durch. Hot or not. Worauf können sich alle einigen, was verstehen die wenigsten, was war schlecht durchdacht, umgesetzt und vor allem nicht gesteamt, gebügelt, ordentlich angepasst? Warum lassen sich nicht alle Stars von Stylist*innen ankleiden oder jahrelang von den falschen?

Ein anderer deutscher roter Teppich: die Berlinale 2024. Jonathan und ich machen uns über die Pailletten lustig, die in dieser Saison omnipräsent sind. Sie zieren Kleider, Röcke, Hosen, Blazer und Handtaschen. Wir fordern weniger Pailletten und mehr Strass, als ginge es um eine politische Grundsatzentscheidung. Außerdem wollen wir eine Modekolumne, in der wir über Outfits schimpfen dürfen. Niemand gibt sie uns, die Pailletten werden weiter vorgeführt, und wir sind dazu verdammt, heimlich zu spotten. Ich verabscheue Pailletten. Dabei braucht der Glitzer doch den entsprechenden Anlass. Und der Anlass braucht den Glitzer. Der Griff zur Paillette ist naheliegend, das Resultat überzeugt jedoch nie. Meistens wirken Paillettenoutfits ordinär, aber nicht auf die gewollte Art. Sie sind zu exaltiert fröhlich, zu übertrieben sichtbar, zu Disco. Strass auf der anderen Seite ist der Inbegriff von Glamour. Strass funkelt je nach Verarbeitung exorbitant gut, wie die edelsten Diamanten. Strass ist fest, bleibt an der ihm zugewiesenen Stelle, lässt sich nicht so hin und her schieben wie die einander überlappenden Pailletten. Strass, die Juwelen der kleinen Frau. Strass auf meinen Handtaschen, auf meinen Shirts, auf meinen Kleidern, auf meinen Schuhen, auf meinem Schmuck, in meinem Bauchnabel.

Aber kommen wir bitte zurück nach München, in die Isarmetropole mit Charme. Gehen wir zurück in die weiß gekachelte, völlig uninspiriert erbaute Damentoilette im Erdgeschoss der Austragungsstätte, in der nicht mal die Seife nach etwas duftet. Finden wir zurück in die Situation der Demütigung. Eine Frau kommt herein, mustert mich skeptisch, fragt etwas zu fordernd, ob ich ihr Kokain gefunden hätte. Ich bin froh über ihren Auftritt, denn der scheint mir noch bescheuerter als mein grüblerisches Verhalten, muss lachen, verneine und stelle fest: Dieses Badezimmer und ich haben unseren Zenit überschritten, ein letzter Blick in den Spiegel, ich sehe eine heiße Ische, meine Güte, was für ein Emotionscocktail. Lieber wäre mir einer in der Hand als im Hirn, ich sag's, wie's ist.

Schlagartig ereilt mich eine Erkenntnis, von denen an diesem Abend einige auf mich einprasseln, wie der Sommerhagel neulich auf die Angeberautos in der Nachbar*innenschaft. Die Ambivalenz ist ebenso reizvoll wie das Potenzial der Verwirrung: Wenn ich mich also kleide wie eine, die aus einer bildungsfernen Unterschichtenfamilie kommt, wo so eine Prostituierte eben hingesteckt wird, kleide ich mich auch meiner eigenen Vergangenheit entsprechend. In diesem Sinne passt alles zusammen. Worüber denke ich noch nach? Die Frau vom roten Teppich hatte doch recht, hat es direkt erkannt, die Zeichen richtig gelesen. Gratulation! Die da (also ich) ist hier fehl am Platz, gehört nicht hierher. Die Unterschicht, die Nutte, hat nichts auf dem roten Teppich, bei der Edelveranstaltung, auf dem prestigeträchtigen Filmfestival verloren – außer es wird *über sie* gesprochen, von ihr erzählt, ihre Geschichte verwendet, um daraus große Kunst zu machen. Denn die Auseinandersetzung mit der Tragik und Dramatik des (kleinen) Lebens, mit denjenigen, denen es schlechter geht, die sich totarbeiten, die ausgebeutet werden, die saufen, ballern, ihren Körper, ihr Leben, ihr Geld verschwenden, ist gefragt. Da schlummern große Erzählungen, so weit weg vom Bildungsbürger*innentum, so weit weg von der Elite, dass es exotisch wirkt. Als Objekte sind die Arbeiter*innen, Schmarotzer*innen, die Junkies, die Queers und die Paradiesvögel durchaus gewollt. Wenn sich daraus Geschichten vom Abgrund spinnen lassen. Da reicht es, wenn die Erzählung das eigene schlechte Gewissen über den Privilegienreichtum lindert. Aufsteiger*innengeschichten sind ein beliebtes Genre – wenn der Aufstieg durch Leistung begründet ist, umso besser. Das Ganze wirkt dann sogar glamourös, aber, wie gesagt, dazu später mehr. Dementsprechend bin ich doch Jackpot. Zumindest in der Distanz. Nicht so gerne allerdings will man Leuten wie mir auf der eigenen Party begegnen. Sich mit ihnen konfrontieren als Menschen mit Forderungen, mit Wünschen, mit Kritik, mit einer eigenen Stimme und eigenen Arbeiten, die ihre Geschichte, ihre Lebensrealität und ihre Welt selbst erzählen. Dann nehmen sie illegitim viel Platz und Raum ein. Eignen sich stetig mehr Macht an und sind gar nicht mehr so recht von den Bessergestellten zu unterscheiden – zumindest, was ihre Erscheinung betrifft. Nun sollte man ohnehin nicht vom Äußeren auf die Lebensumstände oder den Charakter der Menschen schließen, denn Kleidung ist, wie auch andere Statusobjekte (Haus, Auto, dieses und jenes), kein zuverlässiger Auskunftsgarant. Ich kleidete mich schon der Mittel- oder Oberschicht entsprechend, als ich überhaupt noch kein Geld dafür hatte. Häufte Dinge an, die mich in ein anderes Licht rückten, näher in Richtung Spotlight, als ich eigentlich besser daran getan hätte, einen Wocheneinkauf zu erledigen.

Ilija Matusko schreibt in *Verdunstung in der Randzone* über seinen Klassenwechsel und über die Frage der Zugehörigkeit: »Der Übergang von einer Welt in die andere ist mit Dingen verbunden, Dingen und Gewohnheiten, die ich zurückgelassen, und anderen, die ich mir angeeignet habe. Eigenes wurde mir fremd, Fremdes habe ich mir zu eigen gemacht.«[3]

Auf meiner Reise in die nächsthöhere Klasse lege ich sorgfältig diese Dinge in meinen Koffer, von denen Matusko spricht: Designerklamotten, Schmuck, Schuhe, ich beginne mit Secondhand, dann irgendwann, endlich, bekomme ich die Laufstegkollektionen mit freundlichen Grüßen nach Hause geschickt. Updressing ist meine ultimative Beglaubigungsmethode, sie sagt, ich gehöre dazu, gehöre zu euch, gehöre nach oben. Die durch Styling unterstrichene Versicherung, dass ich sowohl in der (Hoch-)Kultur als auch in der High Society der Coolen und Schönen mitspielen kann. Das Kostüm, die Verkleidung, die Rüstung. Vintage-Anzüge, Handtaschen und hochwertige Materialien. Kaschmirpullover und Hornbrille, das Equipment für die ernst zu nehmende Schriftstellerin – ganz so, wie es sich gehört. Schöne Hemden, Bleistiftröcke, irgendwas zwischen Bibliothekarin und Büroangestellte. Seriös, stilsicher und elegant. Die ersten Lesungen gab ich nur in solchen Teilen, wichtige Auftritte immer im guten, aber kultiviert gepflegten Styling. Die Zuschauer*innen bloß nicht überfordernd oder gar herausfordernd. Weil ich mir sicher war, dass ich nicht aus einer armen Familie kommen darf, weil eine arme Künstlerin, Schriftstellerin, Regisseurin vehement in eine Authentizitäts-Schublade gesteckt werden würde, weil die Mittellose auch weniger Vertrauen, weniger Geld, weniger Jobs bekommen würde. Ich ging davon aus, wenn ich erst einmal in der Schublade steckte, wäre ich dazu verdammt, andauernd *meine* Geschichte aus *meinem* Milieu erzählen zu

3 Ilija Matusko: *Verdunstung in der Randzone*, Berlin 2023, S. 202.

müssen. Weil sie doch nicht genug bekommen von der Armut als Fiktion. Das ist ein extremer Unterschied, also zu dem Moment, in dem man entscheidet, dass man die eigene Geschichte aus dem eigenen Milieu erzählen *will.* Ich wollte lange nicht, da blieb nur: *Fake it till you make it.*

Das Faken beinhaltet neben einer bestimmten Art, sich zu kleiden, auch das Adaptieren bestimmter Floskeln, Begriffe und das Aneignen von Wissen. Ich verstand Gestus und Habitus als lernbare Forschungsgebiete und ging geduldig in die Nachhilfe. Wie wird anständig gegessen, dagestanden, geguckt, zugehört, gesprochen, ein guter Eindruck hinterlassen? Das noch nicht leere Aperitif-Glas nicht mit an die Tafel nehmen, sondern irgendwo abstellen, Besteck von außen nach innen, die Stoffserviette nicht auf den dreckigen Teller legen, nicht einmal sofort auf den Tisch, mit Fremdwörtern um sich schleudern, Fachjargon benutzen, Sportereignisse und Kulturthemen eignen sich für Small Talk, jedoch niemals nach dem Business, Tod oder Krankheiten fragen. Es bedarf Beobachtungsfähigkeit und Anpassungswillen. Einen Höhenflug darf man sich nicht erlauben, der Wechsel kann durch die Schauspielerei niemals vollständig gelingen, eine allumfassend überzeugende Reichenperformance ist unmöglich. Sowohl finanziell, wie zeitlich, schließlich muss man neben der Darbietung Geld ranschaffen, um zu überleben. Dabei bin ich doch so lernbegierig. Von den Reichen kann man sparen lernen. Die Reichen sind in Filmen überrepräsentiert. Die Reichen sind in romantischen Büchern überrepräsentiert. Die Reichen sind in den Medien überrepräsentiert. Die Reichen sind auf den sozialen Netzwerken überrepräsentiert. Die Reichen sind generell überrepräsentiert. Den Reichen gehört die Welt. Die Reichen sind es gewohnt zu bestimmen, wie sich die Welt zu drehen hat. Die Reichen machen gerne Regeln. Die Reichen ziehen sich zurück. Die Reichen bleiben gerne unter ihresgleichen. Vielleicht kann man von den Reichen sparen lernen, gleichzeitig geben sie aber realitätsfremde Finanztipps in Zeitungen: Immobilien frühzeitig überschreiben, um Steuern zu sparen, das Prinzip Schenkungen, Konfirmationsgeld direkt anlegen, niemals verprassen, Wohnungen kaufen, teuer vermieten, immer alles investieren, juhu. Die Reichen schauen auf die Unteren herab. Die Reichen tragen Trainingsanzüge von großen Designer*innen, die aussehen, als wären sie von der Stange. Die teuren Trainingsanzüge der großen Designer*innen, die aussehen, als wären sie von der Stange, werden dann billig kopiert und von Menschen getragen, die von der Stange kaufen (müssen). Für die *von der Stange kaufen* keine Beleidigung ist, sondern Realität. Dann treffen die Reichen mit den teuren Trainingsanzügen aus den besseren Materialien auf die Kopien aus Polyester. Es stellt sich raus, die teuren Trainingsanzüge sind auch aus irgendeiner Kunstfaser und nicht einmal hautverträglicher, umweltschonender, nachhaltiger oder atmungsaktiver. Dann sehen die Reichen und die, die von der Stange oder auf irgendwelchen (illegalen) Märkten kaufen, für einen Moment identisch aus, und alles gerät durcheinander. Die Grenzen zwischen Ober- und Unterschicht verschwimmen, aber immer nur leicht und immer nur für einen Moment. Nach diesen Momenten bin ich süchtig.

Meine Studie über die Verhaltensweisen der Reichen begann mit dem dringenden Wunsch, eine andere zu sein, da ich dachte, nur als diese andere kann ich in der angestrebten Welt bestehen. Den Anfang meiner Übung markierten grundsätzliche Fragen: Wie sehen die Reichen aus? Und wie die Armen? Meinem Verständnis nach trugen die Reichen Kaschmir-Cardigans, weite Anzughosen, hohe Sandaletten, Perlenketten und handgefertigte Hornbrillen, wenn sie ihre Seriosität unterstreichen wollen, kurze Kleider, Pelzmäntel, Heels und Fendi-Baguette-Handtaschen, wenn sie das Nachtleben zelebrieren, und unaufgeregte Kleidung wie schlichte Anzughosen und T-Shirts, wenn sie Lässigkeit performen. Abgesehen davon stand ich unter dem Eindruck, dass die Businessfrau, die, die ich am dringendsten werden wollte, Powersuits (Blazer mit Schulterpolster) benötigt und andauernd im Kostüm oder Anzug anzutreffen ist.

Monate meines Lebens investierte ich in die Suche nach gut erhaltenen Vintage-Kostümen von Escada und Jil Sander, den langweiligsten Kompromissvarianten des Laufstegs. Ich stöberte in Hunderten von Läden nach Versace- und Prada-Kleidchen, nach Balenciaga- und Miu-Miu-Röckchen, nach Thierry-Mugler-Blazern, nach Jean-Paul-Gaultier-Teilen, nach Helmut Lang, nach Fiorucci, nach Gucci. Ich gab die vierstellige Summe, die mir monatlich vom Amt für Ausbildungsförderung für mein Studium überwiesen wurde, für ausgewählte Einzelteile aus, alles Geld, das ich durch meine ersten Schreibaufträge, Preise und Stipendien bekam, wanderte direkt in meinen Kleiderschrank, ich suchte und fand, sammelte und jagte, ich häufte ein Designerteile-Archiv zur Verschleierung meiner Herkunft an. Je besser es funktionierte, je selbstverständlicher ich der nächsthöheren Klasse zugeschrieben wurde, desto lockerer wurde mein Umgang mit meiner Garderobe, mein Fashion-Dogma reduzierte sich zum Richtwert. Der Strass kam zurück, die Sexyness übertrumpfte die Ernsthaftigkeit. Ich fand also nach meiner Reise durch die Kleidungsgewohnheiten der Reichen allmählich zu meiner Ausgangslage zurück, zumindest was die Form betrifft. Hohe Absätze (mindestens 10 Zentimeter), Bauchnabelpiercing und Miniröcke, tiefe Ausschnitte und winzige Handtaschen. Die Geschichte meiner modischen Entwicklung ist identisch mit dem Verlauf meiner Karriere. Eine mühevolle Behauptung, eine zähe Suche, dann das Wagnis, der Mut, die Erleichterung. Geld verdienen und Geld mit den beiden manikürten Händen aus dem Fenster wieder rauswerfen.

Dolly Parton hat es einmal so formuliert: »Es kostet eine Menge Geld, so billig auszusehen!«[4] Mein Outfit, in das ich mich zur Filmfest-Eröffnung geschmissen habe, kostet so viel wie ein spontan gebuchter Pauschalurlaub auf Kreta, inklusive Hoteltransfer und Halbpension und neuem Bikini. Mein Kleid, die Schuhe, der Mantel, der Schmuck, die Handtasche kosten zusammen so viel wie eineinhalb meiner Monatsmieten ohne Nebenkosten, was zwar weniger als ein Führerschein ist, aber mehr als mein letztes Auto. Da habe ich so viel Geld für ein Styling verschwendet und sehe trotzdem so vulgär aus? Ja! Ist es nicht fantastisch? Diese Information, das Wissen um die Marken, um die Preise, belegt, dass ich einen Klassenwechsel vollzogen habe. Der, oh, wie genial, das Ganze auch zu einer Verkleidung machen könnte. Prekariats-Cosplay. Downdressing ist der fehlgeleitete Versuch der Romantisierung, der Idealisierung der Unterschicht, um aufregende Authentizität, Coolness, aufregende Storys, Leid, Erfahrung, Wissen zu behaupten. Street Credibility. Oder eine plumpe Aneignung. Der Chef, der ständig No-Name-Trainingshosen trägt, weil er sich, ganz unhierarchisch, seinen Angestellten nähern will. Die Rich Kids in zerschlissenen Parkas. Die besseren Töchter in Leopardenkleidchen. Und ich im Prostituiertenschick. Hier wird es wieder unübersichtlich: Was soll Mode sein? Zwanghaft authentische Verkörperung der eigenen Realität oder eine Rüstung, ein Kostüm, eine Verkleidung, ein Spiel? Auf welche Realität möchte ich zu(rück)greifen? Ich, die sich Charaktere ausdenkt, um deren Stylings zu übernehmen, denke, es ist alles zusammen. Mode ist maximales Chaos. Authentisches Lügen, Gegenbewegung, Verschleierung und eine sinnstiftende, aber inhaltsleere Tätig-

4 Dolly Parton [@Dolly Parton] (14. 07. 2011): »It costs a lot of money«. Twitter. https://twitter.com/DollyParton/status/91306847855853568 (Zuletzt abgerufen am: 06. 08. 2024).

keit. Der Punkt ist, mein Outfit provoziert, und das hat etwas zu bedeuten.

Luka Holmegaard entschlüsselt in seinem Buch *Look* die Zusammenhänge zwischen Sich-Anziehen und Identität. Kleidung ist nicht nur eine Ansammlung zusammengenähter Fetzen Stoff. Diese Fetzen haben mehr Funktionen, als bloß die eigene Haut zu retten, sie vor der Umwelt zu schützen. Kleidung bietet einen Katalog an Möglichkeiten, ein eigenes Lexikon, eine Verständigungsmöglichkeit. In einer autobiografischen, essayistischen Verzahnung schreibt er über das Gefühl, sich bestimmte Kleidungsstücke überzustreifen, um jemand anderes zu sein, eine andere Rolle einzunehmen, etwas anderes zu verkörpern, darzustellen, zu performen oder sich selbst darin zu finden. Als ich *Look* zum ersten Mal las, dachte ich über meine eigenen Routinen nach. Wie kleide ich mich, wenn ich gesehen, unbeachtet sein, in Ruhe gelassen, auffallen will? Wenn ich Komfort oder Halt benötige? Mein Outfit lässt mich mich in den besten Momenten wie ein Star fühlen, weil die Stars, die ich bewundere, exakt solche Outfits tragen. Eben, ein Kostüm. Holmegaard schreibt:

»Das Kostüm ist nicht das Ergebnis von besonderen Anlässen, von der Ausnahme, sondern umgekehrt, sich zu verkleiden, sich anzuziehen, ist ein Sich-Einfinden in etwas, eine Gewohnheit oder einen Brauch. Sich zu etwas in Beziehung setzen, möglicherweise sogar zu einer Liebesbeziehung. Ich möchte Kleidung eher als Kostüm in dem Sinne verstehen, dass man sich dadurch zu etwas anderem in Beziehung setzen kann. Kleidung ist immer bedeutungstragend, lesbar, im Gespräch mit etwas, das vorher kommt. Vielleicht ist Kostüm trotzdem das richtige Wort.«[5]

Die It-Girls haben mir in gewisser Hinsicht den Weg bereitet, ich imitiere sie, transformiere sie, übersetze irgendwas

5 Luka Holmegaard: *Look*, Berlin 2022, S. 47.

von ihnen in meine Gegenwart, in meine Realität, reihe mich ein, indem ich mich an ihnen bediene.

Außerdem hänge ich an der beschriebenen möglichen Liebesbeziehung, an Liebesbeziehung als Ausnahme. Liebe ist unmittelbar mit Enttäuschung verbunden. Ich klammere mich an die Ablehnung, an den Liebesentzug, der der Reaktion meiner Teppich-Kommentatorin entspricht. An die Annahme, dass ich mich durch mein Outfit in ein Vorher und ein Nachher einfüge. Liebe ist ein fragiles Gefühl. Ich liebe meinen Körper, liebe die Mode, die ich trage, liebe das Bild, das ich abgebe. Auch ich möchte unbedingt geliebt werden, für den Körper, den ich habe, für die Mode, die ich trage, für das Bild, das ich abgebe. Ich fühle mich in meinem Styling weder verkleidet noch besonders aufmüpfig. Eher das Gegenteil davon, nämlich authentisch und real. Das ist doch die neue Realität: Die Unterschichten-, die Arbeiter*innenkinder sind längst in der Hochkultur angekommen. Unterschiede zerfließen, Grenzen werden brüchig. Vielleicht muss sie mir leidtun. Meine Teppich-Kommentatorin fühlte sich ihrer gehobenen Standards beraubt. Sie machte sich zur Anwältin der nicht so feinen Unterschiede. Und je mehr ich darüber nachdenke, umso stärker schleicht sich der Gedanke ein, dass ihr Nutten-Kommentar meinen Sieg markierte. Sie war an diesem Abend das absinkende Monopol der Reichen auf Hochkultur. Und ich, ja ich hätte mir natürlich auch zu Tarnungszwecken irgendeinen langweiligen Fummel überschmeißen können. Das hätte mir jedoch keine so große Freude bereitet.

Wenn ich qua Herkunftsgeschichte traditionell weniger Raum beim Elitentreff bekomme, ihn aber einnehme, dann doch direkt mit aufsehenerregender Fashion. Mehr ist mehr. Mehr Grenzüberschreitungen sind Fun, Mode ist meine Sprache. Sie zu beherrschen, ermöglicht ein neues Vokabular, eine enorme Bandbreite des Dechiffrierens. Mode vermittelt, verdeutlicht, verheimlicht und verschleiert. Deshalb ist die Auseinandersetzung mit ihr so vergnüglich und unterhaltsam, so reizvoll für mich. Dass der Intellekt, die Geistesarbeit für gewöhnlich körperlos, oder wenn als Körper, dann in schwarzem Rolli, erscheint, ist ein trauriges Desaster. Ohne meine Outfits wäre ich nicht die scharfe Denkerin, die ich bin. Wäre ich nicht die provozierende, manchmal schamlose Künstlerin. Denn warum soll ich nicht in einem knappen Kleidchen, hohen Schuhen und mit langen, dekorierten Nails ernst zu nehmende Texte schreiben können, über den besten Film einer Sektion entscheiden, als Regisseurin einen Film oder ein Theaterstück inszenieren? Weil die Schlampe unseriös ist. Weil das Flittchen nur für den Spaß eingeladen wird, aber nicht, weil sie was zu sagen hätte. Weil die (Unterschichten-) Barbie nicht den großen Literaturpreis erhält. Will sie aber. Will ich aber. Ich gehe noch weiter. Ich will beweisen, dass Künstlichkeit und Intelligenz nie Gegensätze waren, dass sich Miniröcke und Stringtangas nicht medizinisch bewiesen negativ auf Eloquenz oder Gelehrtheit auswirken. Lächerlich ist nicht mein Kleidungsstil, sondern die Annahme, dass in Barbie-Outfits keine klugen Gedanken geboren werden.

Ich habe die Updressing-Performance aufgegeben, und die Reichen schauen düpiert. Na ja, vollständig habe ich die Performance doch nicht aufgegeben, schließlich legte ich viel Geld dafür auf den Ladentisch, das zeugt von Finanzstärke, die muss man allerdings erkennen können (Fachwissen). Die Reichen sind argwöhnisch, denn der Preis meiner Kleidungsstücke ist nicht mehr offensichtlich. Die Reichen sind noch immer eine Imitationsvorlage. Aber sie entziehen sich mir. Mein Bild, das ich von den Reichen hatte, war unvollständig, schließlich kannte ich die Reichen nur aus dem Fernsehen. Dann hat sich nicht nur mein Bewusstsein, sondern auch ihre Darstellung verändert. Mal tragen sie große Logos, mal schlichte Seide und No-Logo. Mal tragen sie viel Schmuck, andernfalls nicht einmal mehr die Rolex, weil die längst peinlich, nämlich *bonzig* wurde. Mal den auf den Körper geschneiderten Anzug, dann sind sie von ihren Angestellten, ach, ihren Praktikant*innen, kaum zu unterscheiden. Auf die Reichen schaue ich mit Neid, weil sie es sich aussuchen können, immer passend gekleidet sind, weil sie diejenigen sind, die in ihre Welt passen. Auf die Reichen schaue ich mit Missgunst, weil ich mir ihr Leben so bequem vorstelle. Die Reichen als Feindbild. Die Reichen als Spottgrund. Die Reichen haben hohes Identifikationspotenzial. Es gibt dieses viel beschriebene Phänomen, dass die Armen sich trotz ihrer (ausweglosen) Situation mit den Reichen solidarisieren und identifizieren, denn es könnte sie ja auch noch treffen, dass sie plötzlich zu sehr viel Geld kommen, und dann möchten sie lieber auch alle Vorteile des Reichseins nutzen und nicht zu viel vom Vermögen abgeben. Die Reichen brauchen eine Reichensteuer, damit die Armen besser leben können. Die Armen werden fürs Armsein bestraft. In der Justiz gibt es diese Fälle: im Gefängnis wegen Fahrens ohne Fahrschein, wegen Lebensmitteldiebstahls. Wegen kleiner Summen werden große Strafen verhängt, die, wenn sie schon das Essen oder das Bahnticket nicht zahlen können, die Armen offensichtlich erst recht nicht begleichen können. Es gibt irre viele Sanktionen, die eigens für Bürgergeldempfänger*innen reserviert sind, und willkürliche Kontrollmechanismen: Leistungsminderungen, Erreichbarkeitsanforderung, Spontanbesuche. Die Armen werden auf eine hinterlistige Art in Angst versetzt. Wer kontrolliert die Reichen? Die Reichen fühlen sich übrigens oft gar nicht so reich.

Die Schlampenkolumnistin

Bin ich in meinem Penis-Outfit besonders glaubwürdig, besonders echt, besonders nahbar, besonders authentisch, weil es meiner Herkunft entspricht? Passen die Penisse, weil meine Familie zeitweise auf Hartz IV angewiesen war, in ihrer Vulgarität zu meiner vulgären Vergangenheit? Bin ich die Verkörperung des popkulturellen Bildes von *white trash*? Lange Nägel, ein billiger Fetzen, grelle Farben, blonde Haare (zwar echtblond, aber spielt das in diesem Fall eine Rolle?).

Es gab Momente in meinem Leben, lange bevor ich mein ganzes BaföG für Vintage ausgab, da hatte ich so wenig Geld, dass ich mir die Nummer eines Fotografen besorgte, der Models für Erotikkataloge suchte. Wir kamen bloß terminlich nicht zusammen. Das ist der einzige Grund, warum es diese Fotos heute nicht gibt. Hätte ich auf diesen Geld-für-Körper-Bildern ähnliche Outfits getragen, wie ich sie heute auf den roten Teppichen zur Schau stelle? Durchsichtige Plastikheels, knappe Kleidchen, Dessous? Was hätten meine Kommiliton*innen gesagt, meine Eltern, meine Verwandten, meine Freund*innen, meine Partner*innen, meine Lover? Hätte ein Journalist die Bilder Jahrzehnte später ausgegraben, und wäre das mein Ende als Kolumnistin gewesen? Oder ein weiterer Beleg meines Aufstiegs? Von der Katalogschlampe zur Schlampenkolumnistin. Wenn meine Kleidung als Kind, als Teenager, als junge Erwachsene unordentlich, dreckig oder anderweitig unpassend erschien, wurde daraus kein Geheimnis gemacht. Dann hieß es: »Sei nicht so schlampig.« Oder: »Du siehst schlampig aus, gschlampert.« Das bedeutete: »Geh dich umziehen. Sei nicht so. Sei anders, besser, ordentlicher.«

»Wie schaut denn das aus?«, fragten mich die Verwandten und Freund*innen, ohne eine Antwort zu erwarten. Zeig nicht so viel Dreck, verkörpere eine Fantasie.

Die Schlampe ist der ursprünglichen Wortbedeutung nach eine ungepflegte, unordentliche Person. Eine, die sich ungenügend, also schlampig zurechtgemacht hat oder (zu) nachlässig ihrer Aufgabe nachging. Schmutzig und schlecht in der Haushaltsführung. Dann wurde sie allerdings zur unsittlichen, amoralischen Frau deklariert. Eine, die durch sexuelle Selbstbestimmung eine Gefahr für konservative Wertvorstellung darstellt – und schon deshalb abgewertet werden muss, um die Ordnung zu wahren. Die Promiskuitive, die nicht nur begehrt werden will, sondern auch noch begehrt. Die sich wohlfühlt in ihrer Doppelrolle.

Er sagt Fotze, sie sagt Fotze

Meine Freundin Sanaz kommentiert mein Outfitfoto vom Filmfest mit: »It's serving cunt.« Ein fotziges Outfit. Mein Leben lang war *Fotze* das wohl schlimmste Schimpfwort, das man einer Frau und weiblich gelesenen Person entgegenbringen konnte, absolut steigerungsunfähig. Wenn Männer mich ernstlich verletzen wollen, benutzen sie dieses Wort. »Weißt du, was du bist?«, fragen sie dann. »Eine kleine Fotze.« Oder eine große. Einmal war ich auch die größte von allen. Das sagten mir fremde Männer genauso wie die Männer, die ich liebte. Sie sagten es immer als letztmögliche Eskalationsstufe. Als stärksten verbalen Verletzungsgrad. Wo kommt eigentlich dieses kollektive Wissen her, dass dieses Wort die entsetzlichste Demütigung sein soll, das Allerletzte, was man jemandem entgegenschmettert und was das Gegenüber damit allumfassend vernichtet, zum Schweigen bringt? Und warum gibt es wiederum kein kollektives Wissen über eine angemessene Erwiderung? Mir wurde nie eine Antwort auf die Beleidigung beigebracht. Vielleicht ist sie deshalb ein so wirkmächtiges Instrument der Demütigung und Entmenschlichung. Weißt du, was du bist? Du bist eine Vagina. Du bist das, wo ich eindringe, was mir offenkundig nichts wert ist, sonst würde ich es nicht als Beleidigung verwenden. Weißt du, was du bist, etwas, was ich mir gewaltvoll nehme, wenn ich will. Weißt du, was du bist? Ein Loch. Weißt du, was du bist? Nichts. Weil die Fotze in einem binären Geschlechterverständnis für das Weibliche steht, weil das Weibliche nichts wert ist.

Wenn man keine Antwort hat, bleibt nichts anderes übrig, als sich direkt das ganze Wort zurückzukapern. Das ist die sogenannte Aneignung. Ich liebe schließlich meine Vagina. Ich liebe den Genuss, den sie mir bringt, den Pleasure. Ich liebe sie als das alles verschluckende Loch, als Quelle für Orgasmen und Ekstase. Sie sollte verehrt, angehimmelt und gehuldigt werden, nicht degradiert. Seit einiger Zeit taucht *fotzig* vermehrt in meinem Umfeld auf. Als Kompliment, als ein positiv konnotiertes Attribut, als eine Beschreibung von Verhalten, Aussehen, Wirkung, Tätigkeit. Alles kann fotzig sein. Das Gleiche gilt für das englische Pendant *cunt*. Ein fotziges Lachen, ein fotziger Drink, ein fotziger Snack, ein fotziger Rock, ein fotziger Film, ein fotziger Text. Um als fotzig (oder *cunty*) zu gelten, muss man nicht im Besitz einer Vagina sein. Fotzig ist, ähnlich wie Camp, eine Ästhetik, eine Haltung oder eine Sichtweise auf die Welt und ihre Dinge. Als Susan Sontag den Begriff in ihrem seither unentwegt zitierten Essay *Notes on »Camp«* ins Spiel brachte, zog die pompöse, dekorierte, billige Popästhetik in die Hochkultur ein. Sie wurde geadelt. Aber erst im Nachhinein. Denn zuerst hat Camp (sowie der Essay an sich) die heterosexuelle, elitäre, bildungsbürgerliche Vormacht infrage gestellt und dem Versuch der Ausgegrenzten, Unterdrückten, Diskriminierten, eine Neuordnung zu erschaffen, einen Begriff gegeben und auch dadurch einen wirkmächtigen Mechanismus freigelegt: Ästhetik als befreiendes Druckmittel einzusetzen. Für eine liberalere, offenere, diversere und inklusivere Gesellschaft. Etwas Ähnliches passiert in diesem Moment. Fotzig als Kompliment ist eine Reaktion auf die Verachtung, mit der dieses Wort Generationen von Frauen entgegengeschmettert wurde. Fotzig ist demnach vielmehr eine Kampfansage als ein kulturanalytisches Empfinden oder gar ein ästhetischer Geschmack, wie es Camp ist, unterliegt aber einer vergleichbaren Bewegung. Camp ist eine stilistische Wahrnehmung, mit einem Hang zur Theatralik, aber auch Leidenschaftlichkeit. Camp ist in der Geste der Übertreibung, dem Fotzigen nicht unähnlich, auch in der Verbindung mit Trash und Kitsch. Dinge, die als *campy* kategorisiert werden, sind häufig der Trivial- oder Populärkultur zugehörig. Oftmals verbunden mit einer gewissen Form des Pathos, der Ironie, der Oberflächlichkeit und der Affektiertheit (was ebenso auf das *Weibliche* zutrifft). Diese Elemente finden sich in künstlerischen Arbeiten der queeren Subkultur, der experimentierfreudigeren Szenen, aber genauso im Mainstream oder der Haute Couture (und Ähnliches), sie finden sich also überall. Strapse, Perücken, Viscontis Inszenierung von Ludwig II., Murano-Glas, ultrakurze Tennisröcke, vergoldetes Besteck – Camp. Allerdings nicht immer, nicht in jedem Setting oder zu jeder Zeit. Die Bewegung ist eine Hinwendung zu etwas vermeintlich Trivialem oder zu etwas vermeintlich Bourgeoisem, die detaillierte Betrachtung. Fotzig reiht sich da ein. So wie Camp tauchte auch cunty als Bezeichnung zuerst in der queeren Kultur auf, sprang von dort in die Mehrheitskultur über. Dinge, die als fotzig verstanden werden, müssen nicht unbedingt teuer oder hochwertig oder extra billig sein, können sie aber. Die pinke strassbesetzte No-Name-Clutch – fotzig. Das semitransparente Diesel-Kleid aus behandeltem Tüll – fotzig. Die Gianni-Versace-Seesterne-Kollektion Spring/ Summer 1992 – fotzig. Die Donatella-Versace-Seesterne-Kleider aus der Spring/Summer-2021-Kollektion – extrafotzig. Die halterlosen Strümpfe – fotzig. Kleine Törtchen in grellen Farben – fotzig. Schwäne aus Handtüchern auf dem Hotelbett – fotzig. Lipgloss mit Wetlook – fotzig. Das Maison-Margiela-Laufsteg-Make-up 2024 von Pat McGrath – fotzig, in geschenkter Edelunterwäsche auf dem Balkon in der Sonne liegen und diesen Satz schreiben – fotzig.

Kitsch, Trivial- und Popkultur werden traditionell eher dem Weiblichen zugeordnet, sowohl in der Herstellung als auch im Konsum, Hochkultur hingegen dem Männlichen. Auch das bietet eine prädestinierte Überschneidung, um fotzig als Ästhetik zu begreifen. Gossip beispielsweise, der lockere Austausch in Frauenrunden, gilt als die trivialste Form der Informationsverteilung, während Männer, die miteinander plaudern, sicherlich unentwegt nur Wichtiges zu besprechen haben. Die Girls und ich beim Eiskaffee plaudernd? Hochgradig fotzig. Liebesromane, scheinbar bevorzugt von Leserinnen, gelten als Trivialliteratur und damit weder als preiswürdig noch als überhaupt lesenswert. Dabei eröffnete unlängst mit unfassbarem Erfolg ein Buchladen in New York, der sich dezidiert der romantischen Literatur widmet – abgesehen davon, dass Romcoms, Romantasy und dergleichen derzeit die einzig kommerziell erfolgreichen Sparten im internationalen Literaturmarkt sind. Aber die Sentimentalität für Kitsch und Dekoration gilt als Ausdruck für einen minderen Kunstgeschmack und ablehnungswürdig.

Susan Sontag hat in *Notes on »Camp«* aber nicht nur die campy Ästhetik beschrieben, sondern eine weitere signifikante Komponente herausgearbeitet: Camp ist, wie fotzig, ein Insider. Nicht alle können es erkennen, herstellen, tragen oder benennen. Vielleicht ist das der größte Spaß daran. Bei »fotzig« geht das Benennungsproblem aber noch darüber hinaus: Nicht nur ist es schwer, das Fotzige als solches zu erkennen, nein, dann ist die Bezeichnung auch noch *unsagbar*. Während Camp als eigenständige Ästhetik (und eigener Begriff) funktioniert, sind Fotze und fotzig für viele eben die schlimmste Form der Beleidigung – und genau daraus speist sich die unermessliche Kraft.

Einem begrifflichen Reclaiming geht oft eine Grenzüberschreitung, eine Degradierung voraus. Die Betroffenen eignen sich als Reaktion darauf die Fremdzuschreibung an, verknüpfen sie neu und verwenden sie fortan als Selbstbezeichnung. Um sie zu entmächtigen, sie ihrer Wirkung als Beleidigung und Demütigungsinstrument zu berauben. Solche Bestrebungen sind politisch. Sie sind eng mit Emanzipation, Autonomie, Freiheit und Unabhängigkeit verknüpft. Aber auch mit Zeitgeist. Dabei gilt es, die Entmenschlichung zu verkraften, die Einschränkungen zu durchbrechen, die Zurechtweisungen als sinnlos zu markieren.

Wenn ich Fotze sage, geht es mir nicht nur um die Neuverwendung einer Beleidigung, sondern gleichzeitig darum, so selbstbewusst und pointiert wie möglich sexuelle und allgemein körperliche Selbstbestimmung aufzurufen. Die Vulva als unbenannter, unerforschter Körperteil. Die Vagina als lediglich dem Penis dienendes Loch. Die Schlampe als minderwertige Frauenvariante. Powerfotze, Fotzenpower. Das meint: das Recht auf das eigene Begehren, die Freizügigkeit, das Raum-Einnehmen, cunty und fotzig sein. Das bedeutet: unerschrocken, kompromisslos, ikonisch, unverfroren. Eben nicht unbedingt *likeable*. Neulich nannte mich ein Mann, als ich ihn nicht mit nach Hause nehmen wollte, »schöne Fotze«. Als ich ihn bat, dies zu wiederholen, sagte er nur: »Das ist doch ein Kompliment für dich, oder nicht?« Stimmt. Er darf es trotzdem nicht zu mir sagen. Warum? Weil er als *weißer* cis heterosexueller Mann der Dominanzgesellschaft zugehörig ist, der mächtigsten Gruppe dieses patriarchalen Systems. Fotze, dieses Wort gehört uns, all jenen, die in ihren Rechten eingeschränkt, belächelt, zurückgewiesen, degradiert, entmündigt, diskriminiert und benachteiligt werden. Die immer wieder und ständig angegriffen, angefasst und als abtrünnig betrachtet werden. Fotzig als Attribut, als Verb, als Adjektiv, als Tätigkeit ist die Fusion von politischer und ästhetischer Rückeroberung. Sagt er Fotze, verweist er mich auf meinen Platz. Sage ich Fotze, gebe ich ihm einen Platzverweis, nehme ihm das absolute Urteil aus dem Mund.

Eine der Ersten, die die Fotze in diesem Sinne in die deutschsprachige Popkultur eingeführt hat, ist Shirin David. Die Rapperin verhandelt in ihren Texten Sexismus und führt diesen entweder geschickt vor oder ad absurdum, indem sie ihn umkehrt. Ihr Feminismus wurde aufgrund einiger Kollaborationen (ihr eigener Eistee, eine Werbekampagne für McDonald's) harsch kritisiert, sie galt als zu affirmativ, zu kapitalistisch. Die Tussi, die nicht nur begehrt wird, sondern auch begehrt, es außerdem mitteilt und zeigt – fotzig. Shirin David hat den Begriff zwar einer breiten Öffentlichkeit nähergebracht (Tour-Dresscode: fotzig), er kursiert aber schon längst in queeren Subkulturen und (Sprach-)Räumen, aber auch in Milieus, die als bildungsfern bezeichnet werden. Auf den Schulhöfen der Unterschicht muss Fotze nicht erst etabliert werden, sie ist dort, seit ich denken kann (in allen möglichen Konnotationen). Die Fotze ist schon längst überall dort, wo nicht die hochkulturellen Scheinwerfer die Ecken ausleuchten.

Alexandra und ich sitzen in der *Bar Centrale* und trinken Sprudel. Am Nebentisch diskutieren zwei mittelalte Männer, von denen einer verzweifelt auf die Antwort seiner Angebeteten wartet und irgendwann lauter als nötig zu Protokoll gibt: »Jetzt schreibt die Fotze, sie ist im Englischen Garten spazieren!« So habe ich mir das mit der neuen Beiläufigkeit des Begriffs nicht vorgestellt. Ich gehe an einer Hauswand vorbei und lese das Wort *Fotze* (o.k.), ich lese auf einer anderen Hauswand *Fotzen4ever* (besser), an der Klotür lese ich *Lieblingsfotze* (geht so), ich gehe in einen Kinofilm, die Protagonistin trägt eine Carrie-Kette (gold mit Schwungschrift), dort steht: Fotze (einfach umwerfend).

Die ungebildete Tussi, die mittellose Sexarbeiterin, sie teilen sich eine Ästhetik, manchmal werden sie vermengt, verschmelzen miteinander, auch im sexuellen Sinne – gierig, willig, unersättlich. Sie gelten beide als billig, als leicht zu haben, als schwach und bedeutungslos, als Fotzen. Die Tussi ist gut fürs Bett, aber geheiratet wird eine andere. Die Tussi ist gut für den Anblick, aber zu anstrengend oder zu hohl fürs Gespräch. Wenn ich mich als Tussi bezeichne, obgleich ich kulturelles und soziales Kapital besitze, mich dementsprechend kleide, mich ankündigen und fotografieren lasse, ist das Selbstermächtigung und eine subversive Unterwanderung gängiger Regeln und Konformitäten. Warum? Weil es scheinbar nicht zusammenpasst. Ein glamouröser Auftritt mit Hingabe zum Billigen, zum Trash und zum Kitsch ist eine Störung. Und Störungen sind schon immer auch eine Form der Intervention, sei es politisch, sei es künstlerisch, gewesen, um auf Missstände, Ungerechtigkeiten oder Probleme hinzuweisen. Camp als Kritik, Stil, Pointe. Die Tussi als wandelnde Grenzüberschreitung. Die Fotze als mögliche Zusammenführung, als Verschmelzung, als Steigerungsform.

Die Fotze auf dem roten Teppich sorgt zwar 2023 für keinen großen Skandal mehr, aber für Aufsehen, irritierte Blicke, Kommentare und fragwürdige Angebote reicht es noch. Sie nimmt sich einen Platz, der ihr nicht zusteht. Sie signalisiert ihr Begehren (Status, Macht, Sichtbarkeit, Sex). Sie ist auffällig. Sie reizt. Sie reizt etwas aus. Wen oder was sie reizt, ist allerdings kontextabhängig.

Wann ist eine Provokation gelungen? Die Fallhöhe ist entscheidend. Die Fallhöhe beschreibt, was alles aufs Spiel gesetzt, was denn tatsächlich riskiert wird. Wie tief man also fallen könnte, wenn man kritisiert, provoziert, nicht mitspielt. Die eigene Karriere, ein Engagement, eine Liebe, die eigene Sicherheit, die Sicherheit anderer und so weiter. Wenn die Fallhöhe gering ist, die Provokation dadurch zur Pose wird, ist sie wesentlich unglaubwürdiger und ungefährlicher als behauptet. Sie kann dennoch wichtig sein, beinhaltet aber wenig Schlagkraft. Die Fallhöhe, auch das ist das Gemeine an ihr, ist nie festgesetzt, sie verschiebt sich ununterbrochen, kann sich ständig vergrößern oder verringern. Je nach Kontext, Milieu, Setting. Sie gilt es zu beobachten – nicht nur bei sich selbst, sondern auch hinsichtlich der Inszenierung anderer. Der persönliche Verlust, ob in finanzieller Hinsicht, Status, Zuwendung, Anerkennung, entscheidet, ob die Provokation tatsächlich mutig ist. Tatsächlich einen Status quo infrage stellt, eine Gesellschaft, eine Vereinbarung, Traditionen und Strukturen. Eine vermögende, privilegierte Frau, die fern von Klassenbewusstsein öffentlichkeitswirksam über ihre geleistete Sorgearbeit und den massiven *Mental Load* referiert, dabei ihre Kindermädchen allerdings verschweigt, ist so eine bloß posierende Akteurin. Ebenso der gut situierte Unternehmer, der Gründer*innen rät, die Niederlagen sportlich zu nehmen, es weiter zu versuchen, bis es irgendwann klappt, dabei jedoch die ultrareiche Verwandtschaft unerwähnt lässt, die ihm einst zinsfrei Kredite zur Verfügung stellte.

Erst als ich mir das Privileg erarbeitet, erschlichen oder es glücklicherweise aus anderen Gründen erhalten hatte (es ist doch immer ein Zusammenspiel), nicht mehr die zu sein, die ich ursprünglich war (arm und vor allem kulturfern und erfolglos), wollte und konnte ich das Image, die Ästhetik, den Look meines abgelegten Lower-Class-Lebens (wieder) performen. Mit dem Sozialkapital, das mir heute zur Verfügung steht, kann ich mich problemlos so kleiden, wie ich will (ob sexy, tussig, seriös oder extravagant). Kann ich die Bilder von mir kreieren, die am ehesten meiner Person entsprechen. Kann ich es mir leisten, lustvoll, spielerisch und ungehemmt mit meiner Herkunft und meiner Ästhetik umzugehen. Ähnliche Schuhe trug ich mit sechzehn. Ähnliche Kleider als Achtzehnjährige. Um nicht mit der Unterschicht assoziiert zu werden, klaute ich als Neunzehnjährige seriös wirkende Klamotten (Blusen, Stoffhosen, Blazer) und trug sie in der Uni. Jetzt, mit Mitte dreißig und mit Status, kaufe ich die Schuhe wieder, die Kleider, den Schmuck – und trage sie auf einem roten Teppich. Luxus ist wie Fotze: Nur der Kontext entscheidet über den Grad des Politischen darin.

Vor drei Jahren konnte ich meine Miete nicht zahlen, bis eben meine Scheidung nicht finanzieren. Bis vor Kurzem konnte ich mir insgesamt ganz schön viel nicht leisten. Noch immer zahle ich die Schulden ab, die ich im Laufe der Zeit gemacht habe. Ich habe keine Altersvorsorge und kein Eigentum. Es steht einiges auf dem Spiel. Und doch verwechsele ich andauernd temporäre finanzielle Absicherung mit der Sicherheit, die eine hat, die niemals finanzielle Sorgen erfahren wird. Als wären die erfolgreiche Unterschichtenkünstlerin, die zum ersten Mal Geld verdient, und die schreibende Millionenerbin auf derselben Stufe, weil sie sich in einem Moment gegenüberstehen und auf das gleiche Grundgerüst zurückgreifen können: Zeit, Geld und Raum, um in Ruhe arbeiten zu können. Es ist wesentlich wahrscheinlicher, dass ich alles wieder verliere, als sie. Es ist wahrscheinlicher, dass mein fragiles Konstrukt zusammenbricht, als das ihrige, die vermutlich immer weich fallen wird. Gleichzeitig, das ist wohl der perfideste Akt daran, setze ich finanzielle Sicherheit mit Legitimation gleich. Also gemäß der Selbstverwirklichungsidee der Leistungsgesellschaft. Als wäre ich nur dann ein legitimer Teil der Gesellschaft, sofern ich etwas gesellschaftlich Akzeptiertes leiste. Gesellschaftliche Akzeptanz der eigenen Kunst zeigt sich wie genau? Durch jegliche Form der Honorierung. Wenn ich also Preise, Stipendien und Verträge erhalte, sei das der Beweis für meine gute Arbeit. Für meine Leistungen in der Hochkultur. Ich bringe alles durcheinander. Was ich weiß: Wer nichts hat, kann nichts verlieren. Jetzt habe ich aber was: einen Namen, eine Stimme, Aufmerksamkeit. Die Fotze, die behauptet, dass Luxus politisch ist. Die meint, durch Posen, Behauptungen und Imitation eine unterschwellige Macht zu erlangen.

Ich habe genug Drehbücher geschrieben, Filme gemacht, Bücher veröffentlicht, um zu begreifen, dass die absolute Bedingung für eine gute Geschichte die Fallhöhe ist. Denn die erzeugt Spannung, Empathie, Mitgefühl, Abscheu oder zumindest genügend Interesse, um dranzubleiben. Meine Story soll funkeln. Ich will mich dem größten Luxus schlechthin verschreiben: die Herrin der eigenen Geschichte sein. Das eigene Narrativ bestimmen. Subjekt und Objekt sein. Als die Lady vom Münchner Filmfest danach fragte, was die Prostituierte auf dem roten Teppich mache, meinte sie eigentlich: »Was macht das Unterschichtenkind auf dem roten Teppich?« Ich habe lange darüber nachgedacht, was die richtige Antwort gewesen wäre. Die einfache: Das Unterschichtenkind feiert die Eröffnung des Filmfestivals. Die ausführliche: Sie ist angekommen. Vorerst.

Edelkopie

Drei Monate, zwei Urlaube, einen kleinen Liebeskummer, eine Ausstellung, zwei verlorene Freund*innen später.

Ich bin mit Schriftsteller*in und Icon Hengameh Yaghoobifarah zum Mittagessen verabredet. Ich bewundere Hengamehs lässige Kolumnen, die Outfits, den Witz, nicht zuletzt die Freundschaft zu Hund Gigi, weil ich selbst gern ein Hündchen hätte, mich aber nie traue, so eine Beziehung einzugehen. Ich bewundere Hengameh jedoch auch, weil Hengameh es schaffte, sich selbst zu einer Marke zu stilisieren, etwas, das unabdingbar ist, um an den *iconic* Status zu geraten. Das Restaurant ist gut besucht, aber niemand nimmt Notiz von uns. Was ich erstaunlich finde. Ich bin jedes Mal beeindruckt, wenn ich Berühmtheiten auf der Straße spotte, beim Essen, beim Ausgehen, am Telefon, beim Sport – und das sind wir ja wohl, oder nicht.

»Stars sind auch nur Menschen«, sagte mein Vater, wenn er von den kostbaren Momenten in seinem Leben sprach, in denen er von Superstars umgeben war und unbeeindruckt wirken wollte. Damals, als es noch gut lief, also vor Arbeitslosigkeit, Armut und Scham, arbeitete er in einer höheren Position für die Lufthansa. Er kochte für Michael Jackson. Für das gesamte Team des FC Bayern. Für die Belegschaft und die Passagiere der Air Force One. Für den Hochadel. Ja, einmal kochte er sogar für den Papst. Alles Menschen. Auch an unserem Treffen ist nichts außergewöhnlich, sogar Hund Gigi ist nur am Dösen. Hengameh und ich plaudern über neue Projekte, geben einander Tipps für Verhandlungen und vergleichen Erfahrungen, die wir bei Lesungen unserer Bücher gemacht haben. Vielleicht ist die Sternchendichte in diesem Laden, in dieser Stadt einfach zu hoch, und man sorgt hier einfach für kein Aufsehen, oder sind wir doch nicht berühmt genug? »Man gewöhnt sich an alles«, sagte mein Vater in bescheidenen Momenten, die ich ihm nie glaubte. Bescheidenheit ist zu Unrecht eine geachtete Tugend. Sie sorgt dafür, dass die schönsten, lustigsten, irrsten und wirrsten Geschichten und Taten verheimlicht werden und uns insgesamt eine große Portion Spaß und Freude abhandenkommt. Nicht alle müssen unangenehme Aufschneider sein, doch sind mir diejenigen, die nicht nur wissen, was sie tun, leisten und voranbringen, und auf angemessene, authentische, nur leicht übertriebene Weise darüber sprechen, wesentlich lieber als diejenigen, die sich hinten anstellen und darauf warten, in den Mittelpunkt gerückt zu werden, und dann auch noch beleidigt sind, wenn es nicht geschieht. Solche Aussagen, ich weiß, sind gefährlich waghalsig. Diejenigen mit einem fragilen Ego, mit einem dauerhaften Gefühl der Unsichtbarkeit, mit Geltungsdrang und einem Hang zur selbst-besserdarstellenden Lüge verstehen sie freilich direkt als Aufforderung, noch erbarmungsloser und nervtötender zu agieren. Aber mit solchen Leuten sollte man sich ohnehin nicht umgeben, wenn man nicht ständig aufs Neue und immer wieder verletzt, angegriffen oder gedemütigt werden möchte. Für die anderen gilt: Es ist nicht alles Angeberei, was als solche deklariert wird. Da lohnt es sich, die Selbst-Verkaufsstrategien der Celebrities zu studieren.

Vielleicht war es auch keine Bescheidenheit, die meinen Vater zu diesem Statement brachte, sondern eine tatsächliche Entzauberung, eine Entsternlichung. Den Stars geht unweigerlich der Glanz verloren, wenn man sie im echten Leben trifft. Wenn man merkt, auch sie geben sich der Banalität des Lebens hin, weil es kein immerzu funkelndes, glitzerndes, besseres Leben geben kann. Dies zu beobachten, die menschliche Seite von Personen, die wie Gottheiten verehrt werden, kann schmerzhaft sein. Wenn man vom Podest runterplumpst, ist es für alle Beteiligten ein kurzer Schock. Da verlieren alle etwas vom Glitzer. Keine Sorge, Stars strahlen aber immer noch mehr als der Rest von uns. Ab und an treffe ich sie sogar. Einmal saß Elfriede Jelinek auf einer Bank im Olympiapark München und schaute auf den Teich. Gisela Schneeberger war beim Bäcker. Rainald Goetz fuhr mehrfach mit dem Rad vorbei. Brooke Candy kam aus einem Club und sagte »Hi«, weil ich »Hi« sagte. Whit Stillman dinierte im Restaurant um die Ecke. Leander Haußmann wartete am Bahnsteig. Hito Steyerl lief zackig über die Straße. Antonia Baum saß mit Katja Eichinger im Schumanns. Miuccia Prada stieg aus dem Taxi. Alexa Chung durchstöberte den Flohmarkt. Cara Delevingne machte Yoga und lag danach in einer Hängematte. Bruce LaBruce saß im selben Kinofilm. Ólafur Elíasson stand neben mir am Fußballplatz. Die Vermenschlichung der Crème de la Crème traf mich jedes Mal unvorbereitet. Die Erkenntnis: Die kochen auch nur mit heißem Wasser. Entgegen der Bescheidenheitsbehauptung gab mein Vater in anderen Momenten übrigens an: »Man kann sagen, ich habe für die Welt gekocht.« Aha! Da ist der Stolz, da ist die Souveränität. Denn die Welt, das war die First Class. Das waren *Die da oben*. Die Schönen und Reichen, die Berühmten, die Wichtigen, die Übermenschlichen. Dann erzählte er von den Buffets für die Filmfestspiele von Cannes (Eisskulpturen) und Empfängen in Buenos Aires (Obstskulpturen), von den Allüren des Hochadels (spezifische Zwischengänge, die niemand isst) und den Sonderwünschen der Filmelite unter Drogeneinfluss (Kaviar, Wodka, Mettbrötchen). Lebensziel: irgendwann in der Aufzählung irgendeines Kochs zu landen.

Die da unten haben eine ziemlich klare Vorstellung davon, wann einer zu denen »da oben« gehört. Vermögende, einflussreiche Menschen sind oben. Popstars, Schauspieler*innen, Politiker*innen, Sportler*innen, Menschen, bekannt aus Film und Fernsehen, sind oben. Schriftsteller*innen gehören in der Regel nicht dazu. Ganz selten schaffen es Schreibende auf das Sieger*innentreppchen der Bekanntheitswettbewerbe, zu spezifisch, zu exklusiv, zu eng scheint die Welt der Literatur, zu wenig geeignet für den allumfassenden Weltruhm, zu unglamourös, zu fad, zu ernst, zu spaßbefreit für die Welt des exaltierten Exzesses, zu prekär für die Premiumklasse und, seien wir ehrlich, mehrheitlich zu desinteressiert daran. Dabei glaube ich fest daran, fester als an den stets zu geringen Sale in Edelboutiquen (zu exklusiv) und an die Unfähigkeit von Männern in der Kunst, einem auf Augenhöhe zu begegnen (zu angstbesessen), da oben herrscht eine andere genugtuende Heiterkeit. So stelle ich mir das zumindest vor.

Doch zurück zu Hengameh und mir und unserem Treffen, denn auch wir sind heiter. Dem schönen Austausch liegt ein essenzieller Umstand zugrunde, und ich gebe es offen zu, ich habe mich verliebt. Hengameh weiß das. Deshalb sind wir hier. Jetzt wird's noch heißer, denn ich will meine Ware holen. Die Übergabe einfädeln. Ich will sie in Händen halten, meine neue Prada-Handtasche. Modell Cleo, Lackleder, silber-metallisch. Wir schieben unsere Teller zur Seite, und Hengameh holt sie aus der Verpackung, legt sie auf den Tisch. Wir betrachten sie für einen Moment stumm. Sie ist atemberaubend schön, hat keine sichtbaren Kratzer, eine hochwertige Verarbeitung, kommt mit einem entsprechenden Staubbeutel. Prada or nada. Gleich wird sie in meinen Besitz übergehen. Ich nehme sie in die Hand. Alles an ihr ist täuschend echt. Erstklassige Kopie. Eine Edelkopie. Sie kostet 50 €. Ein Schnäppchen. Da trinke ich lieber noch einen Schluck Wasser zur Beruhigung. Ich frage nicht, warum Hengameh sie loswerden will. Nicht, dass es noch zu einem Transaktionsabbruch kommt. Das wäre einmal beinah geschehen, als ich die lachsfarbene (original) Miu-Miu-Crystal-Clutch über eBay

Kleinanzeigen kaufte. Da sah mich die Verkäuferin mit der Tasche im Spiegel flexen und rief: »Oh, die ist ja doch richtig cool.« Meine Alarmglocken schrillten, denn ja, sie ist cool, allerdings an mir, und ich schob schneller die 150 € rüber, als sie überhaupt an einen Einspruch denken konnte. Auch jetzt zahle ich direkt. Hengameh scheint über den Verlust der Tasche gänzlich ungerührt. Ich hingegen bin im siebten Himmel, fühle mich zu zweit, endlich vereint mit der It-Bag. Da uns niemand beobachtet (frech), hat auch diesen Transaktionsvorgang niemand mitbekommen (gut). Ein kurzer Moment des Zweifels: Ist dieser Kauf legal, oder haben wir uns gerade strafbar gemacht? Egal! Es geht schließlich um etwas Wichtigeres, es geht um die Mode und dass die Leute glauben, die Prada Cleo wäre echt. Zumindest so lange, bis mich jemand danach fragt, denn natürlich gebe ich über die Authentizität bereitwillig Auskunft. Stimmt, ich schäme mich nicht dafür. Weder für den Besitz noch für die Illusion, die sie erzeugt. Ganz im Gegenteil. Was ich allerdings als beschämenswert empfinde: das Tragen gefälschter Markenkleidung zu leugnen. Denn das ist wesentlich peinlicher, als die Dupes auszuführen.

Aber gehen wir einen Schritt zurück. Die meisten Menschen wären sich wahrscheinlich einig: Gefälschte Markenkleidung ist eine Zumutung. Sie ist und gehört verboten. Vor allem bei öffentlichen Auftritten, bei Preisverleihungen, bei hochtrabenden Superevents, bei Shootings, bei Dreharbeiten. Der exklusive Gesellschaftsvertrag. Wer will sich schließlich mit Fakes ablichten lassen? Mit der preiswerten Kopie, der schäbigen Alternative, dem Verrat an der Mode, dem Design, dem Handwerk, der Kunst? Sich mit der schlechten Verarbeitung, toxischen Materialzusammensetzung und fehlerhaften Replik zeigen und gesehen werden? Mit dem offensichtlich hilflosen Versuch, etwas zu sein, was man nicht ist (reich, glamourös, dazugehörend, da oben)? Ich, ich will. Und ich bin in guter Gesellschaft. Der Reiz des scheinbaren Regelbruchs – der längst keiner mehr ist. Ich trage und pflege meine Fake-Designerhandtaschen mit derselben Hingabe wie meine echten. Mit der gleichen Sorglosigkeit. Irgendwo zwischen Koketterie und Camp. Zwischen Glamour und Trash. Vor allem tue ich dies, seit ich denken kann. Was früher die »Adsidas«-Trainingsjacke (damals: peinlich! Retrospektiv: campy!), die schlecht vernähten Eastpak-Gürteltaschen und die »Colvin Klein«-Shirts waren, sind jetzt die sehr gut und schier fehlerfreien imitierten Prada-, Louis-Vuitton-, Gucci- und MCM-Teile. Zwischen der Unmöglichkeit, das Original zu besitzen, der pragmatischen Lösung, doch dem Besitzwunsch nachzugehen, und dem Hohn über die Preise der Luxuswaren und dem Spott über diejenigen, die bereit sind, diese Preise zu zahlen, entsteht die Freude über die Kopie. Auch hier gilt, dass der Grat zwischen Affirmation und Kritik beängstigend schmal ist. Ironie, Fun und Vortäuschung falscher Tatsachen wechseln sich in der Trageintention ab. Camp sind die Dupes nur noch selten und am ehesten dann, wenn die Hersteller*innen das Design der einen mit dem Logo der anderen Marke vermengen und etwas völlig Wirres, aber Neues erschaffen. Die eklektizistischen Kopien bekomme ich leider selten in die Hand. Stellen wir uns einfach vor, die Kopierer*innen waren mit den Vorlagen unzufrieden und fanden die eigene Neukreation wesentlich schöner, besser und geiler. Schon ist es Kunst oder der Versuch, aus der Aneignung etwas Eigenes zu erschaffen. Die Fehler oder Grenzüberschreitungen der einen sind die Experimente und Wagnisse der anderen. Diese Experimente verändern nicht nur Geschmäcker, Trends und Stile, sondern auch die Limitierung des Tragbaren. In den letzten Jahrzehnten der Modegeschichte wurden einige nonkonformistische Transgressionen vollzogen und anschließend hingenommen. Die dreiste Balenciaga-Chipstüte als Clutch, das Klebeband als Armreif.

Die Vetements-Kopien von Arbeitsuniformen (Polizei, DHL) oder die Übernahme von Tourismuskampagnen (»Ich komm zum Glück aus Osnabrück«), die Neuauflage der Titanic-Kette *Heart of the Ocean*. Während all das Teil des Modediskurses ist, treibt der illegale Weltmarkt der Dupes auch etwas voran: Die Masse an Fakes, die nicht nur das Internet, die Märkte in Urlaubsorten und Grenzgebieten fluten, prägen längst das öffentliche Stadtbild. Mit selbstverständlicher Sorglosigkeit werden die immer raffinierteren Kopien getragen, die vom Original wirklich kaum noch zu unterscheiden sind. Der Wert des Handwerks, gar der Wert der Kunst wird dadurch so drastisch entwertet, dass Mode in diesem Fall zu einem irrelevanten Produkt degradiert wird. Als Gegenbewegung benötigt die Kunst eigene Grenzverschiebungen, und nicht nur Modemacher*innen vermögen die Limits neu auszuloten, sondern durchaus auch die Modetragenden. Als Beispiel gelten die fantastischen Outfits von dem derzeit wichtigsten It-Girl Julia Fox, die waghalsig, oftmals sehr nackt und herrlich respektlos absurd sind. Manche ihrer Looks erscheinen wie empfindliche Skulpturen, andere sind von ihrer beruflichen Fetisch-Vergangenheit inspiriert, andere sind nichts anderes als witzige Statements. Sie schafft es, Fashion wie darstellende Kunst zu performen, ihr eine Wehrhaftigkeit zurückzugeben. Mode ist im besten Fall ein Heiligtum. Fox ist eine ihrer Priester*innen.

In meinem persönlichen Sternenhimmel strahlt Fox besonders hell. Und weil Stars Begehren und das Bedürfnis nach Imitation kreieren, bringt sie mich andauernd dazu, meine Kleiderwahl zu überdenken. Julia Fox ist genau in diesem Moment der Mittelpunkt eines gigantischen popkulturellen Referenzsystems. Charlie XCX bezieht sich in ihrem Track »360« auf sie, Essays über Essays über Julia Fox werden publiziert, in jeder prestigeträchtigen Show war sie bereits zu Gast, ihre Autobiografie *Down the Drain* ist ein Bestseller.

Damit verkörpert Julia Fox nicht nur eine turbulente Aufsteiger*innenerzählung (lieben die Leute), sondern auch eine neue Spielart des It-Girls. Fox wurde vielleicht mit ihrer schauspielerischen Leistung in *Uncut Gems* (2019) berühmt. Oder durch ihre zwei Monate andauernde Beziehung zu Ye West (2022). Oder, das ist mein Eindruck, ihr Durchbruch lässt sich nicht genau datieren, denn plötzlich war Julia Fox, wie auch Charlie XCXs Track bestätigt, überall, und niemand wusste, warum. Sie wird für ihre exzentrischen Looks gefeiert und verabscheut, sie pusht die Limits der Alltagstauglichkeit – sowohl in Fashion als auch in Beauty, also in Sachen Haare und Make-up. Sie durchbricht aber auch andere Grenzen, was sie zur zeitgenössischen *Mother of It-Girls* macht und demnach auch zu meiner (hehe). Vor ihrer internationalen Berühmtheit war sie eine Downtown-New-York-Ikone, arbeitete als Model und Künstlerin – und war außerdem für ihre schamlose Redseligkeit bekannt, die sie sich trotz des neuen Status behalten hat. Die Schamlosigkeit ist erstaunlich, denn qua ihrer Lebensgeschichte hat sie durch diese Freizügigkeit einiges riskiert (Fallhöhe). Sie ist kein von Agent*innen und Management abgeschirmtes Sternchen, das nur spricht, wenn es etwas zu promoten oder zu verkaufen hat. Unverfroren und unerschrocken erzählt sie von ihrem Drogenstart mit elf, ihrer einstigen Dominatrix-Karriere, von ihren Sugardaddys, von Gewalt, Abhängigkeiten, den Dreharbeiten unter Einfluss von Drogen und Alkohol und ihren psychischen Erkrankungen. Dass sich Stars so *unapologetic* geben, ist selten und hochgradig unterhaltsam. Fox scheint nahbar, spielt mit einer Unmittelbarkeit, die bestechend authentisch daherkommt und die einstudierte und verinnerlichte Professionalität der anderen It-Girls oder Models oder Künstlerinnen als erschreckend langweilig enttarnt. Sie passt so gut in den Zeitgeist, verkörpert so gut den Zeitgeist, weil sie stört. Beim Lesen ihrer Memoiren beschlich mich ein Gefühl der Dringlichkeit, gekoppelt an eine gewisse Form der Ausweglosigkeit. Als Kind italienischer Einwandernden in New York, immer prekär, unbeachtet, experimentierfreudig und absturzgefährdet (Drogen, Sex, Alkohol, Liebe), blieb ihr scheinbar nichts anderes übrig, als berühmt zu werden, denn sie hätte dieses intensive Leben sonst vermutlich nicht überlebt. Ich kenne aus meiner Jugend solche Leute, manche von ihnen sind draufgegangen. Fox lernte, so wie ich, so wie viele aus der Unterschicht, sich in erster Linie auf sich selbst zu verlassen und die durch Gesellschaft und Familie zugewiesenen Hemmnisse ständig neu auszuhandeln. Konkret bedeutet das: stören, nerven, einfordern, unangenehm sein. Das bedeutet: ständig auf die Fresse fallen und trotzdem weitermachen. Das bedeutet: diese Gier. Nicht in erster Linie und unbedingt eine materielle, sondern vordergründig die Gier nach Sicherheit (was oft zusammenhängt). Die entgegengebrachte Verachtung (arm, weiblich, kreativ) nicht akzeptieren, sondern skandalisieren und dagegen verstoßen. Der Schlüssel zur Revolution: sich verschwestern.

Als eine von unten himmle ich natürlich lieber eine von unten an. Identifikationspotenzial und das Mitfiebern für die*denjenigen, die das System aushebeln, so wie ich es selbst auszuhebeln versuche. Ich wuchs in unterschiedlichen Klassen auf. Das bedeutet, dass wir respektive ich mehrere Wechsel vollzogen. Die Eltern starteten jeweils weiter unten, mein Vater noch prekärer als die Mutter, arbeiteten sich hoch, verloren alles und landeten weiter unten als dort, wo sie anfingen. Beide kamen vom Land, trafen einander in München, zogen aufs österreichische Dorf, im Anschluss zurück nach Bayern in eine Kleinstadt. Ich machte die Bewegung von weiter oben (München) nach ganz unten mit und kletterte anschließend alleine wieder hinauf. Die prägendsten Jahre meiner Kindheit waren die, in denen sich der Standard stetig verschlechterte, ich konnte dabei zusehen, wie alles immer tragischer wurde. Als Neunzehnjährige verließ ich das Elternhaus und klammerte mich an BAföG, Studienbeihilfe, Nebenjobs. Kellnerin, Costumer Support, Garderobenaufsicht, Aufsicht in Kunsträumen, ich war die wandelnde geringfügige Beschäftigung. Die Erste und bislang Einzige in der Familie, die ein Studium aufnahm. Wie ein Fremdkörper gestaltete ich mein Leben außerhalb des gesetzten Rahmens: keine Ausbildung, keine Festanstellung, kein Eigenheim, kein Eigentum, kein Auto, keine eigene Familie, nicht mal einen Boyfriend oder ein Girlfriend, den oder die man endlich mal kennenlernen wollte. Dafür eine gescheiterte erste Ehe, eine sexy Single-Kolumne als Engagement (zum Fremdschämen), schlüpfrige und emanzipatorische, wütende Texte in Modemagazinen und diese alberne, unverständliche Kunst.

Meine Eltern haben mir oft gesagt, dass ich mir keine Hoffnungen auf dieses (Stipendien, Preise, Gewinne) oder jenes (Unterstützung, Jobs, Verträge) machen soll, denn *Leute wie wir* kriegen so etwas nicht. Leute wie wir waren die mit dem geringen Einkommen, den kleinen Wohnungen, den Kreditschulden, den schiefen Zähnen, den Verdauungsproblemen, den Schlafstörungen, der Vorliebe für Käsetoast in Dreiecksform. Wir gehörten unmittelbar zu denen, die in den Plattenbauten lebten, mit den Schrottkarren, mit den Betonbalkonen, den Einbauschränken aus dem Gebrauchtwarenlager, den Minijobs und der Alkoholsucht. Zu jenen mit dem permanent laufenden Fernseher, mit den vielen Haustieren, mit den abgetretenen Schuhen und den löchrigen Kleidern. Immer dann, wenn sie von *unsereins* auf despektierliche, warnende Weise sprachen, übernahm ein diffuses Gefühl der Unzulänglichkeit, der mangelnden Zugehörigkeit, der unscharfen Bilder über die eigene soziale Gruppe, der vorsorglichen Enttäuschung. Ich glaubte lange, man brauche keine Vorbilder. Das mag immer noch stimmen, allerdings benötigen wir doch Erzählungen. Julia Fox hat sich andauernd gerettet. Ich habe mich auch gerettet. Julia Fox hat ein bisschen mich gerettet. Ihre unbeeindruckte Couldn't-Care-Less-Attitüde und ihr exzessiver Genuss an der Entgrenzung haben mich neu justiert.

Mode kommuniziert. Sie wabert zwischen Exklusivität, subkulturellen Codes und umgreifenden Massentrends. Manchmal ist, was modische Entscheidungen mitteilen, eine bizarre Gleichzeitigkeit von Botschaften. Der Modemarkt wirkt in seinen schlechtesten Momenten wie ein alles verschlingendes, in sich verarbeitendes Wesen, das ein enormes Chaos ausspuckt. Dabei wollen alle am Ende nur das Eine: Das betörende Leben der ersten Klasse, gefüllt mit sorgenloser Heiterkeit und schönen Dingen. Denn herausragend wird das Dasein durch herausragende Objekte. Das Echte, das Exklusive, das Seltene, das Kostbare – das kann sich doch kaum jemand leisten. Natürlich ist das die sehnsuchtsbefeuernde Ingredienz. Ein klassisches Beispiel ist die sagenumwobene Besserbehandlung derjenigen, die eine echte Hermès Birkin Bag trägt. Diesen Träger*innen wird, so erzählt man sich, jede Tür weiter aufgehalten. Sie werden bevorzugt behandelt, ihnen wird entgegengekommen. Neiderblasst beobachte ich die Frauen mit ihren Birkins auf der Maximilianstraße in München oder in Berlin-Mitte und Charlottenburg. Ich stelle sie mir auf edlen Rattanmöbeln an Pools sitzend vor, mit frisch gesteamten Anzügen und schönen Prada-Sonnenbrillen. Ich frage Katja Eichinger kontextlos per Textnachricht, ob ich auch eine Birkin brauche, um meinen Status zu markieren. Ich möchte auch besonders durch die Türen dieser Welt spazieren. Katja verneint umgehend, und sie muss es schließlich wissen.

In *Sex and the City* bekommt die Birkin Bag eine vollständige eigene Storyline (Samantha will sie, lügt, hat sie kurz, verliert sie wieder). Selbst in *Gilmore Girls* hat diese Tasche einen Auftritt. Das ist Popkultur: Der Kultstatus wird qua

Mythos andauernd neu versichert und beschworen. Die bisher teuerste Birkin wurde für 500.000 US-Dollar verkauft. Eine Handtasche für eine halbe Million Dollar. So viel Geld werde ich niemals in Unwichtiges investieren können. Unwichtig im Überlebenssinne. Die bisher teuerste Hermès Kelly Bag, im Grunde die Schwester der Birkin, ging für 1,7 Millionen US-Dollar über den Verkaufstresen. Abseits von den Megasummen, die nicht nur bei Auktionen für sie erzielt, sondern auch im regulären Handel verlangt werden, müssen sich die Interessent*innen oftmals einem aufreibenden Kaufprozess unterwerfen. Das Vulgäre an diesen luxuriösen Handtaschen sind nicht nur die Preise, sondern auch die ominösen Wartelisten, ein Ergebnis der künstlichen Verknappung, der geschäftsantreibenden Noblesse. Bei manchen Häusern herrscht die Anforderung, erst die eigene Kaufkraft und die loyale Verbundenheit mit der Marke durch kontinuierliche Einkäufe unter Beweis zu stellen, um das prominente Teil überhaupt angeboten zu bekommen. Die Birkin Bag ist die maximale, vollendete Form der Zurschaustellung von Kapital. Das »Zusatzprestige«[6], wie die Soziologin Laura Wiesböck dieses Missverhältnis in ihrem Buch *In besserer Gesellschaft* nennt. Ich fang gleich an zu sabbern.

Das Bedürfnis nach Konsum ist das Charakteristikum einer jeden Gesellschaftsschicht. Ist die Grundfeste des Kapitalismus. Während die Unterschicht für ihren maßlosen Konsum der falschen Dinge verurteilt wird (Alkohol, Zigaretten, Energydrinks, Fast Food und Fast Fashion), gilt der Erwerb teurer (unnötiger) Objekte in anderen Schichten als Beweis einer erfolgreichen Lebensführung (Auto, Jacht, Jet, Pool, Villa, Zuchttiere, Alkohol, Zigarren, Delikatessen). Konsum als Erkennungsmerkmal. Hier wird es schon ungenau. Denn welche Objekte sich zur attraktiven Statusmanifestation eig-

6 Laura Wiesböck: *In besserer Gesellschaft*, Wien 2018, S. 130.

nen, hängt vom Standpunkt der Betrachtung ab und der wiederum vom politischen, sozialen, gesellschaftlichen Interesse, das ebenfalls Bewegungen und Veränderungen unterliegt. Superreiche werden heutzutage für ihren exorbitanten, umweltzerstörerischen Lebensstil verurteilt, zumindest von manchen. Man kann Privatjets und Jachten tracken. Die Bewegungen überprüfen. Seit der Klimawandel längst deutlich spürbar ist, scheint das Jetset-Leben gar nicht mehr so geil und erstrebenswert (Flugscham). Plötzlich wirkt die Luxuskarosse dekadent, schlagartig sendet die teure Uhr am Handgelenk die falschen Signale. Was vorher noch als notwendiges Protzprodukt galt, muss nun vielleicht zurückgehalten werden. Die Souveränität ist dahin. Oder auch nicht. Es kommt auf die Vergleichsgruppe an. Wird die Birkin nicht als Nobelaccessoire erkannt, hält auch niemand ihrer Trägerin ganz weit die Tür auf.

> »Jedes Produkt ist ein Statement. Egal ob Brille, die gewählte Speise im Restaurant oder der fahrbare Untersatz: Konsumentscheidungen markieren die gesellschaftliche Stellung, indem sie den eigenen Status bekräftigt oder erweitert. Viele Konsument*innen geben ihr Geld mit Vorliebe für Produkte aus, die der Abgrenzung vom ›Bodensatz‹ der Gesellschaft dienen und die den höheren eigenen Status signalisieren sollen, vom Kaviar bis zur Luxus-Armbanduhr, um die plakativsten Beispiele zu nennen.«[7]

Wenn dieser Bodensatz, von dem Laura Wiesböck schreibt, nun allerdings gewieft genug ist, selbst an die Statusobjekte zu gelangen, die so gut gefälscht sind, dass sie problemlos als Original durchgehen und für nur einen Bruchteil des veranschlagten Preises ergattert wurden, fühlt es sich beinah so an,

---

7 Laura Wiesböck: *In besserer Gesellschaft*, S. 131.

als hätte der Pöbel der ganzen Marktlogik des Luxussortiments ein Schnippchen geschlagen. Die Ungleichheit kurz ausgehebelt. Ein richtig cleveres Geschäft gemacht, und das ohne knechtende Wartezeit. So funktioniert es allerdings mit den Begehrlichkeiten nicht. Entscheidend sind das Angebot und die Nachfrage. Werden die Objekte zu häufig gesehen und dann auch noch von den *falschen* Körpern getragen, werden sie dadurch entwertet. Neue It-Pieces müssen erschaffen, gefunden und vermarktet werden, die die Körper der *oberen Zehntausend* zieren. Ein Kreislauf, der das alles verschlingende Modemonster nicht satt werden lässt. Präziser, der uns nicht satt werden lässt. Konsum ist nichts anderes als dieser eigentlich lächerliche, aber zutiefst menschliche Versuch, sich in Gruppen einzufügen und gleichzeitig ein wenig aus ihnen herauszustechen. Ich möchte Teil einer Gruppe sein, auch wenn diese Gruppe maximal wenig mit meiner Realität zu tun hat. Die Prada Cleo war It-Bag des Jahres 2022. Ein Jahr später wurde mir die Kopie in einem Berliner Restaurant über den Tisch geschoben. Den Namilia-Tracksuit mit dem Strassaufdruck »Sex Symbol« kaufte ich mir umgehend, nachdem Julia Fox darin an einem Flughafen gesichtet worden war.

Einen ähnlichen Velours-Trainingsanzug, allerdings ohne Strass und für ein Zehntel des Preises, trug ich als Teenager. Himmelblau, giftig stinkend und unangenehm auf der Haut. Mitte der 2000er, als ich anfing zu knutschen, Alkohol trank, Kleidungsstile wechselte wie politische Meinungen, mein erstes Mal Sex hatte, erkannte, dass ich pansexuell bin, heimlich verliebt in eine Freundin war, ständig nachts aus dem Fenster kletterte, hohe Handyrechnungen verursachte, daran glaubte, Malerin zu werden, aber kaum malte, den österreichischen Singsangdialekt gegen den bayerischen eintauschte und mich danach sehnte, in eine Großstadt zu ziehen, um endlich richtig feiern gehen zu können, waren meine Familie und ich auf

Billigkleiderketten (Takko, NKD, KiK) und den einzigen Secondhandladen der Stadt (im Bahnhof) angewiesen. Damals, als Hüfthosen, Stringtangas, Schmetterlingshaarspangen, Push-up-BHs und Bauchnabelpiercings das Modische bestimmten, trug ich keine tollen Marken oder tatsächlich angesagte Teile, sondern die Kopien davon. Ich kam zwar an das erforderliche Zeug ran, allerdings in den Ausführungen, die in den Läden im Einkaufszentrum (ein großer Parkplatz, an dem sich an zwei Rändern in L-Form Geschäfte aneinanderreihten, ganz modern, ganz US-amerikanisch, schrieb damals die gratis Wochenzeitung) feilgeboten wurden. Mitte der 2000er war das Internet noch irgendwas anderes, eine Möglichkeit, mit ekligen, wesentlich älteren Männern auf Chatplattformen zu schreiben und ihnen als Gruppenaktion gemeinsam vorzutäuschen, sich unsterblich in sie verliebt zu haben, und sie dazu zu bringen, in die Kleinstadt zu kommen. MySpace, tumblr, etwas später kam das noch junge Facebook dazu. Die Möglichkeit, dass sich in einer hyperschnellen Geschwindigkeit neue Trends, Stilrichtungen und Gruppen formierten und die Kernelemente einfach zu erwerben waren, kam wesentlich später. Damals lasen wir die *Bravo*, *Sugar* und die *Vogue*, glotzten MTV und Viva und *orientierten* uns an Musikvideos. Damals fuhren meine Freundinnen und ich alle paar Monate an einem Samstagmorgen mit dem Bayernticket in die Landeshauptstadt München und wanderten die Kaufingerstraße auf und ab, vom Stachus bis zum Marienplatz, bis wir wieder nach Hause mussten, vollgepackt mit Einkaufstüten von Pimkie, New Yorker, H&M. Für diese Ausflüge musste ich all mein Taschengeld zusammenkratzen, nebenbei arbeiten, die Eltern anbetteln oder eben selbst etwas nachhelfen, das heißt in unbemerkten Momenten Bargeld fladern (österreichisch für stehlen) und zumindest gedanklich vermerken, dass es sich lediglich um eine Leihgabe handelte, die ich nie wieder begleichen würde (Entschuldigung). Die meisten meiner Freundinnen mussten das nicht. Fast alle von ihnen wohnten in schönen großen Häusern mit hübschen Zimmern und hatten Eltern, die wiederum gute Autos hatten und gute Jobs und eine gute Körperhaltung und ein gutes Verhältnis zu Freizeit und zu ihren Gärten, in denen sie sich nach der Arbeit entspannten. Bei den Eltern meiner Freundinnen ging es häufig um die Entspannung nach getaner Pflicht. Um das gute Glas Wein und irgendwelche Vereinsaktivitäten und Verwandtenbesuche.

In den 2000ern, das war vielleicht das Glück, kamen die Trends und Zwänge etwas später am Land an oder zumindest bei mir. Da ergriff mich lediglich ein kleiner Leidensdruck, weil ich keine Puma-Tasche am Schulhof präsentieren konnte oder kein sassy Strassspruch meine neonfarbenen Tangas zierte. Die echten Tussis, die mit Geld, hatten wesentlich früher als ich verstanden, dass es im Leben fortan um Fashion, Sex, Spaß und Selbstdarstellung gehen würde. Dann übernahmen auch bei mir die Hormone, und alles änderte sich, ich strebte nach einer neuen Identität, und ein Identitätswechsel geht mit einem neuen Erscheinungsbild einher. Ich musste einkaufen. Bei einem dieser Shoppingtrips ergatterte ich mir (streitbare) Schuhe. Ich kann mich gut an das Gefühl von damals erinnern. Fast alle können es. Der universelle Grund für die wohl niemals stoppende, unendliche Plage romantisch verklärter Coming-of-Age-Filme, Bücher und Serien. Die retrospektive Idealisierung. In dieser Zeit ist alles im Umbruch, neu, offen, möglich.

In so einer Kleinstadt aber, direkt an der Grenze zu Österreich, war äußerst wenig los. In diesem plötzlichen Aufbruchsgefühl vermengten sich zwei Grundannahmen: Erstens, das kann es jetzt nicht gewesen sein, und zweitens, ich will mehr. Als naive Optimistin dachte ich damals, das Leben wird's schon richten, Hauptsache, sexy. Die Schuhe, mit denen ich davonkommen wollte, waren hoch (schwarze Lederstiefel mit rosa Applikationen, Pfennigabsatz) und viel zu teuer. Das Gehen übte ich im engen Kinderzimmer vor dem Spiegel, die Fläche war so klein, dass ich nicht auf den Spiegel zu-, sondern nur daran entlanggehen konnte, was das Üben erschwerte. Dann traute ich mich raus, was mein damaliger Freund, ein älterer, sich unmöglich benehmender, fürchterlicher Typ, umgehend mit Anerkennung belohnte. »Geil«, sagte er und klatschte mir mit der flachen Hand auf den Po. »Du schaust so scharf aus.« (Sie sagen einfach immer das Gleiche, egal aus welcher Schicht, Klasse oder Milieu.) »Geil«, dachte ich und ging fortan extrem langsam. Rennen stand in diesen Schuhen nicht zur Debatte, also stakste ich neben ihm her und wurde präsentiert, wie die Trophäe, die ich sein wollte. Er hielt meinen Nacken fest. So einer war das. Die enge Low-Rise-Jeans (in die Stiefel gesteckt), die vielen Tops übereinander, die polangen blonden Haare. In meiner Erinnerung war das mein erster vorab geübter Auftritt. Diese Schuhe brachten mir die ersehnte Aufmerksamkeit. Bestätigung als Auszeichnung, als Preis. Bestätigung durch Mode. Kurz davor war ich noch zu klein und zu dick gewesen, aber ein Wachstumsschub hatte mich in der Attraktivitätsskala nach oben befördert. Es verstummten die Sprücheklopfer von »In deinem Alter hatte ich aber eine bessere Figur« über »Dicke Mädchen mag niemand«, »Friss nicht so viel« bis hin zu »Schämen würde ich mich an deiner Stelle«. So ging ich also jetzt, irgendwie groß und irgendwie schlank, unsicher auf hohen Hacken durch die Kleinstadt und ließ mich mies behandeln, weil ich dachte, das gehöre sich so – endlich eine Frau. An die Möglichkeit, mich zu wehren, mich zu verteidigen und meine Zeit nicht mit irgendwelchen vermeintlich coolen Kleinstadtmackern zu verschwenden, kam ich erst nach einer langen Weile. Jedenfalls war meine nächste große Erkenntnis die, dass die Anerkennung von den falschen Männern im Grunde gar keine Anerkennung war. Umgehend sattelte ich auf Converse um, ließ mir ein Bauchnabelpiercing stechen und färbte die Unterhaare im elterlichen Bad schwarz und versaute die Fliesen, was uns allen egal war, da es sich um einen schäbigen und verlebten Sozialbau handelte, der für uns vier ohnehin viel zu klein war und, wenn wir ehrlich sind, ganz prinzipiell als Mietwohnung eine Frechheit. Der Begriff *Sozialbau* mag für manche unweigerlich nach einer Platte klingen, trifft aber in dem Fall nicht zu. In so einer lebten wir zwar auch kurz (München-Neuperlach, habe es als Kind geliebt), aber das Haus meiner Jugend war eher ein Veranstaltungsort mit Saal und Bühne, einer Wirtschaft mit Bar und mit einer winzigen Hausmeister*innenwohnung. Die Frechheit der Mietwohnung bestand darin, dass sie sich bereits in einem entsetzlichen Zustand befand, ehe wir auch nur einen Umzugskarton hineintrugen, und dieser Zustand für lange Jahre unser Zuhause bleiben sollte, obwohl meine Eltern immer nur von »der Zwischenlösung« sprachen. Meine vollständige Teenagerzeit verbrachte ich dort. Die enge Treppe in den ersten Stock, das stockdunkle Wohnzimmer, in dem die Eltern schliefen, das winzige Bad, die beiden Kinderzimmer. Schlecht konzipiert und noch schlechter gebaut, hellhörig, bröckelnd, undicht. Ich tat alles, um nicht dort sein zu müssen, bekam aber ständig Hausarrest. Ein unbändiger, wütender Teenie, der seine Methoden hatte, doch noch zu entwischen. Die Gegend, in der wir lebten, glich einem Miniaturgewerbegebiet. Große Flächen, wenig Wohnraum. Getränkemärkte, ein Irish Pub, ein Sport-Outlet, ein Solarium, das Jugendzentrum, die Bahntrassen, ein Bau- und Gartenmarkt, ein Restpostencenter, am Ende der Straße ein Autohaus. Die Zeit in dieser Wohnung war vermutlich die traurigste, düsterste und tragischste meiner Kernfamilie. Es mangelte nicht an allem, aber am meisten. Wenn man so wenig hat, gilt es, das wenige zu verteidigen. Ich liebte meine gefälschte Miss-Sixty-Jeans, meine Von-Dutch-Cap und meine

Ed-Hardy-Shirts aus Tschechien so sehr, dass ich ausrastete, wenn die Katze darauf pinkelte, mein Geschwister sich etwas auslieh oder mir das Menstruationsblut die Hose versaute. Das Leben ist Widerspruch, oder auf nichts kann man sich verlassen. Denn selbst in der schäbigen Kulisse der Armut passieren die schönen Dinge. Dort habe ich mich zum ersten Mal ernstlich verknallt und dann noch mal und noch mal. Ich beendete zwei Schulen, entdeckte meine Sexualität, mein Interesse am Schreiben und mein Talent auszubrechen – sowohl textlich als auch real. Lernte, mich in den eigenen Kopf zu flüchten, in andere Umstände. Gegen die Einsamkeit und gegen die Wertlosigkeit anzuschreiben. Stundenlang, immer dann, wenn mir das Handy abgenommen und die Zimmertür von außen verschlossen wurde, der Fernseher nicht funktionierte, das Telefon ausgesteckt, die eigene Tristesse so dermaßen fad und selbst schlafen keine Option mehr war.

Julia Fox beschreibt in *Down the Drain* eine ähnliche Einkehr:

> »Nach der Schule ziehe ich mich in die Einsamkeit meines Badezimmers zurück und lasse die Tinte auf das Blatt fließen, um den Schmerz und die Emotionen, die ich tief in mir vergraben hatte, zum Vorschein zu bringen. Jeder Federstrich fühlt sich wie eine Befreiung an, wie eine Last, die von meinen Schultern genommen wird.«[8]

Ich träumte, fantasierte und schrieb von einem besseren, schöneren, glamouröseren Leben. Die Tagebücher, Notizen und Texte dieser Jahre vernichtete ich in einem schamdurchzogenen, scheinbar erwachsenen Moment in meinen Zwanzigern, als ich die Spuren der Herkunft dummerweise vernichten wollte. Retrospektiv kann ich, ohne zu lügen, sagen,

8 Julia Fox: *Down the Drain*, London 2023, S. 51.

es war nicht alles schlecht. Wir hatten einen winzigen Garten. Irgendwann stellten meine Eltern dort eine Hollywoodschaukel rein, die sie günstig bei Aldi erworben hatten. Die Hollywoodschaukel war für mich ein Symbol des Wohlstands. Sie stand für bequemen, nutzlosen Komfort. Für Eleganz und für Zeit zum Ausruhen. Ich verbrachte sehr viel Zeit in dieser Schaukel. Starrte auf das trostlose Quadrat von schattiger Wiese, umgeben von hohen Mauern, direkt neben dem Wertstoffhof. Was an dem Haus schön war: die Magnolie davor, die jährlich extra prächtig und lange und duftend blühte. Wie eine Geste der Versöhnung. Dabei konnte die Magnolie wirklich nichts dafür.

Als wir so lebten, war es unmöglich, gute Marken oder gar nachhaltig, biologisch angebaute, fair gehandelte Produkte (jeglicher Art) zu kaufen. Damals gab es nicht selten nur für uns Kinder Abendessen. Damals gab es keine perfekt ausgewogene Ernährung. Damals konnte es uns nicht egaler sein, was wir mit unserem Konsum anrichteten, damals mussten wir dafür sorgen zu überleben. Nichts anderes. Damals konnten wir oft monatelang den Strom nicht zahlen. Oder das Wasser. Damals wurde, wenn der Strom bezahlt wurde, mit dem Wasserkocher Wasser erhitzt, damit wir baden und uns ordentlich waschen konnten. Damals dachten wir, es ist schon o.k. so. Damals hofften wir, im Winter heizen zu können. Damals dachten wir, das vergeht wieder. Damals kamen die Unterschichtensendungen in Mode. Damals beschlich uns das Gefühl, dass es das jetzt gewesen ist. Damals glaubte ich, nichts anderes verdient zu haben. Endstation Armut. Für einen kurzen Moment guckten wir uns um und zuckten nur noch mit den Achseln. Dann veränderte sich was. Dann ging es wieder bergauf. Langsam erst, dann ein bisschen schneller. Die neue Selbstständigkeit der Eltern. Die neuen Festanstellungen. Dann wurde ich an der Uni genommen. Damals wusste ich nicht, ob sich alles ausgehen würde. Aber eins wusste ich: Den Weg, der vor mir lag, würde ich zumindest in heißen Stöckelschuhen beschreiten. Und ich lief los.

Bei einem Staatsempfang vor einigen Monaten trug ich eine weiße Bluse meiner Oma, ein schwarzes Sakko (Vintage Herren Yves Saint Laurent), schwarze Lederstiefeletten (Balenciaga), eine weiße Strumpfhose, die Miu Miu Crystal Clutch und einen langen schwarzen Rock, mit einem langen Schlitz (WE.RE). An einer Seite hat der Rock das Revers eines Sakkos, was die ideale Dekonstruktion sowohl von Sakko als auch von Rock ist. Er gehört zu meinen key pieces, den Zentren eines Outfits. Theresa, die ihn designt hat, passt die Teile, für die ich mich entscheide, an mich an, und das heißt, sie macht sie *sluttier*: die Röcke kürzer, die Schlitze wesentlich höher, offener, die Ausschnitte tiefer. Wie *girly*. Da sitzen zwei Frauen im Atelier, und die eine näht, und die andere quatscht, und am Ende kauft eine einen Rock, der zu viel Bein zeigt für das allgemeine Wohlbefinden. Allesamt frauliche Aktivitäten. Ganz unserer Rolle entsprechend. In anderen Worten: Die oberflächliche Tussi, das hohle Konsumopfer, gesellschaftlich völlig irrelevant, beschäftigt sich ausschließlich mit sich selbst.

> »Die in der Kulturtheorie weitverbreitete Weigerung, die Konsumkultur als kreativ oder bedeutungsvoll anzuerkennen, betrifft die Konsumsphäre der Mode in verstärktem Maße. Die Gleichsetzung von Modeinteresse mit Weiblichkeit beinhaltet eine Abwertung beider, die auch den feministischen Modediskurs prägt.«[9]

In *Modebilder* beschreibt Diana Weis, wie die Tussi (selbst) in feministischen Kreisen (oft) abgelehnt wird und mit ihr auch die Auseinandersetzung mit Mode und ihrer Geschichte, andererseits, dass die professionelle, berufliche Beschäftigung

9 Diana Weis: *Modebilder*, Berlin 2020, S. 33.

mit Mode und Konsum in dieser Logik ebenfalls wenig Emanzipatorisches, Feministisches beinhaltet. Aber so einfach ist es nicht. Die Kommunikationswissenschaftlerin Angela McRobbie vertritt in *Bridging the Gap: Feminism, Fashion and Consumption* die Meinung, dass Konsumverhalten auch Ausdruck von politischer Solidarität sein kann und möglicherweise sogar imstande ist, sozialen Wandel einzuleiten. *Shopping* – ob als Freizeitbeschäftigung oder aus Interesse an Mode, ist ein Ausdruck sozialer Beziehungen und Möglichkeiten, ein Ausdruck, in dem sich Klassenunterschiede artikulieren. Im ursprünglichen Sinne war das Shopping den Damen der Oberschicht vorbehalten, den *ladies of leisure*. Einkaufen, Restaurant, Zeitvertreib – und ebenso wurde Mode als kulturelles Phänomen auch untersucht. Die prototypische Einkäuferin kam mindestens aus der oberen Mittelschicht. Wo kauften damals eigentlich die sozial Untergeordneten ein? Beispielsweise jene, die angestellt wurden, um die Reichen in den Geschäften und Warenhäusern als Bedienstete zu umsorgen und zu umgarnen, wie es heute nur noch in den Boutiquen der Luxusmarken geschieht? Dort fällt auch heute noch das Einkaufen mit Gesten der Autorität und also Macht zusammen, wie McRobbie beschreibt:

> »Diese Behandlung durch Frauen, die sich selbst als sozial überlegen betrachten, ist eine Erfahrung, die jeder, der jemals in einem Geschäft gearbeitet hat, direkt gemacht hat, und es ist gelinde gesagt seltsam, dass dieser wichtige, ja sogar prägende Moment der sozialen Interaktion aus der feministischen Geschichte des Einkaufens herausgeschrieben wurde.«[10]

---

10 Angela McRobbie: »Bridging the Gap: Feminism, Fashion and Consumption«, in: *Feminist Review*, Spring 1997, Nr. 55, S. 78.

Einkaufen als Tätigkeit offenbart einen Klassenantagonismus. Mode kommt, wie jeglicher Bereich des Markts, nicht ohne die Unterdrückung anderer aus: die Frauen im Niedriglohnsektor des Einzelhandels oder in den Ateliers der Haute Couture, die in den Fabriken, die Wäscherinnen, die Schneiderinnen, die Hausangestellten. Es ist kein Widerspruch, dass denjenigen, die prekär in den engeren und weiteren Bereichen von Mode arbeiten, und allgemeiner denen »von unten«, heute aber ebenso der Sinn nach heißer Fashion steht.

Die Journalistin Yasmine M'Barek beschreibt auf *Zeit Online*, wie sie jahrelang auf Gucci Kittenheels hinsparte. Die Schuhe wurden zu einem Symbol: »Dieser Schuh ist mein Aufstieg. Und nichts sollte mich mehr aufhalten.« Auch nicht die knapp neunhundert Euro. Sie wurden zur Trophäe, zum Beleg. M'Barek schreibt weiter:

> »In meinem Kopf warten seit bald zwei Jahren Outfits und Momente, in denen dieser Gucci-Schuh zur Vollendung des Glücks beitragen könnte. Ich will einfach kaufen, was ich will, obwohl ich es nicht kann. Denn zur Wahrheit gehört auch: Ich bin Aufsteigerkind. Ich kann nicht sparen. Weil ich Geld lieber ausgebe, wenn ich es verdiene. Und so viel auf einmal überwiesen zu bekommen, nach Abzug aller Fixkosten, natürlich lächerlich ist. Sich aber etwas endlich leisten zu können, ist der Traum. Hier geht es nicht um Gucci per se. Oder Logos. Sondern um die Teilhabe an Luxus.«[11]

Da haben wir's: Luxuskonsum als Aufstiegsbeweis. Meine neongrünen Balenciaga-Slingbacks, die ich für hundert Euro

---

11 Yasmine M'Barek, »Der Traum vom Gucci-Schuh«, 26.04.2024, in: zeit.de, https://www.zeit.de/zeit-magazin/mode-design/2024-04/luxuskonsum-gucci-luxusgueter-geld-sparen/komplettansicht (letzter Zugriff: 07.08.2024).

online im Luxus-Secondhandshop Vestiaire Collective kaufte und zur Premiere ausführte, waren für mich der Auslöser zu maximalem Überlegenheitsgefühl: Luxus, aber Schnäppchen. Konsumsau, aber Trüffelschwein. Die Behauptung von Luxuskonsum ist, offensichtlich, nur die Täuschung darüber – was ist nun reizvoller? M'Barek schreibt: »Genuss im Kapitalismus ist Konsum. Wer das leugnet, lügt.«[12] Ich gebe ihr recht, und manchmal beschleicht mich das Gefühl, dass unser Verlangen, zu konsumieren, uns bereits selbst verzehrt hat. Eine sich selbst verschlingende, gierige Existenz.

Als Entscheidungshilfe über den nächsten Einkauf lässt sich das *cost-per-wear*-Prinzip anwenden. Es blendet die moralischen, ethischen Komponenten aus, konzentriert sich auf eine reine Kosten-Nutzen-Rechnung und basiert auf einer simplen Formel: Je häufiger das Teil getragen werden kann, desto günstiger wird es. Billig produzierte Kleidung, die schneller kaputtgeht, eher zerschlissen wird und sofort ihre Form verliert, kommt auf eine höhere Summe pro Trageeinheit als hochwertig produzierte Stücke, die noch Jahrzehnte später einwandfrei wirken. Seit ich diese Formel anwende, kaufe ich seltener die schnell produzierte, schlecht verarbeitete, Menschenrechte ignorierende und Umwelt zerstörende Massenware. Und Dupes, jetzt kommt mein Geständnis, kaufe ich ohnehin nur noch als Accessoires. Die trage ich dafür dann gerne auf Bühnen, roten Teppichen oder zu hochtrabenden Events, für den Regelbruch, das Stargefühl, die kleine Überlegenheit, wenn die anderen meinen, die Tasche wäre echt und hätte ein Vermögen gekostet. Sparfuchsbestätigung und ein Funke Zynismus, aber auch das Spiel – weil es so einfach ist, Menschen durch Mode etwas vorzumachen. Ich bin Künstlerin, natürlich will ich die Welt verführen.

---

12 Yasmine M'Barek, »Der Traum vom Gucci-Schuh«, 26.04.2024, in: zeit.de.

Der Revenge Dress

Die Prada-Tasche ist lediglich das i-Tüpfelchen, die Sahnehaube auf dem Eisbecher, die extra Cocktailkirsche im Drink, das geschenkte Anti-Aging-Serum von der PR-Agentur, die es gut mit einem meint. In den Monaten bis dahin kaufte ich einige ultrasexy Teile und begründete mir dies insgeheim stets mit meinem Liebeskummer, der einschneidendsten Kummervariante.

Neue Ottolinger-Ohrringe für 250 €, Balenciaga-Schuhe für 599 €, eine Vintage-Prada-Clutch für 280 €, ein Hemd für 150 €, ein Trenchcoat für 470 €, ein Vintage-Escada-Anzug für 170 €, ein Ottolinger-Zweiteiler für 388 €, einen Kasia-Kucharska-Bra für 240 €. Eine Jil-Sander-Handtasche für 49 €, ein Miu-Miu-Minirock für 49 €, ein Triumph-Seidenmorgenmantel für 10 €, ein Thierry-Mugler-Blazer für 69 €, ein Jean-Paul-Gaultier-Rock für 99 €.

Der letzte große romantische Schmerz hat mich einiges gekostet. Der hemmungslose Konsum zur Schmerzbewältigung, der einerseits Zeugnis einer latenten Wohlstandsverwahrlosung, andererseits einer kapitalistisch durchdrungenen Langeweile und Hilflosigkeit war, gab mir ein unfassbar glamouröses Gefühl. Mich erfasste eine rigorose Expressivität, die den lähmenden Kummer verdrängte. Trostspendende Ersatzhandlung im Turbokapitalismus mit einem höheren Ziel: Styling als Rache. Doch was für eine Rache soll das sein? Die beste. Meine Rache ist die Darstellung des unbekümmerten Lebens. Der Beleg, dass die Trennung nicht nur überwindbar, sondern auch die richtige Entscheidung war. Ein nicht unbedingt subtiler Hinweis an die*den Ex. Wie heißt es so schön: Ein gutes Leben ist die beste Rache. Aber noch besser ist es, das gute Leben zu zeigen. Diese Art der Vergeltung erfordert ein Publikum. Dafür pflegt man schließlich den Instagram-Account so akribisch. Raus aus der Verweigerungshaltung (Essen, Genuss, Spaß). Raus aus dem Loch. Raus aus der Trauer, der Verzweiflung, der Erschöpfung. Foto, Story, Post. Herzen, Herzen, Herzen. Genau so geht die Steigerung des Selbstwertgefühls.

Eine Bewältigungsstrategie: die (gelogene) Selbstinszenierung, bis man selbst dran glaubt. Bis es wahr ist. Da der aktuelle herzzerreißende Liebeskummer immer der schlimmste ist, sind beinah alle Mittel erlaubt, um da wieder rauszukommen. *Fuck the pain away* ist eine. Die anderen Tipps: Kauf dir was zur Aufmunterung. Gönn dir was. Lass dich verwöhnen. Sei glücklich, sei schön. Zeig es. Sei lieb zu dir und keinesfalls zu streng. Erkenne das Gute an der Trennung. Nicht nachspionieren. Niemals betrunken anrufen. Gefühle zulassen. Ausmisten. Sich nicht in die nächste Beziehung werfen. Belohne dich für deine Existenz und deinen Selbstwert. Wenn das Leben dir einen Korb gibt, geh einkaufen. Nobel geht die Welt zugrunde.

Diana Spencer, Princess of Wales, ist die Mutter der stilvollen Rache. Sie legte den Grundstein für den modernen *Revenge Look* und manifestierte eine neue Art der Abrechnung. Am 29. Juni 1994, bereits zwei Jahre nach der Trennung von Charles III., am selben Abend, an dem er in einem Fernsehinterview seine heimliche Affäre zugeben würde, zeigte sich die Medienikone in einem schwarzen Off-Shoulder-Kleid, schwarzen Pumps und einem Perlenchoker. Statt in einer gedeckteren, schambesetzteren, zurückhaltenderen Art bei diesem Benefizabendessen aufzuschlagen, an dem sie überhaupt auch gar nicht zwingend hätte teilnehmen müssen, erschien sie nonchalant elegant und maximal sexy. Für eine, die nach der Scheidung das Königshaus verlassen muss und deren Privatsphäre ständig durch das immense öffentliche Interesse verletzt wurde, war das eine strategische Entscheidung. Ihr Look war glamourös und sinnlich, die Botschaft dazu: Lady Di ist zwar verlassen, aber schön. Verlassen, aber ungebrochen. Lady Di hat mit diesem Auftritt die Aufmerksamkeit nicht nur auf sich gezogen, sie hat sie an sich gerissen. Alles, was sie dafür tun musste? Unbekümmert und hochgradig hot aus einer Limousine aussteigen und unbekümmert professionell zum Essen schreiten. Lady Di schrieb an diesem Abend ihre eigene Geschichte fort. Eroberte und kontrollierte souverän ihr eigenes Narrativ. Das Narrativ einer unabhängigen, stilsicheren, präsenten Frau. Jenes Kleid, das von der Designerin Christina Stambolian stammt, ging direkt nach der Veröffentlichung des ikonografischen Fotos als *revenge dress* in die Popkultur ein. Eine einzigartige, unmissverständliche und extrem erfolgreiche Fuck-you-Geste. In den folgenden Tagen zierten nicht mehr Charles und Camilla die Titelseiten der Boulevard-Zeitschriften, sondern Diana Spencer – und alle waren sich einig, dass Charles einen Fehler gemacht hatte. Dass er etwas verloren hatte. Nämlich sie – Lady Di, qua Kraft der Mode die Herrin ihrer eigenen Geschichte.

Rache durch ein besseres Leben ohne die*den Ex geht aber auch in einem bescheideneren Rahmen. Seit Lady Di's *iconic moment* nehmen sich viele Frauen ein Beispiel an der einstigen Prinzessin. Wie auch nicht? Ständig werden sie aufs Neue präsentiert, die sich modisch revanchierenden Ex-Freundinnen oder -Frauen. Rache hier, Rache dort. Es ist längst gängige Praxis internationaler Modemagazine, Superstars nach Bekanntwerden ihrer Trennungen nach den Outfits zu bewerten. Eine verkaufsdienliche Artikelstrategie. Denn wenn diese und jene es schaffen, mit ihrem Liebeskummer so gut auszusehen, kann ich es auch. Oder, die andere Suggestion: *Weil* diese und jene ihre Kleidung im Griff haben, haben sie sich im Griff. Oder: Egal was bei der los ist, ich liebe das Outfit, ab in den Warenkorb.

Abgesehen davon, dass Revenge Dresses also ein gutes Verkaufsargument zu sein scheinen, bestehe ich auf der politisch-emanzipatorischen Seite dieses Trends. Was die Artikel, Fotos und Bewertungen gemein haben, ist, dass sie eine Nachricht transportieren, die anscheinend für Irritationen und Erstaunen sorgt. Ja, es ist wahr, eine Trennung muss nicht zwangsläufig dazu führen, dass jemand zusammenbricht wie ein schlechtes Ikea-Bett, ein morscher Baum oder die Planung zur Selbstfindung auf einem internationalen Egotrip. Nein, die verlassene Person kann ihr Leben fortsetzen. Der Schmerz muss nicht geleugnet werden, aber auch nicht, dämonisch, wie er ist, vollständig von ihr Besitz ergreifen. Schon wieder ein Aspekt des politischen Luxus, der Luxus zu einer individuellen Größe macht. Wenn Luxus als eine Ausnahme von der Regel, als Besonderheit verstanden wird, kann Luxus alles sein, was selten und kennzeichnend anders als der Normalzustand ist (Delikatessen, Urlaub, Markenkleidung). Wenn Luxus als Kernelement des fragilen Zustands des Glücklichseins verstanden wird, reichen kleinere Justierungen, um ihm zu frönen. Revenge Dressing, als eine Motivation zum Luxus, ist irgendwas zwischen Selbstermächtigung, Selbstbetrug und Bewältigungsstrategie. Irgendwas zwischen hilfloser Geste und dem naiven Glauben an ein kapitalistisches Versprechen (Serotoninausschüttung bei Kaufvorgang), eine weitere Kapitulation vor dem Schönheitsdruck und der anhaltenden Alles-ist-gut-Darstellung. Wenn man nicht einmal mehr bei einem zerfetzten Herzen schlecht angezogen, verwahrlost und ungewaschen sein darf, wann dann? Mit durchgefetteten Haaren im Bett liegen und das Geschirr nicht mehr spülen, stinken und jammern. Mag alles richtig sein, und darf man auch. Aber Revenge Dressing ist auch der demonstrative Bruch mit einer geschlechtsspezifischen Vorstellung, einem Bild, einem Klischee, das sich viel zu lange (medial, gesellschaftlich, rollenspezifisch) gehalten hat: Zurück bleibt die gebrochene, tief verwundete, hoffnungslos zerstörte und sozial ruinierte, wirklich, wirklich, wirklich für immer vernichtete Frau. Manchmal ist sie es ja auch. Häufig jedoch nicht. Mit jeder Trennung, ob Ehemann, Boyfriend oder Affäre, kumulierte ich Revenge Looks. Nicht nur um sie auf Bildern zu zeigen und so zu veräußern, sondern um mit ihnen durchs Leben zu gehen. So lange, bis es keinen Grund mehr zur Trauer gab – und darüber hinaus.

Um ordentlich viel Bestätigung für die gelungene Darbietung zu erhalten, braucht es Zuschauer*innen. Je nach Lebensstil ist dieser erlesene Kreis größer oder kleiner, aber es reicht auch eine geringere Anteilnahme für den Bruch mit dem Image der besiegten Frau. Kurz nach der letzten schmerzhaften Trennung wurde mir ein Interview inklusive eines Fotoshootings angeboten. Ich zögerte nicht eine Sekunde. In meinem Hirn war nur das Wort Rache. Wo sonst Gedanken an Snacks, schlafen, schmusen oder Wasser (ich habe ständig Durst, Wasser bitte mit Kohlensäure) dominieren, gab es schlagartig nur noch die Fantasie, erhaben aussehen zu wollen. Zahltag! Über die Situation erhaben, den Schmerz, die Trauer, die Demütigung. Ich wollte *ihm* zeigen, dass ich ihn nicht benötige. Dass ich gefragt bin. Also legte ich mir ein Haute-Couture-Kleid an, schminkte mich ordentlich und posierte, wie von mir gefordert. Dieser Akt kommt einer Lächerlichkeit gleich, einer dümmlichen Schlichtheit, über die man sich als außenstehende Person leicht amüsieren, ja regelrecht erheben kann, dabei ist es ein enormer Kraftakt, sich aus der Enttäuschung herauszuarbeiten und sich danach nicht zu verschließen. Das Bett zu verlassen, die Ablehnung zu betrachten und sich trotzdem erneut den Möglichkeiten des Lebens auszuliefern. Der einfachste Reflex ist es doch, nach einer Trennung dichtzumachen und sich von der Liebe, dem Gefühl und der Romantik abzuwenden. Die radikalere Entscheidung ist es jedoch, offen zu bleiben, weich und empfänglich. Das ist die wichtigste Kunstfertigkeit im romantischen Leben, und nie war diese Erkenntnis wichtiger für die Menschheit als jetzt.

Kurz bevor das Interviewteam bei mir klingelte, lag ich weinend auf dem Boden. Mir hatte es beim Betrachten der grauen Welt (in Berlin hing der Februarnebel so fest wie meine Abneigung gegen Vanillepudding, Junggesell*innenabschiede, Skinny Jeans und Rucksäcke) den Schalter umgelegt. Mit geschwollenen Augen, einer schlaffen Körperhaltung und einer ungesunden Blässe öffnete ich die Tür. Die beiden waren höflich genug, nicht darauf einzugehen und mir die darauffolgenden sechs Stunden Komplimente und Sicherheit zu geben. Profis eben. Die Fotos, die an diesem Tag entstanden sind, sind für mich das Zeugnis meiner Vergeltung.

Je nach Gefühlslage verstehe ich das Erreichte in meinem Leben als einen Akt der Rache. Das schöne Leben als Rache an der Herkunft. Die Liebesfähigkeit als Rache an den Übergriffigen. Der Werdegang als Rache an der Sozialisation, als Frau, als arme Frau. Rache als Antrieb kann wirkmächtig sein, aber ebenso zersetzend. *Blind vor Wut* über die eigenen Grenzen hinausgehen und sich andauernd in das nächste Unglück stürzen. Erschöpfung, Überarbeitung. Ganze Werke, Zyklen, werden aus diesem Grund geschrieben, gemacht, erschaffen. Ich schrieb all meine Bücher aus Rache. Die tief eingeschriebene Lust an der Vergeltung. Es muss besser werden. Für wen? Für mich. Aber auch für andere, die sich in meinen Texten erkennen. Rache funktioniert als eigennütziges oder gemeinnütziges Motiv, *»the best revenge is your paper«*, singt Beyoncé zu Recht.

Als die Fotos dann veröffentlicht wurden, hat der Mann, dem ich sie aus Rachegründen gewidmet hatte, natürlich nicht reagiert. Gesehen hat er sie bestimmt. Es ging auch mehr um die Geste als um (s)eine Reaktion. Nicht nur waren die Fotos ein Signal für ihn (ich mache diese Dinge, ohne dass du etwas davon weißt, ich komme voran, entwickle mich weiter), für alle anderen (mir geht es super! Hört auf zu fragen! Passt schon!), sondern auch für mich (ich habe es aus dem Bett geschafft, mich professionell verhalten, es durchgestanden, Spaß gehabt, mich abgelenkt). Das Foto von Nicole Kidman nach dem Scheidungstermin mit Tom Cruise, wie sie die Arme weit ausbreitet und lächelt, ist längst zu einem Meme geworden. Dieses Bild bezeugt erleichterte Freiheit. Etwas ist vorbei, und es ist o.k. Nein. Es ist nicht nur o.k., es ist das Beste, was hätte passieren können. So geht es also auch nach einer Trennung. Die Erleichterung siegt irgendwann über die Verlustangst. Warum ihr also nicht etwas auf die Sprünge helfen und sie schon mal vorsorglich absichern, sie in Storys und Beiträgen teilen, damit sie auch wirklich bald einsetzt? Die einen mögen das »Thrive Posting« als peinlichen Versuch erachten, sich im Scherbenhaufen selbst zu finden, und das ist es vermutlich auch, aber wenn es hilft, ist es mehr als legitim.

Zu den nützlichsten Lebensweisheiten meines Vaters gehörte, dass ein jeder Liebeskummer exakt drei Tage dauern würde, niemals länger, und alles, was danach käme, Ausdruck von Langeweile sei. Einen Tag kommt er, einen Tag bleibt er, einen Tag geht der Liebeskummer. Wir haben uns entsetzlich gestritten. Ich war 17 und verliebt in einen schmierigen Motocross-Fahrer und mein Vater von meinem unermesslichen Schmerz gänzlich ungerührt. Der Motocross-Fahrer interessierte sich nicht für mich und spielte gemeine Spiele, so wie das die angesagten Burschen eben mit den uncoolen Girls taten. Während ich also eigentlich gerne dabei zugeschaut hätte, wie er durch Matsch und tote Landschaft rast, saß ich stattdessen traurig in der dunklen Wohnung und gab mich meiner existenziellen Krise hin. Der wesentlich ältere Motocross-Fahrer gestattete mir nicht einmal, ihn bei seinem ganz und gar unnützen Hobby anzufeuern, dabei hätte ich sicher Talent zur Cheerleaderin gehabt. Bei jedem Minisprung über eine Dreckschanze hätte ich euphorisch geklatscht und anschließend vermutlich in einem hilf- und hirnlosen Versuch, sexy zu sein, seine versaute Maschine im Bikini geputzt. Meine Eltern, ihrerseits selbst ungestüm Liebende, ertrugen mein schlecht gelauntes Gesicht nicht mehr und baten mich darum, mich endlich zusammenzureißen. Ob ich denn nichts anderes zu tun hätte? Jedes Mal, wenn ich also wieder erlebe, dass meine Person auf schlimmstmögliche Art abgelehnt wird, denke ich an diesen Moment. Hast du nichts anderes zu tun? Keine Aufgabe, keinen Sinn im Leben, keine Arbeit? An damals, als ich seit Tagen heulend in der Dunkelheit des Sozialbaus untröstlich und unerträglich war und mein Vater mich zur Contenance aufrief. Wie er mir meinen Schmerz absprach und mir einen völlig irren Zeitplan des Trauerns auferlegte (was ließe sich schon in drei Tagen erledigen?). In solchen heiklen Momenten muss man sich selbst überlisten. Sich der Langeweile, der Trostlosigkeit hinzugeben, kann der Leere, die der Kummer verursacht, vordergründig eine neue Sinnhaftigkeit verleihen, aber sie nicht auffüllen. Diese Hinwendung zur Trivialität der Gedankenarmut und Lebenskrise ist zwar auf eine beschwichtigende Weise erfüllend, allerdings nicht besonders nachhaltig oder beständig, geschweige denn produktiv. Freilich ist es fragwürdig, alles im Leben nach Produktivität zu untersuchen. Leben bedeutet allerdings in jeglicher Hinsicht Arbeit. Nicht nur für Lohn, Aufmerksamkeit und Status, sondern auch in jeglicher Beziehung – so auch der mit einem selbst. Sich aus dem Kummer herausarbeiten, lautet das Motto. Das, was sich im Leben nicht in Arbeit erschöpft, ist Spiel. Ja, selbst wenn der aktuell herzzerfetzende Liebeskummer der schlimmste des Lebens ist, sollte man auch ihn nicht ganz so ernst nehmen. Höchste Zeit, sich ein eigenes Happy End auszudenken.

Glamour

Die meiste Zeit meines Lebens verlief gänzlich unglamourös, provinziell und stillos. Schade. Pech gehabt. Ein Wirtshaus am Land. Ein Sozialbau in der Kleinstadt. Zig WGs in München. So ein Statement lässt sich einfacher hinschreiben als überprüfen und ist außerdem gelogen. Reingelegt. Aber es ist sofort greifbar, das Bild, so einfach, so gut: Die arme Familie im kleinen Haus, in der kleinen Stadt, mit den kleinen Existenzen und den großen Sorgen. Alles einfach nur traurig und erbärmlich. Doch Moment, Glamour ist eben nicht nur der Nerz, die Marmorterrasse und das Haute-Couture-Kleid, sondern auch der Absturz, der Aufstieg und die übertriebene Ausschweifung. So eine Aufsteiger*innenstory birgt ganz automatisch ein gewisses Schillern, das Potenzial für den aufregenden, heißen Trash-Glam. Wie gern die Kunst die Aufsteigerin zu ihrem Sujet macht, davon habe ich schon erzählt. Suche ich entsprechende Filmbeispiele, denke ich an die radikal mutige, unverfrorene, zumeist prekär lebende Frau, die sich anschickt, ihre Existenz aufzuwerten. Der einstige Pornostar, der nun Hollywoodschauspielerin werden will (MaXXXine). Die Achtzehnjährige, die sich mit ihren Halbgeschwistern einer kriminellen Gruppe anschließt, um das Überleben zu sichern (American Honey). Die Stripperinnen, die ihre Kunden unter Drogen setzen und sie dann abziehen (Hustlers). Die Sechzehnjährige, die mit ihren Freundinnen auf Kreta Party machen will und einen sexuellen Übergriff erlebt (How to have Sex). Die Teenager, die den Spring Break feiern wollen und sich bewaffnen (Spring Breakers). Ebenso glamourös kaputt ist der Influencer, der sich zwischen Drogen und Realität aufhält und einen verschwundenen Typen sucht (Rotting in the Sun). Sie alle eint Anmut in Zerrissenheit, die Zerstörung, nicht zuletzt die geile Fashion. Diese Filme ähneln sich in ihrer Darstellung glamouröser Körper und verruchter Atmosphären durch viel Sex und viele Drogen, sie ähneln sich in der Darstellung existenzieller, das heißt lebensbedrohlicher Tiefpunkte und in der Sehnsucht ihrer Figuren nach mehr, nach einem Ausweg oder, so banal es klingen mag, nach Ablenkung. Diese Filme funktionieren gut. Was dabei so reizvoll ist, ist zum einen die Armut als feste erzählerische Größe, zum anderen die Codes, Sprache und Coolness, die so weit entfernt vom Bildungsbürgertum stattfinden, dass sie eben markant und fremd, also per se interessant wirken.

Um alles noch komplizierter und diffuser zu gestalten, bestehe ich darauf: Glamour ist keine messbare Größe – sondern ein ebenso gemeiner Insider wie fotzig und Camp. Stellen Sie sich eine glamouröse Person vor. Befindet sie sich im Club, auf der Straße, in einer Limousine, in einem Privatjet, einer Imbissbude, einem akkurat beschnittenen Garten mit Petunien, Rosensträuchern und Springbrunnen? Im ersten Augenblick erscheint Glamour so mühelos, so nonchalant, als wäre er naturgegeben – eine Zufälligkeit wie Talent oder Glück im Leben –, ist er aber nicht. Glamour wirkt hinreißend und alles einnehmend, verzaubernd und faszinierend. Es handelt sich dabei um den gewissen Funken, den *spark*. Manche haben ihn, die meisten nicht. Oder, was viel eher der Wahrheit entspricht: Viele haben ihn, aber die wenigsten erkennen's. Zumindest der Glamour, der mich interessiert, beansprucht eine gewisse Schlagkraft für sich, vermittelt eine Dringlichkeit. Glamour entsteht in Brüchen, in Lücken, in Leerstellen. Genau da, wo er nicht erzwungen wird, aber (beiläufig und aus Versehen) authentisch performt. Eine kettenrauchende Frau am Strand von Rijeka, in einem schwarzen

Badeanzug auf einem Liegestuhl, mit ihrer von der Sonne längst zu Leder verbrannten Haut. Eine Meeresfrüchteplatte am Hafen von Genua, in einem Lokal, in dem vor 50 Jahren die High Society verkehrte, wovon aber nichts als Fotos übrig blieben. Die mit Perlen behängte Lady mit Hündchen auf dem Ku'damm, eine Aldi-Tüte in der Hand und einem unverständlichen Dialekt im Mund.

Ohne Oberflächlichkeit gibt's keinen Glamour. Das ist schon mal die Basis. Als Charaktereigenschaft zählt Oberflächlichkeit zu den unbeliebtesten, sie gilt als unattraktiv. Oberflächliche Personen sind unfähig, ein tiefes, ernstes und inhaltsvolles Gespräch zu führen, Probleme zu lösen, lassen sich von der Erscheinung eines Produktes oder des verkaufswirksamen Auftritts einer Person verführen, sind generell ungebildet, einfältig und uninteressant. Typischerweise befassen sie sich ausschließlich mit Themen, die ihre Oberfläche betreffen (Styling, Schminke, Attitüde), und haben der Welt wenig zu bieten, außer die Leidenschaft fürs Materielle und die Fähigkeit, Störfaktoren auszublenden.

Oberflächlichkeit ist vollkommen unterbewertet. Gezielt eingesetzt, ist sie die Möglichkeit, sich aus Unannehmlichkeiten herauszuziehen, Dethematisierung als Strategie, Ästhetik als Eskapismus. Es muss sich wirklich niemand andauernd mit der Schwere der Existenz befassen, an einer liebevollen Hinwendung zu gutem Design kann ich kein Problem erkennen.

Geschlechter werden, wie sollte es anders sein, unterschiedlich nach ihrer Oberflächlichkeit bewertet: Der zweifelhaft flachen Frau fehlt es (wie grundsätzlich) an Intelligenz und Wissen für Tiefe, am Interesse, an Bedeutung. Sie verliert sich in der unnötigen Hingabe an Wirkung und Erscheinungsbild. Die Oberflächlichkeit des Mannes hingegen steigert seine Attraktivität. Hat er eine Skin-Care-Routine, so gilt das als eine erlernte Kompetenz. Beim Anziehen und Einrichten der Wohnung gibt er sich *Mühe.* Er wird schlagartig als überdurchschnittlich gewertet und für seine Bravourleistung in Sachen Erscheinung gelobt.

Glamour steht für den Glanz, und glänzend ist immer nur die Oberfläche. Die faszinierende Selbstinszenierung findet nicht ohne den (dramatischen) Hang zur lustvollen Selbstgestaltung statt, entgegen der gewöhnlichen, alltäglichen Standardgesellschaft. Während die Oberflächlichkeit zu Unrecht einen so miesen Ruf hat, vermisse ich schmerzhaft den Glamour. Er scheint im Alltag verschwunden zu sein. Ich will ihn. Ich will ihn umso mehr, je trostloser die Welt sich mir darbietet (Rechtsruck, Faschismus, Inflation, Kriege, Krisen, Umweltkatastrophen). Glamour als Gegenreaktion oder um alles erträglicher zu machen.

Paris Hilton beschreibt in ihren Memoiren *Paris* den Glamour, der von jeher in ihrer Familie anzutreffen war:

> »Das Haar meiner Großmutter war kupferrot, die Farbe eines nagelneuen Pfennigs, und sie ging nicht vor die Tür, ohne feuerroten Lippenstift aufzutragen. Sie war glamourös. Immer mit Diamanten geschmückt. Sie liebte ihren Schmuck – je mehr, desto besser –, und sie ließ alles schön aussehen. Gram Cracker war eine Naturgewalt, die die Energie in jedem Raum, den sie betrat, veränderte. Sie war eine Persönlichkeit. Sie liebte es, gesellig zu sein. Sie liebte es, hinreißend zu sein. Anstatt zu versuchen, in die typische Form zu passen, genoss sie es, sie selbst zu sein.«[13]

Eine Frau, die es genießt, sie selbst zu sein und dabei herauszustechen. Eine Frau als Naturgewalt. Ich verehre die Beschreibung und möchte selbst so sein. Stets Schmuck und Lippenstift tragend, energiegeladen, hinreißend. Allerdings

---

13 Paris Hilton: *Paris: The Memoir*, S. 56.

haben Gram Cracker und ich eine voneinander abweichende Ausstattung, was die Diamanten angeht. Aufgrund des Inszenierungscharakters (und so eine Inszenierung kostet) wird Glamour gern den Reichen zugeschrieben, denen eine gewisse Form der Exzentrizität eher erlaubt zu sein scheint. Zwar wurden der Prunk, der Pomp in seinem Extrem längst von den sogenannten Neureichen übernommen, auf die Besitzer*innen des alten Geldes herabblicken.

Die Superreichen, denen der Glamour per se zugeschrieben wird, arbeiten häufig in der Unterhaltungsindustrie oder verkehren mit jenen, die es tun. Präziser: in der Welt des Films. Hollywood baute nicht nur erfolgreich sein Starsystem auf den Grundfesten des Glamours auf, sondern etablierte eine Vermarktungsstrategie, die zu internationalen Nachahmungs- und Imitationsversuchen führte. Der Film und vor allem die Filmwelt sind prädestiniert für Extravaganzen, schließlich leben sie von Behauptungen, Vortäuschungen, Lügen und Versprechen. Glamour ist ein außerordentlich gelungenes Spiel mit all diesen Komponenten, mit dem Exzess und dem Leid. Dem männlichen Blick auf die Frau, auf den Filmstar, auf die von ihm, dem Regisseur, geschaffene Frauenfigur. Bei dem in Hollywood porträtierten und inszenierten Glamour handelt es sich allerdings um die Kopie der Upperclass und ihrer Regeln. Eine einseitige Darstellung, die Glamour mit Reichtum gleichsetzt – der Trash Glam rückte erst durch die Postmoderne in den Fokus. Celebrity Culture, das Vermarkten und Erschaffen von Bildern, Image, Ruf und Gossip, hat den Ursprung im Glamour, oder der Glamour entfachte sich weiter durch die Verbreitung der gut kuratierten Bilder. Das ganze System Hollywood lebte von der Verbreitung dieser Bilder und dem übermenschlichen Image, das sich daraus kreierte, der Verherrlichung und Idealisierung. Werbeverträge und Sponsoring stopften Finanzierungslücken und stockten das Budget auf. Aber was machte diese Diven, diese

Männer in ihren Anzügen, diese Autos, diese Settings so bestechend glamourös? Die Unerreichbarkeit. Ihr Leben im Himmel auf Erden. Bling-Bling und Pelzmantel. Seidenhandschuhe, das kleine Schwarze und der Smoking. Die Lässigkeit im Hedonismus, die Exklusivität, das Unbekümmerte daran.

Die eigene Kaufkraft oder der Findungsreichtum, der mit Know-how gleichzusetzen ist, sind entscheidend für das Gelingen des Einzelnen im Kapitalismus. Expertise ist gefragt, um mangelndes Budget mit eigener Handarbeit auszugleichen. Es ist also möglich, für den eigenen Auftritt zu sorgen – doch was ist der entsprechende Anlass? Was ersetzt den roten Teppich? Nun kommen die Trivialität und der Glamour endlich zusammen: Was ist denn nun glamouröser – in der Designerrobe über den roten Teppich zu schreiten und dabei von einem Blitzlichtgewitter verfolgt zu werden oder im selben Kleid in einem Imbiss zu sitzen und gemütlich zu essen? Vielleicht sogar allein, Burger und Cola (ohne Zucker), mitten in der Nacht, fern jeglicher Celebrity-Zusammenkunft, lediglich hungrig.

Offensichtlich gewinnt Letzteres den Glamour-Contest. Die Entscheidung, sich mit dem Designerkleid in einen Imbiss zu setzen, wo das Kleid nicht hingehört und die Person, die es trägt, dementsprechend gerade auch nicht, schafft die Differenz, die mir so gefällt. Es erfolgt der obligatorische Bruch mit dem Erwartbaren, der Gesellschaftsvertrag des öffentlichen Auftritts wird unterminiert. Sogleich fragt man sich: Was macht sie hier? Was will sie? Wieso sieht sie so aus?

Diese Form des Glamours zeigt sich dort, wo ein Neuentwurf geschieht. Wo eine modische Entscheidung oder möglicherweise gleich eine ganze Lebensweise neu verhandelt wird. Es ist kein Zufall, dass sich besonders viel Glamour in queeren Subkulturen wie der Ballroom-Szene (ursprünglich aus New York) findet. Sitzen hingegen in einem großzügigen Wintergarten hübsch angezogene Damen und verzehren festlich dekorierte Törtchen, ist das nicht glamourös, sondern in der ganzen Erwartbarkeit schlichtweg fad.

Die Kostümbildnerin Elke von Sivers erzählte mir einmal, dass sich die glamourösesten Momente ihres Lebens immer nachts ereigneten. Als sie sich mit ihren Freund*innen aufdonnerte, um in den 1990er-Jahren in Berliner Kellern zu Techno zu feiern. Als sie unfassbare Outfits trugen, die sie mit Hingabe und Stilbewusstsein zusammenstellten, um dann in Clubs abzustürzen, die nicht mal eine Tür hatten, sondern in die man durch ein Fenster steigen musste. Der Glamour fand immer dann statt, wenn der Strass und das Glitzern den Rahmen überspannten. Wenn es keinen Grund für den Exzess gab, außer das Leben selbst.

Glamour ist eben nicht die nächste Imitationsschleife der Reichen und ihres Lebensstils, sondern muss auch ohne Geld möglich sein. Die eigene Künstlichkeit als Kritik verstehen statt als mangelnde Tiefe. Als (gewaltvolle) Aneignung und Werkzeug, um Machtverhältnisse infrage zu stellen. Das Kunstprodukt. Glamour, der von unten kommt, ist politisch, ist subversiv, ist herausfordernd. Leopardenprint, Föhnfrisuren, hohe Absätze. Die Fähigkeit, auf Oberflächlichkeit ohne Verachtung zu reagieren.

Das weiße Herrenhemd

Selbstinszenierung, die zum Glamour gehört wie das Salz aufs Butterbrot, ist in Deutschland nicht gern gesehen. In einem lieber unauffälligen, angepassten Setting sollen Einzelne nicht übertrieben strahlen und durch Exaltiertheit unangenehm auffallen (die Intellektuellen mit Hornbrillen und schwarzen Rollis, nicht in skulpturalen Kleidungsstücken). Die notorischen Regelbrecher*innen werden kritisiert und zur Contenance aufgefordert. Ein solcher Auftritt wird gern pathologisiert: Geltungsdrang, fragiles Ego, hemmungsloser Konsumdrang, mangelnde Bescheidenheit aufgrund innerer Leere. Auch deshalb scheinen mir die Versprechen der queeren Räume in Sachen Akzeptanz und Offenheit so wie die Welt der Mode in Hinsicht auf Wagnis und Exzess paradiesischer als jeglicher neokonservativer Überredungsversuch (Sicherheit, Spießertum). Versprechen, die nicht immer eingelöst werden.

Österreich hingegen, so könnte man annehmen, wäre das ideale Setting für den großen Auftritt, schließlich grassiert dort die größte Monarchiegeilheit, der Hang zur kitschigen Verklärung, die demütige Verehrung der Künste. Allerdings gilt das in Österreich nur für die Vergangenheit. Wer heute so herumstolziert, wie Kaiserin Sisi es einst tat, kassiert mehr Hohn und Spott als Komplimente. Auch in Österreich geht es inzwischen ordentlich und fad zu.

Kürzlich war ich in einen imposanten Frankfurter Bankentower geladen, um dort über den Dächern der Welt über Eleganz zu referieren. Als Geste der extravaganten Verweigerung trug ich ein nudefarbenes Galliano *naked-dress*, lila Prada-Sandaletten und Glitzer-Make-up. Zum Ende der Podiumsdiskussion fragte die Moderatorin, was das wohl eleganteste Kleidungsstück in meinem Schrank sei. Ich musste nicht wirklich überlegen, denn kein anderes Stück löst so viel in mir aus wie das weiße Herrenhemd. Hochgradig emotional ist mein Verhältnis zu dieser simplen, allgegenwärtigen und vor allem in Frankfurt viel gesehenen, äußerst unspektakulären Klamotte. Es ist mein meistgetragenes Kleidungsstück, ich besitze es in unzähligen Varianten, aber niemals ist es passend, meine Hemden sind immer zu groß. Viel, viel, viel zu groß. Kleidähnlich zu groß (aber niemals, wirklich nie ein Hemdkleid), sackig, nicht für meine Statur gemacht, verhüllend und anschmiegend. Für mich der Ausdruck von Lässigkeit und Stärke, aber auch Zeugnis einer Sehnsucht und bahnbrechend elegant. Die Moderatorin wunderte sich, hätte des Themas wegen eher mit Perlenkette, besonderen Heels oder einem Tüllkleid gerechnet. Ich bleibe dabei. Denn das Hemd und ich haben eine gemeinsame Geschichte, eine Geschichte der Eleganz.

Sommer 2023. Ich sitze an meinem Schreibtisch, trage ein weißes Herrenhemd, eine schwarze Smokinghose, meine Brille, keinen Schmuck, meine Haare sind noch nass mit einer Klammer hochgesteckt. Ich schreibe einen Text über den Zusammenhang von Feminismus und Popkultur. Meine Gedanken strömen in alle Richtungen. Der Feminismus braucht den Mainstream – ab wann zerstört der Mainstream feministische Kämpfe durch Vereinnahmung und plumpe Phrasendrescherei? T-Shirts, auf denen *Feminism* steht, von Personen getragen, die sich trotzdem entsetzlich benehmen. Autor*innen, die wiederholt die eigene Emanzipationsgeschichte und Unabhängigkeit als allgemeingültige Lebensweise propagieren (und dabei Vorteile, glückliche Umstände und Netzwerke aussparen). Produkte, deren Kauf, Verwendung und Besitz als feministischer Akt angepriesen werden

(Beauty, Sextoys, Haushaltsgeräte), so als könnte man sich feministisch kaufen.

Jährlich beäuge ich die Thementische zum internationalen feministischen Kampftag am 8. März, ständig lausche ich Sondersendungen zu vergessenen, unbeachteten Frauen in jeglichem Arbeits- und Lebensbereich, und permanent beobachte ich die andauernde Behauptung feministischer Erzählungen im Kino, im Fernsehen und in Büchern. Jeder kennt sie schon, diese Ankündigung *der ganz starken Frauenfigur*, der *unerhörten Selbstbehauptung*. Zwei (Schwarze) Frauen in den Hauptrollen gelten bereits als Hinweis auf den emanzipatorischen Charakter eines Films. Wie trostlos niedrig die Latte hängt.

Ich finde das Thema meines Artikels unoriginell, verlasse den Schreibtisch und beginne zu putzen, ein klares Zeichen der Verweigerung. Sogar den Kleiderschrank räume ich aus und sortiere die Kleidung nach Farben. Dann bringe ich das Altglas weg. Beim Weg zurück, vorbei an der japanischen Bäckerei, verstehe ich, dass mir das Thema zu langweilig ist.

Klasse, Geschlecht, Körper, Geld, Geld, Geld. Ich würde so gern über anderes schreiben, dafür müsste es aber in diesem Leben erst mal um etwas anderes gehen. Zurück am Schreibtisch, mache ich ein Foto von mir, lade es als Story hoch, weil ich finde, dass ich gerade besonders professionell aussehe. Der Lover ruft an. Eine willkommene Abwechslung. Der Lover war gestern aus und hat eng mit einer größeren Frau getanzt. Die größere Frau und er waren einander sehr nah. Das erzählt mir allerdings nicht er. Das erzählte mir eine Freundin, die auf der gleichen Party war und den Lover und die größere Frau beim verschmusten Tanz beobachtete. Der Lover weiß, dass meine Freundin da war und ihn sah, weil der Lover sie grüßte, während er mit der größeren Frau verschmust tanzte. Der Lover kann sich denken, dass ich all das weiß, aber der Lover lässt sich nichts anmerken, und ich frage nicht nach. Je weniger ich weiß, desto besser, beschließe ich. Nicht-Wissen als Freiheitskonzept.

Am Ende geht es doch immer um Freiheit. Um diesen Begriff, der über allem schwebt, der das größte Ziel beschreibt. Freiheit für alle Menschen, alle Geschlechter, alle Sexualitäten, alle Nationalitäten, alle Religionszugehörigkeiten, alle Identitäten. Aber auch: die Freiheit, sich nicht beschäftigen, sich nicht befassen zu müssen, es sich einfach und leicht zu machen, nichts zu wissen, unbekümmert und nicht betroffen zu sein. Die Freiheit, arrogant und ignorant durchs Leben zu gehen.

> »Wenn wir es uns aber erlauben, und sei es nur für eine Weile, unsere Aufgabe nicht ausschließlich darin zu sehen, Herrschaftsverhältnisse aufzudecken und zu verurteilen, werden wir vielleicht feststellen, dass im Knoten aus Freiheit und Unfreiheit mehr zu finden ist als eine Blaupause für vergangene und gegenwärtige Regime der Brutalität.«[14]

In ihrem Essayband *Freiheit* weist die Schriftstellerin Maggie Nelson darauf hin, dass der Freiheit ein Paradox innewohnt. Es mag sein, dass in einem Moment der Befreiung des einen für den anderen eine Unfreiheit entsteht. Doch wer sich von dem paradoxalen Charakter der Freiheit einschüchtern lässt, wird für immer unfrei, meint Nelson. Zerstörung durch Destabilisierung ist Teil des feministischen Kampfes.

8. März 2024. Wir sind auf einer der Demos gelandet, die sich sehr konkret ein sehr abstraktes Ziel vorgenommen haben: Freiheit, Gleichberechtigung, so etwas. Die Vagheit und der Symbolcharakter der alljährlich stattfindenden Proteste ärgern mich, trotzdem sind besser ein paar Tausend Leute hier als gar keine. Eine schreit durch ihr Megafon eine

14 Maggie Nelson: *Freiheit*, Berlin 2022, S. 22.

andere Sprecherin an. Ich kann sie beide nicht verstehen in dem Lärm. Wer hat welche Demo organisiert, wer will sie vereinnahmen, welcher Block ist transexklusiv oder antisemitisch und daher dringend zu meiden, ich weiß es nicht. Als wäre nicht alles schon elendig genug, spricht mich ein Mann an. Er erklärt mir, er sei schon immer Feminist gewesen, nicht erst, seit es alle sind. Ich weiß nicht, warum er es ausgerechnet mir erzählt, wie soll ich ihn nun überhaupt noch ernst nehmen? Man muss diese Männer, die meinen, sie seien schon immer Feministen gewesen, bloß nach den genauen Inhalten ihrer feministischen Praxis befragen, und schon bleibt so wenig übrig, dass man sich der Verzweiflung hingeben mag. Dann drückt mir jemand einen Prosecco in die Hand. An der Straße steht eine Frau und schreit unablässig monoton: »Shame on you!«, ohne jemanden konkret zu adressieren. Wofür soll ich mich heute schämen? Ich bin übrigens dem Wetter entsprechend angezogen, es ist kalt. Dieses eine Mal also liegt es nicht am kurzen Rock. Vermutlich liegt es, ganz grundsätzlich, an meiner Anwesenheit.

Sophie und ich vertreiben sinnlos Zeit in einer Bar, bis wir auf die Party können, ohne zu früh zu wirken. Wir wollen uns bewegen, Freundinnen legen auf, wir müssen Energie und Frust loswerden. Wir haben noch zwei Stunden. Sind eigentlich müde, aber noch nicht bereit, den Tag aufzugeben, irgendwas muss raus. Ich trage eine graue Bundfaltenhose, Turnschuhe, ein weißes Herrenhemd, das ich mit einem einzigen Knopf über der Brust geschlossen habe, es zeigt ein tiefes Dekolleté, und eine Cap, auf der mit bunten Strasssteinen *IT-GIRL* steht. Meinen Pullover habe ich direkt ausgezogen. Die Haare sind offen, das Make-up dezent, die Handtasche ist klein. Da stehen wir also, trinken, plaudern. Neben uns drei Männer, die sich selbst später als »um die vierzig« beschreiben werden und die immer wieder den Kontakt zu uns suchen. Dabei haben wir keine Lust auf den Austausch, brechen jedes Gespräch ab, beantworten die Fragen einsilbig, gehen davon aus, dass unser offensichtliches Desinteresse irgendwann schon als Desinteresse auch von ihnen akzeptiert wird. Wird es nicht. Wie so oft, wie ständig. Ich bin immer wieder überrascht davon, wie sehr Männer davon überzeugt sein können, ihre Anwesenheit wäre eine grundsätzliche Bereicherung.

Unser Gespräch wandert zur Demo, die Herren sehen ihr Stichwort gekommen. »Ach ja, heute ist ja Weltfrauentag!«, ruft der Größte von ihnen. »Na, dann mal herzlichen Glückwunsch.« Alle drei prosten uns zu. Was für ein Anblick. Sophie wird etwas gefragt, wendet sich ab. »Wir nennen ihn *internationalen feministischen Kampftag*«, entgegne ich, trinke meinen Schnaps aus, will gehen. »Ja, haha, schon klar, Kampftag, hahahahaha. Wer hat denn den Weltfrauentag erfunden?« »Theresa Serber Malkiel.« Kurze Pause. »Und wo kommt die her?« Ich schaue verdutzt und ungläubig. Schon befinde ich mich in einer Quizsituation, die peinlicher nicht sein könnte. Der Mann mustert mich, meinen Ausschnitt, meine Cap, mein Gesicht. Seine Freunde tun es ihm gleich. Sein dünner, schwarzer Rollkragenpullover liegt eng an, ebenso seine schwarze Skinny Jeans. Sofort frage ich mich, was er mit diesem Outfit bezwecken will. Unsichtbarkeit? Universalität? Will er überhaupt irgendwas?

Es folgen spitze Fragen zum Wahlrecht der Frauen in Deutschland (ab 1918), der Schweiz (1971) und der prozentualen Bevölkerungsaufteilung Deutschlands nach Geschlecht. Ich bin fassungslos und hochgradig amüsiert im steten Wechsel. Der größte Mann am Tisch verliert sich so sehr in seinem Abfrageprozedere, dass ich ihn auf seine übertriebene Macht- und Dominanzgeste hinweise, unsicher, ob er denkt, wir befinden uns in der Scherzzone. Seine beiden Freunde schämen sich zu Recht und sagen zu Unrecht nichts, starren auf ihre Biergläser und beißen hastig von ihren Würsten ab. Irgendwann werde ich laut, Sophie steigt ins Gespräch ein, gerade noch abgelenkt, jetzt anwesend, und zerlegt ihn innerhalb weniger Minuten. Damit hat er nicht gerechnet. Womit hat er eigentlich gerechnet? Damit, dass er uns jetzt mal schön was erklären kann und dass wir die Erklärbär-Attitüde sogar sexy finden? Solche Männer extemporieren besonders gern vor jungen Frauen. Ich weiß, dass ich an manchen Tagen sehr viel jünger aussehe. Ich weiß auch, dass das solchen Männern Sicherheit bietet, weil sie sich dann extra überlegen fühlen. Darum geht es: die eigene und die generelle Überlegenheit des männlichen Mannes zu demonstrieren und zu festigen.

Sophie sagt irgendwas, ich kichere. Dann holt er noch einmal aus. Denn, Moment einmal, so seine süffisant vorgetragene These, *wir Frauen*, seien selbst schuld an unserer Situation. Seine Augen funkeln, als hätte er noch eine Wurst geliefert bekommen. Na so was! »Schließlich gibt es mehr wahlberechtigte Frauen als Männer«, er habe gerade extra nachgelesen, so wie er übrigens heute einiges zum Weltfrauentag nachgelesen habe, deshalb wisse er auch so gut Bescheid. Also: »Warum ändert ihr nicht einfach die Gesellschaft? Schafft dieses Patriarchat doch ab, ihr seid doch bereits in der Mehrheit?« »Guter Punkt«, springt ihm der andere bei und nickt, »wir leben schließlich in einer Demokratie.« Während er meint, er hätte uns auf die sich aufdrängende Weinerlichkeit des Feminismus hingewiesen, frage ich ihn, warum er sich nicht an der Abschaffung beteiligt. Er schaut mich an wie einer, der wirklich von seinen Worten überzeugt ist. Weil er, ja sie alle drei, als »cis-heterosexuelle, weiße Männer« (er gestikuliert Anführungszeichen in die Luft, als würde er nicht tatsächlich Teil dieser Gruppe sein), mittlerweile selbst einer schützenswerten Minderheit angehören. Deshalb. Mein Herz zerbricht, mein Hirn explodiert, mein Körper schmerzt, meine Wut bahnt sich an, ich kontrolliere mich. Warum kontrolliere ich mich immer? Weil ich es gelernt habe.

»Dass von der zunehmenden Selbstbestimmung, die sich andere soziale Gruppen erkämpft haben, eine Bedrohung ausgeht, zeugt von fragiler Maskulinität. Aus Angst vor dem Verlust von Macht, Identität und Privilegien werden Entwicklungen der Gleichberechtigung versucht kleinzuhalten und Feminist*innen angeprangert oder im digitalen Raum sogar bedroht. Sich nur dann stärker zu fühlen, wenn man Rechte anderer Gruppen kleinhält oder beschneidet, spiegelt eine gefährdete Identität und Stärke wider, die vom niedrigeren Status anderer abhängig ist.«[15]

Die eigene Stärke, so beschreibt es Laura Wiesböck, wird effizient gesichert, indem andere ihrer Freiheit beraubt werden. Dass sich *weiße* (cis-heterosexuelle) Männer als Opfer des Feminismus, als Benachteiligte einer diversen Kultur und Gesellschaft verstehen, ist der schlechteste Scherz im Comedy-Programm *Patriarchat*. Sophie und ich trinken aus und gehen. Hier haben wir keine Wirkmacht. Auch eine notwendige Erkenntnis: In welche Kämpfe, Diskussionen, Diskurse lohnt es sich zu gehen, die eigene Energie, das Wissen, die Expertise einzubringen und zu investieren – und welche Kämpfe sind im Vorhinein schon verloren. Ich bin nicht die Nachhilfelehrerin von diesen »um die Vierzigjährigen«, die mit einer völlig albernen Borniertheit, Engstirnigkeit und einem entsetzlichen Benehmen durch die Welt spazieren. Was fällt denen ein, am 8. März so dermaßen abgebrüht schamlos zu sein? Hat man eigentlich nie seine Ruhe? Vielleicht erdreisteten sie sich nicht trotz, sondern gerade wegen des Datums? Hat uns der internationale feministische Kampftag einen Anlass für besondere Männerwut eingebracht? Die Google-Such-Statistiken legen einen Zusammenhang nah. Rund um den 8. März wird laut Google Trends

15 Laura Wiesböck: *In besserer Gesellschaft*, S. 57 f.

signifikant häufig nach dem Stichwort »Weltmännertag« gesucht, der übrigens jährlich am 3. November ist.

Vielleicht wäre dieses Gespräch eine Chance gewesen, drei Männer irgendwo dort, wo sie stehen, »abzuholen«. Sie sanft eines Besseren zu belehren, ihnen Denkimpulse und Anreize zu geben, ihre Privilegien, ihre Macht zu hinterfragen. Vielleicht wären sie, hätte ich nicht so »aggressiv« mit meinen »bedrohlich langen spitzen Fingernägeln« vor ihren Gesichtern herumgefuchtelt, geläutert und als bessere Menschen aus der Bar gegangen, an einem Tag, der für sie keine besondere Bedeutung hatte, an dem sie sich zu Bier und Wurst verabredet hatten und nicht zur politischen Grundsatzdiskussion. Vielleicht wären sie im Anschluss eines gut gehaltenen Vortrages über die strukturelle Benachteiligung in jedem Bereich (Care, Orgasm, Health, Pension, Pay Gap) zu ihren Gattinnen nach Hause geschritten, von deren Existenz sie uns unbedingt berichten mussten, und hätten sich fortan mehr beteiligt, sich besser benommen, irgendwas in ihrem Leben geändert, Geld an Abtreibungsorganisationen und Frauenhäuser gespendet, in Deutschland fehlen allein vierzehntausend Plätze. Vielleicht wären sie nach eindringlich vorgetragenen Erlebnissen beim nächsten Mal sogar dazwischengegangen, wenn einer ihrer Freunde mit sexistischen Witzen oder halbkonsensuellen Abschleppgeschichten hätte brillieren wollen.

Reue und Selbstüberschätzung hängen manchmal zusammen. Gut gekonterte, charmante und also abholende Reden waren uns an diesem Abend nicht möglich. Wir sind einer Aufgabe nicht nachgekommen, die nicht unsere Aufgabe ist. Diese Männer haben mit wenigen Sätzen bewiesen, dass sie ein enormes Maß an Freiheit besitzen und ein verkümmertes Gespür für Verantwortung. Wie wenig sie sich verantwortlich fühlen *wollen*, wie unsolidarisch sie sind. Wie weit unsere Lebensrealitäten voneinander entfernt sind. Später im Club ist es zu kalt zum Tanzen. Ich werde den Eindruck nicht los, die Kälte kommt von innen.

Freiheit eignet sich gut als verkaufsförderndes, Sehnsucht hervorrufendes, mit überzeugenden Bildern verknüpftes Schlagwort. Ich denke an unendlich weite Landschaften, an Wüsten, Steppen, Wildpferde, Regenwald, Weltraum, an Reichtum, Spontaneität, Flexibilität, an Hemmungslosigkeit, an Exzess. Sich die Freiheit erkaufen durch Urlaubsreisen, Autos, Immobilien, Zigaretten, Rauschmittel, Lieferdienste, Putzhilfen, Asisstent*innen und Staubsaugerroboter. Durch ein Image, einen Lifestyle. Leistbar durch Kredite, durch Schulden, durch Erbe, durch Boni, durch ein gutes oder ein besseres Gehalt. Freiheit symbolisiert durch Accessoires, durch Genuss, durch Privilegien. Dann rücken umgehend die politischen Dimensionen der individuellen und der gesamtgesellschaftlichen Freiheit in den Fokus. Denn was bedeutet es schon konkret? Die Abwesenheit von Krieg, Armut, Kummer, Krankheit, von Hürden, Bindungen, Verpflichtungen, von Diskriminierung, von Ausschluss, von Unterdrückung. Meine Freiheit ist die Unfreiheit von anderen, das haben die drei aus der Bar richtig erkannt. Verrannt haben sie sich nur mit der Idee, dass wer als Mann in dieser Gesellschaft zu Recht an Macht einbüßt, gleich weiterwandert auf die Liste der Unfreien.

Individuelle Freiheit bedeutet für mich die singuläre Existenz. Das Leben als Single-Frau. Das Leben als unabhängige, freischaffende Künstlerin. Der Luxus, alleine leben zu können. Alleine entscheiden zu können. Alleine für mich sorgen zu können. Das Ende meiner Ehe katapultierte mich in eine ungeahnte, ungewollte Freiheit, obgleich ich vorher nicht eingesperrt war. Die Diskrepanz zwischen der romantischen Erzählung, die ich gerne für mich behauptet habe (und gerne weiterhin behauptet hätte), und der tatsächlichen Lebensrealität ist enorm. Dabei war es lange eine schöne Ehe. Aber ohne diese Ehe ist es noch schöner.

Jemand bezeichnet mich als Karrieristin und unterstellt mir Härte und Einsamkeit. »Kein Wunder, dass dich niemand will.« Wie oft ich diesen Satz schon gehört habe. Das Stereotyp der Karrierefrau, die abends weint oder säuft, weil niemand mit ihr in der Wohnung hockt. Ich bin beides nicht, weder hart noch einsam noch eine standfeste Trinkerin. Der Lover sagt, er habe keine Zeit für eine große Liebe, wünscht sie sich dennoch. Zudem habe er den Glauben daran bereits aufgegeben, was sich aber gerade ändere. Für einen kurzen Moment überlege ich, ob wir es nicht einfach versuchen sollen. Was hält uns voneinander ab? Das Telefon klingelt.

Kerstin Weng, die Chefredakteurin der deutschen *Vogue*, bittet mich um einen Essay über Freiheit in der Mode. Ich denke unweigerlich an die Körper, die diese Mode präsentieren – woran sonst (Produktionsbedingungen, Herstellungsverfahren, Arbeiter*innenrechte)? Der normschöne oder dünne Körper, der ausnahmslos alles tragen kann und dafür Komplimente bekommt, hat wesentlich mehr Freiheiten als alle anderen. Dabei wollen wir uns doch etwas ganz anderes erzählen. *Body Positivity* verkauft ein eigentlich überzeugendes Freiheitsmodell. Alle Körper sind schön, sexy und begehrenswert – und für diese Körper soll es nicht nur Akzeptanz geben, sondern auch was Heißes anzuziehen. Außerdem Repräsentanz und Sichtbarkeit. Egal welche Maße, egal welche Konfektionsgrößen, Einschränkungen oder Behinderungen – entgegen einem klassisch propagierten, unrealistischen und diskriminierenden Schönheitsideal.

Für einen kurzen Moment schien die internationale Body-Positivity-Bewegung die Medien und folglich die Realität zu verändern. *Echte* Frauen zierten Cover von Magazinen und Plakatwände, bewarben Produkte und wurden im Internet für ihre schamlose Selbstakzeptanz gefeiert. Jetzt, wo sich die Bewegung als Miniwelle herausstellte, wo die echten Körper wieder von den Titelseiten verschwunden sind, stellt sich die

Sache anders dar. Die sogenannten Super-Size-Models wurden zwar gefeiert, aber gleichermaßen auch lautstark bewertet, verabscheut, bestraft. Im Grundton reagierte die Masse nicht besonders feierlich auf die neuen, *realistischen* Körper, sondern eher irritiert. Ein besonders fieses Beispiel für die fehlgeleitete Body-Positivity-Aneignung ist das gescheiterte *Victoria's Secret*-Markenversprechen von 2018 und damit im Post#metoo Zeitalter. Vermeintlich politisch entschlossen, aber etwas zu spät, um tatsächlich glaubwürdig zu sein, setzte die Unterwäschefirma auf Diversität und Inklusivität durch Plus-Size-Models, Trans- und beeinträchtigte Körper. Eine schier reumütige Verkündigung sollte das Soft-Porn-Image ablegen und die Welt der Engel allen öffnen und zugänglich machen. Zu dieser neuen, feministischen Welt ließen sich die Konsumentinnen allerdings nicht hinreißen, was, so ist zu vermuten, eher an der mangelnden Glaubwürdigkeit des plötzlich werblich lancierten Erkenntnisgewinns liegt als an der fehlenden Bereitschaft, (endlich) diese männliche Fantasiewelt aufzugeben. Die drastischen Umsatzeinbußen der Dessousmarke beliefen sich auf einen Wert in Millionenhöhe, und Victoria's Secret konzentrierte sich umgehend wieder auf das alte Frauenbild: dürr, übererotisch sexy (und sexualisiert), mehrheitlich weiß und mit post-orgasm-glow.

Instinktiv antwortete ich der *Vogue*-Redakteurin, das Herrenhemd sei für mich ein geliebtes Freiheitssymbol. In keinem anderen Kleidungsstück, außer meinem Pyjama vielleicht, denke ich weniger über meinen Körper nach. Ausgerechnet in einem Teil, das nicht mal für mich hergestellt wurde. Wenn ich so ein Hemd anziehe, ist es mehr als das Überstreifen eines Stücks Stoff, es ist das Überstreifen einer Fantasie, eines Wunschtraumes. Das Gefühl von Verhüllung und Geborgenheit. Das Herrenhemd ist nonchalant, ungezwungen und beiläufig, natürlich nur, wenn man es nicht wirklich einem Mann aus dem Schrank gezogen hat. All meine Hemden habe ich mir selbst gekauft. Ich besitze kein einziges Teil, das eigentlich einem (geliebten) Mann gehört und das ich ihm entwendet habe.

Das Herrenhemd lügt, wenn ich es trage. In der Geschichte, die ich mir damit überstreife, geht es um einen friedvollen Morgen, um das Aufwachen in einem fremden oder einem gemeinsamen Bett, es scheint die Sonne, es gibt frisch gepressten Zitrusfrüchtesaft und guten Kaffee. Panoramafenster, dahinter die Türme einer Metropole. Liebkosungen und unendlich viel Zeit. Zeit, der enormste Luxusbeweis. Diese Szene habe ich noch nie erlebt. Gemeinsam Zeitung lesen und dabei nichts anderes zu tun haben, nichts anderes wollen. Ich weiß nicht mal, ob Musik im Hintergrund läuft oder Radio oder über was wir, der Fantasiemann und ich, sprechen. So weit reicht meine Vorstellungskraft nicht. Wie konnte ich nur so ein dermaßen kitschiges Bild für mich als Sinnbild für erfüllte Liebe etablieren? Sehnsucht funktioniert so, so unrealistisch.

Das Hemd, das ich in diesem Moment trage, ist von dem Label *J'ai mal a la tête*, designt haben es meine Freund*innen Anja und Roman, und gefertigt ist es aus einem Stoff, der einmal Armani gehörte. Die beiden verwenden Deadstock-Material, das sind Reste, übrig gebliebene Meter. Manche Teile, die ich von ihnen habe, sind aus abgestoßenen Balenciaga-, Escada-, Prada- oder Gucci-Stoffen. Die Stoffe haben ein Vorleben, das ich mittrage, so wie die Herrenhemden, auch wenn ich sie neu kaufe, immer noch ein Mehr an Geschichte erzählen. Weil die Vorstellung so verlockend ist, dass selbst meine Herrenhemden überzeugend faken, kaufe ich ein Hemd nach dem anderen, hänge sie alle nebeneinander in meinem Schrank auf die Stange. Immer wieder. Ähnlich verhält es sich mit all meinen Mänteln, Jacken und Trenchcoats, die für männliche Körper hergestellt wurden. Ich werfe sie mir über, werde von ihnen verschluckt und umarmt. Ich eigne mir einen Boyfriend-Look an. Und das dauerhaft ohne Boyfriend.

Da ich keine Lust habe, auf *den Richtigen* zu hoffen, gehe ich selbst in ein Herrenmodengeschäft, in den Secondhandladen, in ein Warenkaufhaus und kaufe Hemden, die haltlos an mir herunterhängen, deren Ärmel mir über die Fingerspitzen rutschen. Was ich dabei für ein Bild abgebe, ist jedoch ein ganz anderes: Für manche sieht es so aus, als hätte ich jemanden an meiner Seite, jemanden, der sich hochwertige Hemden, Mäntel und Anzughosen leisten kann, der meinen Kleidungsstil teilt, der eine ähnliche Statur hat, nur etwas größer. Das Gegenteil ist der Fall. Ich bin mein eigener Boyfriend. Vielleicht ist das der Grund für das Freiheitsgefühl. Ich brauche *ihn* nicht als ursprünglichen Besitzer meiner Kleidung. Ich denke an Filmszenen, Hollywood-Diven, Seriencharaktere, die nach der gemeinsamen Nacht schnell das Hemd überstreifen, in Loftapartments mit großen Fenstern nachdenklich die Skyline betrachten. Warum muss es unbedingt *sein* Hemd sein? Das eines Mannes, der Hemden trägt, wer trägt überhaupt noch Hemden, noch dazu gute? Wer noch Anzüge?

Was noch mitschwingt in meinen Hemden: das Streichorchester im Hintergrund, die großen Versprechen, die Sorglosigkeit, das Vermögen. Die Männer in meinem Kopf sind die Männer aus den Filmen der 1950er-, 1960er-Jahre, der großen Hollywoodstudioproduktionen. Allesamt souverän, eloquent, sexy und erfolgreich. Ich denke an den Lover, dessen Hemden ich zumindest zum Frühstück manchmal trage, aber niemals in ihnen das Haus verlasse. Ich mag seinen Geruch, der an diesen Hemden haftet, aber tragen möchte ich doch lieber meine eigenen. Der Lover trägt gerne meinen Trenchcoat, meinen Gianni-Versace-Kaschmirmantel, meine Handtaschen. Helena fragt mich, ob ich ihr einen Tipp geben kann, wo es die besten Hemden gibt (überall und nirgends). Ich treffe Alexander auf der Straße. Wir sprechen über den

Streit der Herrenhemdenmarken. Jede behauptet von sich, den klassischen und ikonischen Schnitt erfunden zu haben (wie unsinnig).

> »Ich schreibe diesen Text in einem Herrenhemd. Die Knöpfe sitzen auf der rechten Seite, damit die Hand bequem zur Brust greifen und eine Waffe ziehen kann. Aber ich habe keine Pistole unter dem Hemd, kann nur meinen Herzschlag fühlen. Ganz ruhig, ganz ruhig, Herz, warum hast du es so eilig?«[16]

So wie Luka Holmegaard habe auch ich keine Waffe in der Tasche, dafür aber ein eiliges Herz. In Wahrheit will ich nicht den Mann an meiner Seite, ich will selbst der Mann sein, der Besserverdienende, der im Apartment mit bodentiefen Fenstern in einer aufregenden Metropole lebt, mit allen Möglichkeiten, sämtlichen Privilegien. Ich will der weiße, cis-heterosexuelle Mann sein, der Entscheidungen trifft, verehrt wird, und das, obwohl er verantwortungslos und schamlos sein Leben führt. Der sich nicht befassen muss, mit dem Leid, der Unterdrückung, der Diskriminierung anderer. Ich will der Mann aus all den Schwarz-Weiß-Filmen sein, die ich so liebe und gleichzeitig doch für ihre Gleichgültigkeit der Welt gegenüber verachte. Ich will ignorant sein, arrogant und intolerant. Weil es so einfach sein muss, so bequem, so ruhig, dieses Leben. Gleichzeitig aber will ich die Geliebte sein, die Frau, die Freundin sein. Die, die geliebt wird, beschenkt, versorgt, begehrt, befriedigt und gesehen. Die, um die es eigentlich geht. Wie wäre es, wenn ich beides zugleich wäre, und das nur für mich?

Bayerischer Buchpreis, November 2021. Ich trage eine Herrenanzughose in Dunkelblau, ein Seidenherrenhemd in Hell-

16 Luka Holmegaard: *Look*, S. 39.

blau, beides von Jil Sander. Dazu transparenten Schmuck aus Glas, große Perlen, Earcuffs, eine pinke Prada Clutch. Der Frauenkörper, der selbstverständlich Herrenkleidung trägt, der es genießt, dass der Körper auf angenehme Art verhüllt wird. Warum auch nicht? Es ist längst kein Affront mehr, kein Grund zur Aufregung, wenn so ein Körper solche Kleider trägt. Wenn er nicht nur männlich konnotierte, sondern explizit Männerkleidung trägt. Ganz im Gegenteil, es wirkt mühelos schick und elegant. Katja Eichinger schreibt dazu in *Mode und andere Neurosen*:

> »Als Frauen so erstmals die Männerdomäne des Anzugs betraten, war die Aufregung groß. Immer wieder kam es vor, dass ›Le Smoking‹ tragende Frauen keinen Einlass in Restaurants oder Clubs erhielten. Bedeutete die Frau im Anzug doch, dass sich Frauen einerseits all der Attribute ermächtigten, die wir mit dem Anzug assoziieren – Rationalität, Effektivität, Macht – und gleichzeitig den Anzug feminisierten und ihn seiner Maskulinität beraubten. Gender, das ist ein Rollenspiel. Gender ist immer performativ.«[17]

Fashion, Make-up, Accessoires kennen keine Geschlechtergrenzen. Das gilt zumindest für mich. Das gilt für viele, die sich für Gleichberechtigung einsetzen. Es stellt weder eine Provokation noch eine Aufregung dar, wenn ich im übergroßen Anzug auftauche, selbst bei so einer Veranstaltung. Das Seidenhemd, wie es an mir herunterfließt, wie es meinen Körper sanft streift. Die überlange Hose, die am Boden schleift, was so unbekümmert daherkommt, lässig, cool. Wenn ich nichts wagen will, außer vielleicht einen tiefen Ausschnitt, wenn ich auf Nummer sicher gehen möchte, greife ich zum Hemd, zu einem der vielen Hemden. Weil es immer funktioniert.

---

17 Katja Eichinger: *Mode und andere Neurosen*, S. 151.

Frühjahr 2024. Steffen, der im Rock auf der Straße von einer Frau beschimpft und beleidigt wird. Freund*innnen, die auf ihr Make-up angesprochen, angestarrt und gedemütigt werden. Queerfeindliche, transfeindliche Angriffe in München, in Berlin, überall. Queers sind weniger sicher als ich. Dicke Körper sind weniger sicher, behinderte ebenso. Die Grenzen der Mode verschieben sich ungleich. Frauen können sich zumindest darüber freuen, dass es niemanden juckt, wenn sie Männerkleidung tragen. Das ist aber eine einsame Freude.

Ganz langsam tauchen in den letzten Jahren die feminin gekleideten, männlich gelesenen Körper auch in heteronormativen Kontexten auf. Interessant dabei ist, für welche Art der Kleidung sich diese Personen häufig entscheiden. McKenzie Wark schreibt über die Ambivalenz von Cross Dressing:

> »Wenn Männer sich wie Frauen kleiden, wollen sie die sexy Version, die in Spitze. Männer wollen nie die Hausfrau und Mutter sein, die um vier Uhr nachmittags noch ihre Menstruations-Unterhose trägt und sonst nichts, während sie ihr Baby stillt und wie ein Zombie durchs Haus schlurft, ohne irgendetwas aufzuheben, und vor dem Geschirrspüler weint.«[18]

Imitationsvorlage ist also stets die sexy Frau. Die erotische, heiße, schöne, anbetungswürdige, glamouröse Frau. Wer soll es ihnen verübeln? Ich persönlich wäre auch gerne täglich unfassbar hot und umwerfend bezaubernd.

Berühmte Männer in Röcken und Kleidern auf Bühnen, bei Preisverleihungen, bei Galaveranstaltungen, bei öffentlichen Auftritten. Sie sehen fabelhaft aus, werden fotografiert, im Internet gefeiert, in Magazinen abgedruckt, zeitgeistige

---

18 McKenzie Wark: *Reverse Cowgirl*, Berlin 2023, S. 173.

Texte rufen eine neue Gegenwart aus. Auf der Straße würden diese Männer womöglich bespuckt, angefasst, beschimpft und verprügelt werden. Trotzdem, die Laufsteg-Posterboys in Röcken mögen dabei helfen, eine Norm zu verschieben, auch wenn sie im Grunde dabei nichts riskieren. Fikri Anil Altıntaş schreibt in der Wochenzeitung *Der Freitag* über das selbstverständliche glamouröse Aufbrechen von Geschlechterklischees in der gegenwärtigen Hollywoodkultur:

»Jacob Elordi trägt ›Statement-Taschen‹, Harry Styles ziert als erster Mann das US-Cover des Modemagazins *Vogue* und trägt ein Kleid, Jeremy Allen White ist das neue Calvin-Klein-Model und Timothée Chalamet wurde 2019 als ›Symbol neuer Männlichkeit‹ bezeichnet. Neue, feministische, gewaltfreie Männlichkeit also? Auch wenn neue Formen der Männlichkeit performt werden, bleibt dieses Ideal aber auch eines, das sich weiterhin an Männlichkeit orientiert.« Gleichzeitig sei es aber ein Trugschluss, zu glauben, dass, nur weil sich etwas an der Männlichkeit ändert, männliche Dominanz verschwindet.[19]

Die Posterboys profitieren davon, dass der Weg, den sie beschreiten, schon von anderen abgesteckt wurde. Das waren zum einen die It-Girls, die, wie schon erwähnt, mit ihren Styles immer auch ein wenig die ihnen vorgeschriebenen Rollen ausdehnten. Aber vor allem sind es die Aktivist*innen, die im Einsatz für Gleichberechtigung immer wieder auch ihr Leben riskierten. So schreibt Altıntaş weiter:

> »Ohne den Kampf von queeren Schwarzen und People-of-Color-Aktivist*innen wie den trans Frauen Sylvia Rivera

19 Fikri Anıl Altıntaş: »Die Posterboys des Kapitalismus«, 14. 03. 2024, in: www.freitag.de, https://www.freitag.de/autoren/fikri-anil-altintas/harry-styles-timothee-chalamet-jacob-elordi-die-posterboys-des-kapitalismus (letzter Zugriff: 07. 08. 2024).

und Marsha P. Johnson gäbe es diese Freiheiten nicht, sich in der Öffentlichkeit als Cis-Mann über feste Bilder von stereotypischer cis hetero Männlichkeit hinaus zu zeigen. Das Überhöhen von weiß gelesenen, cis heterosexuellen Männern heißt auch, dass diese Männer als Posterboys für feministischen Wandel gesehen werden. Men of Color hingegen gelten weiterhin als Manifestation einer rückwärtsgewandten, patriarchalen Männlichkeit.«[20]

Es herrscht kein Zweifel: Celebrities, die Limitierungen unterwandern und neu auszuloten, und das mit einer selbstbewussten Selbstverständlichkeit, sind ein wichtiger Teil der feministischen Bewegungen. Wir sind auf sie angewiesen, weil sie Macht besitzen, aber sie sind nicht der gleichen Gefahr ausgesetzt wie der trans Körper auf der Straße einer beliebigen Stadt, im Vorort, auf dem Land. Obwohl diese Celebrities in der Öffentlichkeit stehen, befinden sie sich paradoxerweise in einem geschützteren Rahmen. Wenn die Celebrities als Sprachrohr in den Mainstream einwirken, braucht es in ebendiesem Mainstream jene, die für den Schutz unserer trans, non-binären, agender, inter Geschwister, Freund*innen und Unbekannten einstehen.

Was tun wir, damit alle tragen können, was sie wollen? Freiheit ist auch die Abwesenheit von Angst, Scham und einem Bedrohungsgefühl. Freiheit in der Mode ist dementsprechend nichts anderes als Freiheit in der Gesellschaft. Die Freundin, die mir sagt, ich sei selbst schuld, wenn die fremden Hände auf meinem Körper landen, ihn anfassen, festhalten, darauf klatschen, ihn kneifen, wenn ich mich so freizügig kleide. Sie selbst trage aus diesem Grund nur weite Teile. Die vermeintliche Grenzüberschreitung durch das

20 Fikri Anıl Altıntaş: »Die Posterboys des Kapitalismus«, 14. 03. 2024, in: www.freitag.de.

eigene Auftreten. Die niemals erteilte, aber an sich gerissene Einladung. Die Lehre daraus, das Resultat ist, sich anders anzuziehen, damit das nicht wieder passiert. Warum soll ich mich anders anziehen? Der Trotz: sich extra so kleiden und schauen, was passiert. Gesellschaftlicher Wandel wurde ständig an Kleidungsstücken verhandelt. Der Anzug, die Hose, der Minirock, der BH, der Turnschuh.

14. März 2024. Ich sitze im Zug, ICE 1002, der Sprinter von München nach Berlin. Ich schreibe meine Single-Kolumne in einem Herrenhemd. Es riecht nur noch leicht nach dem Waschmittel, mein Parfüm hat sich längst drübergelegt. Dazu trage ich eine Prada-Anzughose, die ich günstig secondhand erstanden habe und schwarze Camper-Sneaker. Vor einer Woche fuhr ich nahezu im selben Outfit (andere Anzughose) die umgekehrte Strecke, ebenso im ICE. Der Lover hatte mich am 6. März in den Zug gesetzt, nachdem wir die Nacht zusammen verbracht hatten. Für einen kurzen Moment dachten wir, es wäre das Allerbeste, er würde einfach mitkommen. Wir wussten, dass das nicht geht. Verpflichtungen, Deadlines, Sachzwänge. Noch immer denken wir, es wäre das Beste gewesen. Es hätte vielleicht alles geändert. Vielleicht sogar uns. Aber eine Minute vor Abfahrt küssten wir uns verlegen am Bahnsteig, ich stieg ein, und er blieb zurück, so wie sonst auch. Als wir nach der exzessiven Nacht frühmorgens, ohne Schlaf, aber nach dem besten Sex seit Ewigkeiten, meine Tasche packten und das Chaos beseitigten, legte er mir die Anzughose, das Hemd und einen Pullover raus. »Da«, sagte er, »damit wirst du unauffällig bisschen dösen können, darin siehst du immer so aufgeräumt aus.« Wir waren beide noch high und lächelten uns liebevoll an. Dieser Übermut, während die Drogen abklingen, die Erschöpfung in den Körper kriecht. Ich zog mich vor ihm an, er beobachtete mich. Es war ein zärtlicher Moment zwischen uns. Als ich das Hemd zuknöpfte, strich er noch einmal meine Brust und meinen Hals entlang.

Ob er sich je gefragt hat, wo meine Hemden herkommen, ob sie einst meinem Mann gehörten, ob ihn das beschäftigt?

Dieses Mal bin ich weder verkatert noch sonderlich erschöpft. Meine Haare sind mit einer Klammer halb hochgesteckt, ich trage viele Ringe und eine funkelnde Strasskette. Um mich herum arbeiten alle. Wir haben 50 Minuten Verspätung. Das ist ein Teil meiner Arbeitsrealität: ständig und überall, in diesen Zwischenzeiten, den Zwischenräumen den Computer aufklappen und es zumindest versuchen. Manchmal gelingt es mir, manchmal schlafe ich direkt ein. Mein Hemd ist nicht gebügelt, das ärgert mich, weil alle um mich herum so ordentlich aussehen. Ich setze meine große, schwarze Sonnenbrille auf. Ich streife mir die Bomberjacke über, für den zusätzlichen Halt. Ich fühle mich breit, stark und hart. Als wäre ich durch die zusätzliche Rüstung bereit für eine Welt, der ich doch eigentlich soft begegnen will. An manchen Tagen nur, in einem Panzer, in einem Kostüm, das mich schützt, damit ich ihr eigentlich weich begegnen kann. Ich sehne mich nach Zuwendung, will, dass der Lover mich am Bahnhof abholt, dass er mich zu sich nach Hause bringt, mich in sein übergroßes Bett legt, mir einen Tee kocht oder ein Zitronen-Ingwer-Wasser macht, aber ich habe keine Lust, es ihm zu sagen. Ich habe ihm nicht einmal gesagt, dass ich zurückkomme. Er wird es früher oder später sowieso erfahren, wie sonst auch. Dann wird er mich anrufen, so wie man eine alte, gute Freundin anruft. Ich will nicht zugeben, dass ich ihn vermisse, dass er vor einer Woche in den Zug hätte einsteigen sollen, dass ich auch seinetwegen zurückkomme. Irgendwas hat sich verändert. Vielleicht liegt es an den Frühlingsgefühlen. Ich kann es doch nicht lassen, schreibe ihm, formuliere umständlich, dass ich sein Hemd besitzen will. Er fragt, welches der Hemden es sein soll. »Dein bestes«, schreibe ich, »gib mir dein bestes Hemd.« »Solang es nicht mein letztes ist«, antwortet er, »kriegst du jedes Hemd, das du willst.«

Die Tussi

Da ich ein gesteigertes Interesse an meinem Äußeren habe, werde ich häufig als Tussi bezeichnet. Die Tussi suggeriert durch ihr Erscheinungsbild ein Begehren, die will etwas. Nur was? Geld, Kapital, Aufträge, Sex, Liebe, Aufmerksamkeit, Fashion, Fun, Folgeaufträge und das Scheinwerferlicht. Da den Tussis das Vorurteil der Dummheit anhaftet, sie verniedlicht, unterschätzt und verharmlost werden, haben sie eine subversive Kraft inne, die sie für sich nutzen können, um schamlos das zu kriegen, was sie wollen, oder um die hohlen Stereotype zu überführen. Manche Tussis sind außerordentlich gute Geschäftsfrauen und gelangen mit viel Bling und viel Aufsehen in den Chefinnensessel. Andere wiederum werden weder erfolgreich noch berühmt und funkeln trotzdem. Die Tussi ist überall, zwischen Villa und Plattenbau, als It-Girl oder Mittellose.

Zu Beginn des Jahres warten Maria, Laura, Alexa und ich in der Schlange der Off-Berlinale-Party, seit Jahren das Szeneevent abseits der offiziellen Filmfestival-Veranstaltungen. Die Party wird erst ewig geheim gehalten (merke: Begehrlichkeiten schaffen) und am Tag selbst erst die Location verkündet (merke: Überraschungseffekt). Sie soll abseits von Journalist*innen und dem entsprechenden Verhaltenskodex stattfinden (Contenance, Professionalität), abseits von geldgebenden Institutionen (kein Geschleime), eine Einladung zum glamourösen Exzess unter Ausschluss der Öffentlichkeit. So lautet auch das Versprechen an die Nacht und an die crowd: Hier sind die Ausgewählten unter sich, hier sind wir endlich unter uns. Dresscode: *Evening Wear*. Aber wir stehen vor der Tür, die verschlossen bleibt. Ein kompliziertes Aufzugsystem, zu viele

Leute, euphorische Aufregung in einer milden Februarnacht, obwohl man sich bereits seit einer Woche dem Berlinale-Trubel hingibt. Aber diese Party lässt man sich besser nicht entgehen. Irgendwann kriegen wir eine Nachricht von Eva, wir sollen uns durch den Seiteneingang reinschummeln. Maria, Laura und ich verlassen die mittlerweile absurd lange Schlange und treffen auf Sophie, die tatsächlich vor dem zweiten Eingang eine Zigarette raucht. Sophie begrüßt uns zwar herzlich, aber während sie noch droht: »Wehe, es kommen gleich hundert Leute hier an«, ist uns längst eine große Traube auf der Spur. Wir springen lachend in den Aufzug, sehen Sophie umzingelt von einer Heerschar gut angezogener Cool Kids (man hält sich an die Vorgaben), als ich ihren verzweifelt-genervten Blick erhasche, schließen sich die Türen, und unbekümmert fahren wir in den fünften oder sechsten oder sieben Stock eines leer stehenden Gebäudes. Mit uns hat sich ein *Tagesspiegel*-Reporter in den Fahrstuhl geschoben. Oben angekommen, werden wir zu dritt fotografiert, Maria, Laura und ich, und ab diesem Moment nimmt der Exzess seinen Lauf.

Alles ist gratis. Alle sind angestrengt auf der Suche nach einem Erlebnis. Alles wird angeboten, alles genommen. Die meisten hier sehen irgendwie gut aus, standardmäßig, es gibt nichts zu kritisieren. Einige tragen Ballkleider (geil). Ich selbst bin im unspektakulären weißen Vintage-Escada-Anzug gekommen, trage dazu einen rosa Rüschen-BH und ein transparentes Top mit Hunderten Strasssteinen drauf, in der Hand eine strassbesetzte Minihandtasche, an den Füßen schwarze, italienische Loafer.

Auf der Tanzfläche, die verhältnismäßig winzig ist im Vergleich zur absurd riesigen Location, pressen sich schwitzende Körper aneinander. Zum Glück kommt es wenigstens hier zu Berührungspunkten. Die Gäst*innen wirken hektisch, dringlich auf der Suche. Die Stimmung entspricht der Deckenprojektion, einem verglühenden Stern. Alle wollen zu viel von dieser Nacht. Ständiges Rumgefrage nach Drogen. Zu lange Schlangen an der Bar. A-, B- und C-Prominenz gibt sich wichtig, durch zu laut geführte Dialoge, als würden sie die eigene Bekanntheit am liebsten direkt durch den Raum und von der Brüstung brüllen. Es ist fantastisch. So viel destruktives Potenzial an einem Ort. Ein Drehbuchautor schiebt mir ein Viertel einer Pille in den Mund, ich schlucke dankbar und gierig sofort.

Wir bleiben vier, fünf, sechs Stunden, niemand weiß es später so genau. Als ich spätnachts (oder frühmorgens) ins Bett falle, weiß ich nicht mehr, was ich in dieser Nacht erlebt habe, reiht sie sich doch nahtlos in eine endlos lange, exzessive Woche ein. Angebote wurden gemacht, Vorschläge unterbreitet, Deals verhandelt. Ich sagte einem Writers Room die Konzeption einer sexpositiven Serie zu, versprach einem Schauspieler, ihn in einem Film zu besetzen, den ich gar nicht mehr drehen will. Der Zweck solcher Partys liegt auf der Hand. Für meine Karriere, für mein Fortkommen. Lange Zeit aber dachte ich, ich sei von diesen Partys sogar abhängig. Es ist andersherum, wozu mir mal wieder erst Paris Hilton die Äuglein geöffnet hat:

> »Girls müssen verstehen, welchen Wert sie in die Party einbringen. Es geht um viel mehr, als nur herumzustehen und hübsch auszusehen. Das können auch Schaufensterpuppen tun. Ein versiertes Partygirl ist eine Vermittlerin, eine Verhandlungsführerin, eine Diplomatin – sie ist der Funke, der den Funken überspringen lässt.«[21]

Am nächsten Morgen, seit einer Woche nicht mehr ausgeschlafen, etwas derangiert und leicht entrückt, wird mir ein Link geschickt, der die Relevanz der schillernden Babes be-

---

21 Paris Hilton: *Paris: The Memoir*, S. 19.

stätigt. Die Relevanz von Girls, deren Ziel es ist, Spaß zu haben. Meine Girls und ich lieben Fun. Wir sind gut auf Partys, weswegen wir ständig eingeladen werden. Das hat also auch der Reporter aus dem Aufzug erkannt. Der Kaffee in meiner Hand ist stark, der letzte Rest Hafermilch aus dem Kühlschrank kann ihn nicht retten (wer hat schon während der Berlinale Zeit, einkaufen zu gehen?). Einen Powersmoothie habe ich bereits intus, genauso wie Elotrans und eine halbe Schmerztablette gegen den Kater. Ich lese den empfohlenen Artikel, lache, mache einen Screenshot und schicke ihn Laura und Maria. »Endlich«, schreibe ich den beiden, »endlich haben sie es geschnallt!« Da steht es schließlich schwarz auf weiß: Ich bin eine Star-Autorin, und wir sind die Münchner It-Girls (die den zweiten Eingang zur Party entdeckt haben). Die Zeitung materialisiert einen Status, auf den ich schon längst moralisches Anrecht habe. It-Girls haben Reichweite, sind bekannt, berühmt, berüchtigt. Sie sind, wie der Name verrät, *es*. In meiner Welt sind sie die Ranghöchsten unter allen Tussis, die Einflussreichen.

Ich befrage ChatGPT, ob ich ein It-Girl bin. ChatGPT verneint unmissverständlich, ich bin enttäuscht. So schnell gebe ich allerdings nicht auf, suche weiter und erhalte Befriedigung: Perplexity.ai stimmt mich versöhnlich, indem es mich als »eine Art modernes It-Girl« bezeichnet, eine, die Glamour und Intellekt zusammenführt. Das rinnt mir runter wie Öl, schmiert sich um mein Herz wie Burrata um Tomate, wie Olivencreme auf Brot, lässt mich schmelzen wie die Sonne den Eisbecher. Ich beschließe nicht nur, dass das stimmt, sondern auch, dass perplexity.ai die wesentlich klügere künstliche Intelligenz ist. Schon seit meiner frühesten Fernsehsozialisierung ist die Auszeichnung It-Girl die erstrebenswerteste von allen. Weil das It-Girl Vulgarität mit Hochkultur verknüpft, weil sie eine Form des Berühmtseins bezeichnet, die nicht weniger als Geschmack und Autonomie voraussetzt.

In meiner Jugend veränderten die It-Girls der 2000er gerade die Welt. Alles an ihnen war der Auftritt. Ihre Leben glichen einer unendlich langen, funkelnden, gut ausgeleuchteten Showtreppe. Party, Exzess, eine neue Fashion – alles, was sie taten, selbst mit einem Coffee to go vor einem Geschäft stehen, schien glamourös. Sie wurden zum Inbegriff einer einzigartigen Künstlichkeit. Die Fotos und kurzen Videos landeten täglich auf Webseiten, im Vorabendfernsehen, in Klatschblättern. Sobald das Phänomen des It-Girls auftauchte, wurde es wieder demontiert, nein, zerfleischt. Die Celebrity Culture der westlichen Medien fand in den frühen Jahren des jungen Jahrtausends ihren toxischen Höhepunkt und wirkte wie eine allumfassende Erziehungsmaßnahme. Die damaligen It-Girls waren mehrheitlich junge, *weiße*, reiche Frauen, die einem brutalen Paparazzi-Interesse ausgeliefert waren, Verfolgungsjagden und der scheinbar minutiösen Dokumentation ihrer Leben. Die 2000er waren die wirklich große Zeit der Klatschzeitschriften, der ersten Celebrity Blogs im jungen Internet, der Lifestyle-Fernsehsendungen. Es herrschte eine unstillbare Gier nach Informationen über die auserwählten Ikonen dieser Zeit.

So vergingen die Jahre der Schadenfreude, zwischen Hohn, Demütigung und dem Entstehen auch heute noch unvergessener, ikonischer Bilder. Paris, Lindsay und Britney zusammen im Auto, Paris fährt. Lindsay, Paris, Nicole, Britney, Christina im Club. Manchmal strahlend, manchmal weinend, manchmal mit zerlaufenem Make-up. Lindsay wütend am Mobiltelefon. Nicoles Drogenkonsum. Paris, Nicole, Britney, Lindsay steigen aus Limousinen aus, scheinbar immer ohne Unterhose, in ultraknappen Kleidern und Röcken, vulgär fand man das. Britney, die mit einem Schirm auf ein Auto einschlägt. Lindsay im Gerichtssaal. Nicoles Gewichtsverlust. Lindsay wieder bei der Polizei. Britneys Breakdown. Flirts, Aufrisse, Affären und Boyfriends. Janets Nipplegate (Timberlakes Schuld). Sexistische Interviews. Bodyshaming. Die extreme Diät-Kultur und das gegenseitige Ausspielen der Köper. Es waren die Jahre, in denen die unnützesten journalistischen Formate geboren wurden: Zwei Frauen tragen zufällig das gleiche Kleid auf einem Event, die Zeitschrift fragt: *Who wore it better?* Oder: Ist das Outfit, ist gleich die ganze Frau *top oder flop*? Ich erinnere mich genau an den Spott, die Sensationslust, die Zerstörung dieser Frauen. Die Erkenntnis meines Teenie-Ichs: Wird die Frau zu sichtbar, zu mächtig vielleicht, dann bleibt immer noch ihr Körper als verlässliche Angriffsfläche.

Besonders perfide wurde es immer dann, wenn die Teilnahme am Leben der It-Girls durch die vermeintliche Sorge der Redakteure motiviert war. Als würde sich eine Moderatorin in einem Münchner Fernsehstudio tatsächlich Gedanken um Britneys Wohlbefinden machen, nachdem sie die wackeligen Aufnahmen zu sehen bekam, auf denen Spears heulend die Paparazzi anfleht, sie endlich, endlich in Ruhe zu lassen. Ein jeder Skandal brachte Einschaltquoten und Geld, die Misogynie ließ sich vorzüglich kapitalisieren. Britney fleht und winselt in Dauerschleife. Heath Ledger stirbt, und der Celebrity Blogger Perez Hilton teilt ein Meme *Why couldn't it be Britney?* Medienwirksames Mobbing. Nicht nur Sex also, auch Voyeurismus und Zerstörungslust verkaufte sich äußerst gut in den 2000ern. Es war die Ära der andauernden Vermischung privater und öffentlicher Identität. Das rücksichtslose Eindringen in die intime Sphäre, das lukrative Ausstellen im öffentlichen Raum und im Diskurs hatte wohl nicht zuletzt auch eine Kontrollfunktion: Grenzen wurden markiert. Die Grenzen des Stils, des guten Geschmacks, des gebilligten (weiblichen) Benehmens. Spott, Diffamierung, Bloßstellung als öffentlich wirksame Maßregelungen.

Wie man als (junge) Frau zu sein hatte, schwang zum Anfang der 2000er-Jahre implizit in den Skandalisierungen der

It-Girls mit. Eine ernst zu nehmende (junge) Frau ist vollständig bekleidet, nüchtern, hat keinen Sex oder heiratet zumindest vorher (USA), klaut nicht, ist dünn, aber nicht dürr, keinesfalls jedoch dick, trägt heiße, aber nicht ultrakurze Kleider, aber auch nicht zu hochgeschlossene, keine zu schrillen, zu knalligen Farben, nicht zu viel Schmuck und erst recht nicht zu viel Make-up, aber definitiv beides, lässt sich keinesfalls optisch gehen, ist niemals ungepflegt, geht nicht auf Partys, aber ist keine Stubenhockerin, nimmt keine Drogen, ist aber auch nicht prüde oder öde, eskaliert nicht, eskaliert ein klein wenig, lebt nicht zu verschwenderisch, trägt aber nie das gleiche Outfit, will nicht viel, außer der Liebe eines Mannes, aber richtet ihr Leben nicht nach seiner Aufmerksamkeit aus, sie ist willig, aber nicht needy, äußert sonst kein Begehren oder stellt irgendwelche Forderungen. Die Entscheidungen, die sie trifft, sind falsch.

Wenn ohnehin nichts richtig ist, kann man sich auch direkt im pinken Trainingsanzug mit *Juicy*-Aufschrift fotografieren lassen. Warum das eine widerspenstige Geste in den frühen 2000ern war, beschreibt wiederum Katja Eichinger in *Mode und andere Neurosen*. In einem Kapitel über Virgil Ablohs radikale Entscheidung, die Zeichen der Unterschicht über den Laufsteg zu schicken und für eine neue Zielgruppe zu kommerzialisieren, formuliert Eichinger, dass es kein Tussi-Merkmal gibt, das nicht schon im Vorhinein gegen sie verwendet wurde: »Vulgär ist immer auch ein Begriff der sozialen Ausgrenzung, besagt er doch, dass ein vulgärer Mensch nicht das kulturelle Wissen besitzt, um Einlass in höhere sozioökonomische Schichten zu erhalten.«[22] Interessant ist, dass das Vulgäre der Tussis nahezu immer als ein Versehen ihrerseits, als Ausrutscher, kleingemacht wird. Wie naiv. Die It-Girls beschäftigen Stylist*innen und Assistent*innen, arbeiten eng

22 Katja Eichinger: *Mode und andere Neurosen*, S. 28.

mit Designer*innen zusammen. Wenn sie sich vulgär, billig oder auffällig kleiden, dann, weil sie es geplant haben. Diese Tussis setzen kulturelles und soziales Kapital sehr bewusst ein in ihrem subversiven Umgang mit den Klischees über die Frau.

Die Girls der Zweitausender ebneten den heutigen Tussis in vielerlei Hinsicht den Weg – auch wenn es mehr als zwanzig Jahre gedauert hat, bis das neue Verständnis der Tussi bis zur Vollendung reifen konnte. Heute vermengt sich Barbiecore als eigener rosafarbener, hyperfemininer, verspielt-süßer Modetrend mit dem 2000er-Jahre-Revival in Mode und Popkultur. Die Tussi war nie besser als jetzt.

In meinem Essay *Die subversive Kraft der Tussi oder in Barbiecore gegen das Patriarchat* beschreibe ich die Tussi und damit mich einleitend folgendermaßen:

> »Tussis tragen gern glitzernden Schmuck (Strass), hohe Schuhe (Heels jeglicher Art), sexy Klamotten (vornehmlich eng), passende Handtaschen (vorzüglich klein), gemachte Nägel (gern mit Bling) und perfektes Make-up (inklusive Refresh). Sie posieren, sie kokettieren, sie lachen, sie performen. Tussis haben ein gesteigertes Interesse an ihrem Äußeren und investieren in diese Oberfläche viel Zeit, Mühe und Geld. Tussis funkeln, sind extravagant, strahlend, häufig blond, und sie lieben Pink. Ich bin so eine Tussi. Ich kann berichten: Es ist fantastisch, und es macht viel Spaß. Es ist auch mal schmerzhaft und grotesk.«[23]

---

23 Jovana Reisinger: »Die subversive Kraft der Tussi, oder: In Barbiecore gegen das Patriarchat«, 17. 09. 2022, in: vogue.de, https://www.vogue.de/mode/artikel/subversive-kraft-der-tussi-barbiecore-feminismus-jovana-reisinger (letzter Zugriff 07. 08. 2024).

Wiktionary.org liefert beim Stichwort »Tussi« gleich einen ganzen Reigen an Alternativbegriffen.

> BEDEUTUNGEN:[1] *umgangssprachlich, meist abwertend:* attraktive, modebewusste, ich-bezogene, oberflächliche Frau
> HERKUNFT: von Thusnelda (Tochter des Cheruskerfürsten Segestes), später Tusnelda, jetzt gekürzt zu Tussi, Jugendsprache der 1990er-Jahre
> SYNONYME: Thusnelda, Zicke, Tusse, Bratze, Tusschen
> BEISPIELE: Du bist so eine *Tussi!*
> An dieser Stelle ergänzend noch die englische Übersetzung – *Bimbo* –, die häufig in Filmen, Texten oder Hashtags auftaucht.

Thusnelda – und der dazugehörige einst tatsächlich nett gemeinte Kosename Tusschen – war im 19. und 20. Jahrhundert ein beliebter und bekannter, weitverbreiteter Vorname. Die Abkürzungen Tussi und Tusse wurden ab den 1960er-Jahren im deutschen Sprachraum als abschätzige Bezeichnungen für Frauen verwendet und dann zum Synonym des *Dummchens.* Das sogenannte *Dummchen* oder auch *Dummerchen* beschreibt die naive, sich unlogisch und ungeschickt anstellende Frau. Gleichzeitig geht auch eine Verkindlichung damit einher, die Degradierung zu einer, die bevormundet und fremdbestimmt werden muss. Als kindlich gilt auch die der Tussi zugeschriebene Ästhetik: pink, rosa = niedlich und süß. Putzig und verspielt. Die Kleinmädchenfarbe, die an einem erwachsenen Körper unpassend sein soll respektive eine Infantilisierung bewirkt. Dabei steht die Farbe für besondere Vitalität, zumindest diesem englischen Sprichwort nach: »looks like she's in the pink« – sie sieht wie das blühende Leben aus. Rosa und Pink sind die Farben der Verliebtheit. Rosa soll beruhigend wirken und Aggressionen lindern. Bemerkenswert, dass diese Farbe (derzeit) so starke Aggressionen auslöst. Greta Gerwigs

Barbie-Film, in dem Margot Robbie die ideale Puppe mimt, die plötzlich aus der Idylle der Barbiewelt gerissen und mit der echten Welt konfrontiert wird, sorgte für Schrecken in der konservativen republikanischen Partei. Politiker*innen kritisierten den Film öffentlich als männerfeindlich, queerideologisch und warnten vor einem Kinobesuch.

Pink und Rosa unterlagen einem starken Bedeutungswandel. Einst der Leidenschaft zugehörig (Antike), galten sie im Mittelalter als pompös und waren in der Oberschicht gern getragen. Im späten 19. und frühen 20. Jahrhundert wurden sie zur sanften Variante von Rot und der Weiblichkeit zugeschrieben (der sanften Variante von Männlichkeit). Kinder, die jahrhundertelang eher Weiß trugen, bekamen nun Farben: die Jungs Rosa, die Mädchen Blau, das kehrte sich ab den 1940er-Jahren um und wurde dann geschlechtsspezifisch kommerzialisiert. Das bedeutet, dass Design und Marketing gezielt diese Farben einsetzen, um Waren an die entsprechenden Gruppen zu veräußern. Das betrifft nicht nur Kinderspielzeug, sondern auch Produkte für Erwachsene. Artikel für Männer sind häufig in dunkleren Farbtönen gestaltet (Schwarz, Blau, Grün und Braun) und ebenjene dezidiert für Frauen in Rosa und Pink (etwa Drogerieartikel, Buchcover, sogar Werkzeug). Wenn das gleiche Produkt in unterschiedlichen Farben und dementsprechend zu unterschiedlichen Preisen angeboten wird (das pinke ist in der Regel teurer), spricht man von der Pink Tax. Durch die Massenproduktion von Kleidung wurde auf billige Farbstoffe zurückgegriffen, was aus dem luxuriösen, erotischen Rosa das heute bekannte Pink machte und ihm womöglich den vulgären Ruf bescherte. Abwesend war es trotzdem auch in der Oberschicht nie. Audrey Hepburn, Jackie Kennedy, Marilyn Monroe, Twiggy, Prinzessin Diana, Königin Elizabeth II. mit ihrem Image als ernst zu nehmend geltende und einflussreiche Frauen trugen Pink.

Offenkundig muss eine Entkopplung von Geschlechtszugehörigkeit und Farbe, ja, von Mode stattfinden. Ich kann mich noch daran erinnern, dass es vor Kurzem für Männer und männlich gelesene Personen eine Grenzüberschreitung war, Kleidung in Pink oder Rosa zu tragen. Weil sie dann als nicht männlich auftraten, sondern weiblich, also schwul. In manchen Kreisen ist das immer noch so. Homo- und transfeindliche Sprüche aufgrund der Farbwahl. Elvis Presley trug gerne Rosa. Harry Styles tut es ebenso. Auch in der queeren Bewegung hat die Farbe eine eigene Geschichte. Homosexuelle Männer wurden von den Nationalsozialisten in Konzentrationslagern mit einem pinken Dreieck gekennzeichnet. Nach dem Zweiten Weltkrieg wurde das Pink Triangle ein Symbol des Widerstands für die LGBTQAI+-Gemeinschaft, des Gedenkens an die Opfer der Verfolgung und gleichzeitig des Kampfes für die Rechte und Anerkennung von LGBTQAI+-Personen weltweit. Pink war auch die Farbe der Pussyhats 2017 und internationaler Proteste. Ruth Handlers Barbie kam übrigens 1959 auf den Markt – allerdings nicht in einem pinken Outfit, sondern in einem schwarz-weiß gestreiften Badeanzug. Was jedoch an Barbie schon immer pink war, ist das Logo der Herstellerfirma Mattel. Erst in den 1980ern zog die Barbiewelt nach. Ein pinkes Traumhaus kam auf den Markt, ein pinker Campervan, pinke Bürsten fürs blonde Barbie-Haar – ganz entsprechend der Idee des gendergerechten Designs, die zeitgleich durchgesetzt wurde. Dass Barbie es seither immer wieder schaffte, aus dem Kinderzimmer heraus zum Gegenstand gesellschaftlicher Debatten zu werden, liegt auch an der sich selbst zitierenden und spielerischen Popkultur. Paris Hilton posierte 2017 für das *Galore Magazine* in einem pinken, mit dem Barbie-Schriftzug verzierten Kleid von Moschino auf der Motorhaube eines pinken Autos. Paris ist ohnehin, seit sie die mediale Bühne betrat, mindestens so sehr für ihre pinken Strass-Looks bekannt wie für die langen blonden Haare und die kleinen Taschen-Hündchen. Ihre Ästhetik und ihr Look sind überweiblich und funkelnd, sie sind *cute*. Der Designer Jeremy Scott widmete jedenfalls seine komplette Moschino 2015 Spring Ready-to-Wear-Kollektion der Ästhetik der Barbiepuppe. Zu einer Zeit, in der das schockierend schien. Dass die Barbie im Jahr 2023 in der Gerwig-Verfilmung mit einer neuen Schlagkraft in die Gegenwart zurückkehrte, liegt auch daran, dass seit Kurzem eine ganz neue Ästhetik kursiert, zu der sie bestens passt: Cuteness als Mischkonzept aus Stil und politischer Haltung.

Die neue Niedlichkeit, wie es Annekatrin Kohout in ihrem gleichnamigen Essay beschreibt, ist mehr als nur Dekoration, Affektästhetik oder Pose:

> »Mittlerweile lässt sich die Präsenz des Niedlichen überall beobachten. In der Kulturwissenschaft (...), in der Kunst und sogar in der Literatur! (...) Und überhaupt ist das Wort ›cute‹ auch im deutschsprachigen Raum ein äußerst beliebter Anglizismus geworden. Seine Verwendung macht deutlich, dass Niedlichkeit nicht nur eine visuelle Erscheinungsform ist, die wir zuvorderst mit Konsumgestaltung assoziieren. Vielmehr drückt sich darin mittlerweile eine Haltung aus; cute ist – wie ehedem cool – eine Attitüde. (...) Die Charakterisierung als cute ist aber keine Geste der kulturellen Aufwertung (wie man es etwa von Readymades in der Kunst kennt), sondern eine Geste der Anerkennung von Andersartigkeit, Skurrilität oder Extravaganz.«[24]

Cuteness als Haltung, als Grundverständnis, ermöglicht die Neubewertung des Süßen, des Niedlichen, des Harmlosen –

24 Annekathrin Kohout, »Die neue Niedlichkeit«, 16. 07. 2023, in: zeit.de, https://www.zeit.de/kultur/2023-07/cuteness-anglizismus-zeitgeist-verletzlichkeit (letzter Zugriff: 07. 08. 2023).

und das sogar als gebildete Person. Dabei kann es sich um Dinge und Tätigkeiten handeln, auf die sonst mit Herablassung geschaut wird. Von denen man sich doch eigentlich milieumäßig abzugrenzen hat, um erfolgreich ernst genommen zu werden. Ob es nun die glitzernden, strassbesetzten Acrylnägel sind, ungesundes Fast Food, die aufpeitschenden Energydrinks oder transparente Heels, die nach Showgirl aussehen. Cuteness als Verhaltensform meint auch, Verletzlichkeit, Widersprüchlichkeit und Oberflächlichkeit nicht als Schwäche auszulegen und sich eine Einstellung anzueignen, die nachsichtig, fürsorglich ist.[25] Seit Kurzem höre ich häufig die Formulierung »Girls Girl«, das Mädchen-Mädchen. Gemeint sind damit die cuten Frauen, die einen nicht auslachen, sondern auf die verwischte Schminke hinweisen, die trösten und einschreiten, selbst wenn sie die Betroffene nicht kennen, die Verbündete sehen, keine Konkurrentinnen. Genauso ist es möglich: endlich ein neues kulturelles Selbstverständnis auch für die Tussi.

Warum wird der Tussi so selten zugetraut, dass ihr Look eine absichtliche Unterwanderung weiblicher Klischees darstellt? Paris Hilton und Nicole Richie mimten die Dummerchen äußerst erfolgreich in *The Simple Life* und prägten das Reality-TV damit entscheidend, Verona Feldbusch nutzte diese Rolle ebenso gewinnbringend in zahlreichen Werbungen und Fernsehauftritten. Ihre Fernseh-Persona wirkt in erster Linie unschuldig, niedlich, leichtgläubig, ungefährlich und harmlos – und vermochte es dadurch äußerst erfolgreich, Waren an die Kund*innen zu bringen. Paris Hilton verwendete in der Öffentlichkeit jahrzehntelang eine lange geübte künstliche Stimme, die Baby Voice, für die sie immer wieder medial attackiert wurde, was wiederum mehr und mehr Auf-

25 Annekathrin Kohout, »Die neue Niedlichkeit«, 16.07.2023, in: zeit.de.

merksamkeit einbrachte. Paris Hiltons Baby Voice, die Dummchen-Performance und ihre erstaunliche, milliardenschwere Karriere als DJ, Model, Schauspielerin, Sängerin und Designerin gehören untrennbar zusammen. Es ist erstaunlich, wie wenig über dieses knallharte wirtschaftliche Kalkül gesprochen wurde, das die Unternehmerin Paris Hilton zu ihrer Kunstpersona brachte.

Obgleich die Harmlosigkeit, die Likeability der Tussi ein extrem erfolgreiches Vermarktungselement ist, wird gleichzeitig über ihre Einfältigkeit gespottet. Die scheinbar mangelnde Orientierungslosigkeit der Tussi, ihre *Lebensuntauglichkeit,* appelliert an die männlichen Überlegenheitsfantasien. Männer wollen Tussis erklären, wie die Welt, das Leben, die Maschine funktioniert.

Wenn Paris und Nicole in ihrer TV-Sendung ahnungslos in Designerklamotten rumstehen, weil sie nicht wissen, wie man auf einer Milchfarm, einer Ranch, in einer Werkstatt, einem Diner arbeitet, bespielen sie damit gleich mehrere Ebenen kontrastiver Klischees: etwa den Gegensatz von verwöhnten und reichen High-Society-Töchtern zu *wirklich* hart schuftenden Arbeiter*innen. Und damit einher geht der Kontrast der Outfits, echte Arbeiter*innen tragen praktische Kleidung, Paris und Nicole tragen Unpraktisches, Lächerliches. Die Ironie besteht selbstverständlich darin, dass die beiden eigentlich *die ideale* Kleidung für *ihre* Arbeit, das Schauspiel, das Spektakel, tragen. Das ist erstklassiges Unterhaltungsfernsehen. Eine gute Geschichte besteht schließlich aus Gegensätzen, die sich manchmal auflösen, wenn man hinter die offensichtlichen Zeichen schaut. From Rags to Riches, der Tellerwäscher, der Millionär wird, ist so eine Story. Oder eben die Konfrontation der Superreichen mit der *echten* Welt.

Eine weitere Lesart ihrer Dummchen-Performance ist der »work smart, not hard«-Ansatz. Arbeite schlau, nicht hart. Hilton und Richie brauchen häufig so lange für die ihnen zugewiesenen Aufgaben, dass dann doch irgendwann die Profis übernehmen. Durchaus eine bequeme Strategie, um andere für sich arbeiten zu lassen, und nicht selten außerhalb des Reality-TVs, nämlich in Reality häufig von Männern in Beziehungen angewendet, wenn es um Haushalt und Sorgearbeit geht, die nach wie vor mehrheitlich von Frauen erledigt werden.

Noch komplexer wird der normative Rezeptionsknoten dadurch, dass häufig, wenn erkannt wird, dass die Tussis nicht dumm sind, sondern sich dumm stellen, diese Erkenntnis ihnen aber umgehend zum Vorwurf gemacht wird. Tussis machten sich absichtlich klein, um dadurch Hilfe, Aufmerksamkeit und Zuneigung von Männern zu erhaschen. Ein bemerkenswerter Vorwurf, schließlich ist alternativ mit der lässigen Performance von weiblicher Autonomie kaum Geld zu verdienen. Wie wir es auch machen, wir machen es falsch.

Der Begriff des Erotischen Kapitals wurde entscheidend von der britischen Soziologin Catherine Hakim geprägt. Er beschreibt die Bedeutung von sexueller Attraktivität und Verführungskraft in der Gesellschaft und besonders auf dem Arbeitsmarkt. Das Konzept erweitert die traditionellen Formen des Kapitals nach Pierre Bourdieu, also das ökonomische Kapital (Geld, finanzielle Ressourcen), das kulturelle Kapital (Bildung, Wissen) und das soziale Kapital (Beziehungen, Netzwerke) um die Komponenten sexuelle Attraktivität, Schönheit, Charme und Verführungskraft. Kritisiert wird an Hakims Erweiterung, dass Geschlechterstereotype dadurch verstärkt werden, dass etwa andere Fähigkeiten, Talente und Qualitäten außer Acht gelassen werden.

Als Voraussetzung für das erfolgreiche Reclaiming des Tussi-Stereotyps brauchte es nicht nur die modische Wiederholung der Hyperfemininität der 1990er- und Anfang-2000er-Jahre, sondern auch den sogenannten intersektionalen Feminismus. Die Tussis der Gegenwart sind nicht mehr nur normschön, *weiß*, blauäugig und blond. Sie haben Kurven, sind Schwarz, Women of Color, sie haben Behinderungen, sind queer, trans, nicht-binär. Und sie sind nett. Sie verkörpern eine Cuteness, ohne sich dabei hinter ihren Erfolgen und Leistungen zu verstecken. Manche sind sexpositiv, andere nicht. Manche arbeiten in hohen Positionen, andere nicht. Aber erst wenn sich die Tussi von Geschlechternormen löst, ist sie wirklich subversiv. Hyperfemininität ist nicht besser oder schlechter, subversiver oder konformistischer als andere Konzepte, aber kapituliert nicht mehr vor der Vorstellung, als unseriös zu gelten.

City Star Nails

Es ist Freitagnachmittag, und ich sitze schwitzend im Nagelstudio. Ich habe mir Nails bestellt, die krallenartig spitz, lang, rot und wie gefährliche kleine Waffen meine Hände zieren sollen. Alle vier Wochen bin ich hier, bekomme mal Strass auf die Finger, mal Rosen-Sticker, manchmal Farbverläufe und Muster. Nail Art, ein Zeichen der Oberflächlichkeit und Selbsteinschränkung, ein Ausdruck einer Ästhetik und eines Stils, ein dankbares Utensil, möchte man jemandem *die Augen auskratzen*. Tatsächlich, lange Fingernägel können im Fall eines notwendigen Zweikampfes durchaus nützlich sein.

Manchmal werde ich gefragt, wie das überhaupt geht, schreiben mit solchen Nägeln, oder allgemeiner, wie ich meinen Alltag bestreite. Alles kein Problem, alles eine Übungssache. Nur etwas Kleines, Flaches vom Boden oder von einer geraden Fläche aufheben bringt mich an den Rand des Wahnsinns. Künstliche Fingernägel gehören zu einer Ästhetik, die Schwarze und PoC-Frauen schon länger zelebrieren – die gleichzeitig aber auch bei weißen Upperclass-Damen seit Jahrzehnten en vogue ist. Distinktionsmerkmal ist die Ausführung. Die Oberschicht entscheidet sich für klassische, ordentliche, recht unkreative Ausführungen und überlässt den Fun den anderen. Allerdings greift auch hier wieder, dass die Wahrnehmung häufig voreingenommen ist. Bei der einen gilt die Hand als gepflegt, bei der anderen als tacky. Maniküre und Pediküre gehen als Statussymbol nur für manche durch, nämlich dann, wenn sie die erträgliche, die dezente und vor allem saubere Art der Weiblichkeit erzeugen. Nicht zu aufdringlich, nicht zu fordernd. Alles, was darüber hinausgeht,

Chrome, Muster, Glitzer, dient als Hinweis auf die Straße: vulgär, billig, gefährlich und daher schön fotzig. Diese Finger greifen nach Aufmerksamkeit, sie lieben Künstlichkeit.

So läuft das Geschäft. Künstler*innen sind ökonomisch darauf angewiesen, im Diskurs, in der öffentlichen Wahrnehmung, in der Rezeption, in den Medien vorzukommen. Denn dann verkaufen wir, kriegen Angebote, Anfragen, Preise und Stipendien, verkaufen mehr, werden häufiger eingeladen, können weiterarbeiten. Die Präsenz verschafft uns die entsprechenden Arbeitsgrundlagen (Zeit, Raum, Geld).

Die drei Säulen der Weiblichkeit legen, gemäß dem tradierten Rollenverständnis, die Bewertungsgrundlagen: *Likeability*, *Beauty* und *Fuckability*. Die Beurteilung passiert überall, auf dem Arbeits-, Liebes- und Heiratsmarkt, im Freundeskreis. Die Evaluation beginnt so: Ist sie nett und verhält sich regelkonform (bitte nicht unangenehm beschweren und zu viel [Gerechtigkeit] einfordern, bitte dankbar sein)? Ist sie schön (bitte nicht beängstigend schön, aber schöner als der Standard, je schöner allerdings, desto weniger anstrengend sollte sie sich verhalten)? Ist sie heiß (bitte eine [sexy] Fantasie, aber keine eigenen Fantasien formulieren und erst recht nicht ausleben oder damit spielen)?

Die Schriftstellerin Antonia Baum beschreibt in ihrer Kolumne, wie die »Topdisziplinen der weiblichen Sozialisierung« mit einem andauernden Vergleich einhergehen.[26] Als wären diese drei Parameter nicht schon widersprüchlich und einschränkend genug, kommt noch ein entscheidender Punkt hinzu: Der Vergleich untereinander ist ein Kernelement der misogynen Selbstzerfleischung. Dieser internalisierte, teil-

---

26 Antonia Baum: »Hannelore, auf dem Sofa«, 26.03.2021, in: zeit.de, https://www.zeit.de/kultur/2021-03/anerkennung-soziale-medien-instagram-empowerment-frauen-rollenverteilung-10nach8 (letzter Zugriff: 07.08.2024).

weise unbewusste, da erlernte Vorgang dient der Abwertung anderer Frauen und, perverserweise, der eigenen. Das Showgeschäft ist ebenso von Neid, Skandalen und Furore zerfressen wie jedes andere Business, nur geht es in diesem Fall zusätzlich um die Öffentlichkeit. Anstatt die Kolleg*innen zu betrachten, ihre Erfolge zu feiern (falls wir ihre Arbeit gut finden) oder sie inhaltlich zu kritisieren, fragt man sich: Wie steht es um die Schönheit, die Beliebtheit, die Geilheit der anderen – und welchen Vorteil zieht sie daraus? Als wäre es nicht möglich, dass eine sexy, schöne, fotzige, hyperfeminine Frau ernsthafte, ergreifende, berührende, unterhaltsame Kunst schafft, muss der eigentliche Grund für ihren Erfolg dringend entlarvt werden. Der, falls sie dem Schönheitsideal entspricht, was mit ihrem Aussehen zu tun haben muss.

Alles ändert sich ab vierzig, sagte kürzlich eine befreundete Schriftstellerin zu mir, während wir frisch gepressten Powersaft und Espresso tranken. Sie prognostizierte, dass es bis dahin für mich noch gut laufen würde, sie kenne einige, die gerne mit mir schlafen würden, aber nicht dürfen (Ehefrauen) und mich daher fördern würden. Daher kämen die Rezensionen und Einladungen, daher die Geldströme. Dies sei meine Fuckability, die ich durch meine Tussidarstellung und fotzige Ästhetik andauernd befeuerte. Freilich würde so was keiner offen zugeben oder gar formulieren, auch nicht ihr gegenüber, aber so was wisse man einfach, denn so sei der Betrieb. Sexistisch, diskriminierend, egoistisch und hochgradig geil. Ein offenes Betriebsgeheimnis sozusagen. Die einflussreichen Männer und die hübschen Schreiberinnen. Die Sexsymbole. Erfolgreich seien die heißen Schriftstellerinnen, nicht die guten. Eine befreundete Agentin sprach am Anfang meiner Karriere von der Notwendigkeit neuer Stimmen (du bist jung und attraktiv, natürlich lesen sie deine Texte), und eine Verlegerin ergänzte das Ganze kürzlich um die Komponente des Marktwerts (natürlich bieten sie dir einen Vertrag, weil du so viele schöne Fotos hast mit vielen Likes, mit dir kann man gut angeben). Ich bin mir nicht sicher, sind das ehrliche Analysen, oder ist das erstaunlich geschickt getarnte Missgunst?

Niemand kann bestreiten, dass es einen Zusammenhang gibt zwischen dem Marktwert einer öffentlichen Persona, ihrem Aussehen und zufälligen Hypes und Trends. Diese Zusammenhänge sind unfair. Sie sind diskriminierend, gemein, existenziell und völlig intransparent. Welche Bücher liegen auf den Tischen, stehen in den Schaufenstern, werden im Feuilleton besprochen? Welche Filme werden gefördert, gedreht, gezeigt? Welche Kunst, welche Stücke, welche Stimmen, Perspektiven, Körper?

Da sich alles in permanenter Bewegung befindet (und zwar in alle Richtungen), scheint es mir unmöglich, Ordnung in dieses Chaos zu bringen. Alles, und zwar wirklich alles, geschieht und existiert gleichzeitig. Kolleg*innen, die erklären, dass es längst irrelevant sei, was in einem Text stehe, da es nur noch um Followerzahlen gehe. Um mediale Sichtbarkeit. Um vom Trend geforderte Identitätsperspektiven. Dass die Kunst nebensächlich geworden ist. Dass Kunst nur noch Trägermedium von Persönlichkeit ist und deshalb die Kunst ihr Ende erreicht hat. Das ist Kulturpessimismus, der die Kapitulation regelrecht einfordert und der, wenn wir ihn übernehmen, uns so handlungsunfähig macht, wie es die längsten Acrylnägel nie könnten. Wenn Kulturschaffende miteinander sprechen, richtet sich ihr Interesse viel zu oft nicht auf die Frage, welche Kunst gemacht wird, sondern darauf, was sie, die Künstlerin, getan hat, um an diese Stelle (ihrer Karriere) zu kommen. Müssen wir tatsächlich ständig anderen auf die Schliche kommen? Ihre Berechnung, Übervorteilung und ihr egoistisches Verhalten aufdecken? Ich denke nicht.

Die Schriftstellerin Anke Stelling nennt *Bumsgeld* jenes Vermögen, das mit der eigenen Geilheit kumuliert wird. Immer her damit. Die Nägel kosten schließlich. Eine andere

Schriftstellerin erklärt mir, als ich sie auf der Frankfurter Buchmesse nach ihrem Bumsgeld-Konto befrage, die Zeit der Übervorteilung durch Schönheit sei nun endgültig vorbei. Huch! Wieso? Weil die ganzen Machos und Chauvis von feministischen Diskursen so angstbesessen sind, dass sie jetzt extra nicht mehr die schönsten Schriftstellerinnen fördern würden, sondern in ihren Förderentscheidungen auf eine Unterschiedlichkeit im Phänotyp setzten. Ihr Tipp: lieber ein bisschen kaputter wirken, das komme gerade besser. Bisschen desolater, verlebter und verbrauchter, bisschen *needy*. Strahlend, straff und gebleached ist nicht mehr gefragt. Lieber die Verzweiflung, die Übermüdung, den Mental Load mal zeigen, sich öffentlichkeitswirksam so richtig gehen lassen. »Ja was denn nun?«, rief ich ihr damals entgegen. »Das Bumsgeld einsacken«, flüsterte die imaginäre Stelling in mein Ohr.

Meine Nägel sind fertig. Sie sind obszön, geschmacklos und hinreißend sexy. Vor allem aber sind sie ein Zeichen meiner Selbstfürsorge. In den 60 Minuten ihrer Produktionszeit gebe ich meine Hände ab, kann nicht arbeiten, nichts erschaffen, niemandem dienlich sein.

. . . um essen
zu gehen.

»Wer sich dem Genuss hingibt, tut nicht nur was für die eigene Stimmung, sondern auch was fürs allgemeine Wohlbefinden. Wer sich dem Genuss verweigert, ist ein Depp und soll zu Hause bleiben.« So oder so ähnlich formulierte es die Oma, als ich ihr auf Bestellung das zweite Stück Kuchen brachte. Wir saßen im kleinen Saal einer Dorfwirtschaft, die der entfernten Verwandtschaft gehörte, aber lückenlos konnte die niemand von uns mehr zusammensetzen. Wurst! Wir hatten es lustig, für mein städtisch geprägtes Empfinden grüßte man uns sogar verdächtig herzlich. Dieser Nachmittag war der letzte jener Art. Kurz darauf fiel meine Großmutter auf der Treppe und musste ihr Haus, ihr unabhängiges und dauerhaft als Single verbrachtes Leben gegen das Altersheim eintauschen, woran sie letztlich zerbrach und starb. Mit dem Altersheim verlor sie ihre Genussfähigkeit. Wenn ich sie danach fragte, was es zu essen gab, behauptete sie stets »Nichts« und mimte die Vergessene. Aber der Satz hat sich mir eingebrannt, wie ein Mantra. Sie hatte noch so einen, den sie immer dann brachte, wenn jemand behauptete, satt zu sein: »Wer sich dem Genuss verwehrt, gehört entehrt!« Das Leben meiner Großmutter endete dort, wo sie sich nicht mehr an das Essen erinnern wollte, das ihr so lange Jahre die größte Quelle ihres genießerischen Daseins gewesen war.

Crush

Die Liebe geht durch den Magen – das ist sentimental, plakativ. Und wahr. Denn was gibt's Schöneres, als mit der*dem Liebsten zu schlemmen? Mir fällt wenig ein: Urlaub mit den Freund*innen, ein gut bezahlter Job, die Blüte der selbst gezogenen Pflanze und der Morgen ohne Termine. Aber direkt danach kommt ein romantisches Menü. Ein Dinner als erstes Date ist gewagt, aber da Essen einen hohen Symbolcharakter hat (dazu gleich mehr), eignet es sich hervorragend, um eine mögliche Liebe auszuloten. Empfehlenswert sind dabei aphrodisierende Speisen. Die Auster etwa, die in ihrer sexy Sinnlichkeit entweder verführerisch oder in ihrer Schlonzigkeit ungewollt komisch wirkt, eignet sich hervorragend als Datespeise. Die Speiseauswahl sollte keinesfalls kopflos erfolgen. Es ist möglich, dass die erste gemeinsam verbrachte Mahlzeit sich fest im Gedächtnis der entstandenen Liebe (Freund*innenschaft, Kolleg*innenschaft) verankert. Ja, ich liebe Austern. Aber meine sinnlichste Obsession lebe ich zurzeit mit der Gurke aus.

10. Januar 2024. Ich bin mit meinem Crush im Feinkostgeschäft Rogacki verabredet. Es ist eiskalt in Berlin, ich bin hungrig, er ist 30 Minuten zu spät. In meiner Handtasche (Prada, 1990er-Jahre) befindet sich etwas Bargeld, meine EC-Karte, die Paris-Hilton-Biografie *Paris*, ein YSL-Glitzer-Lipgloss, ein paar Kondome, außerdem ein ungenießbarer Pfirsicheistee (zu süß) und ein ungeöffneter Brief vom Finanzamt. Es ist Mittwoch, 17:30 Uhr. Unsere Verabredung, gerade hier, gerade zu einer solchen Zwischenzeit, ist an sich schon eine Behauptung des nutzlosen Luxus.

Das Geschäft ist beinah hundert Jahre alt und hat viel vom alten Charme der letzten großen Renovierung in den 1970er-Jahren behalten. Ich nenne unser Treffen »Recherche«, will ohnehin über Delikatessen als Zeichen des Luxus nachdenken. Über kulinarische Statusobjekte. Als ich ihn frage, ob ich über diese Begegnung schreiben darf, lacht er und sagt: »Du musst.« Als würde die Verschriftlichung unseres Flirts ihm nachträglich Sinn und Relevanz verleihen. Der Crush ist mein Recherchegegenstand. Das ist unser erstes Date. Es gibt Austern, weil er es mir wert ist.

Ich nenne den Crush *Crush*, bevor ich wirklich für ihn zu schwärmen beginne. Ich beschließe es, bevor die Realität nachzieht. Der Crush von jemandem zu sein, ist wie eine Einladung zu einem äußerst diffusen Spiel. Ein Crush bleibt auf Distanz respektive wird auf Distanz gehalten. Um die Distanz zu wahren, sollte man besser wenig Zeit miteinander verbringen. So ein richtiges Date wie dieses ist der erste schleichende Schritt dazu, den Crush seines Status zu berauben.

Die Künstlerin und Schriftstellerin Larissa Pham analysiert in ihrer Essaysammlung *Pop Song: Adventures in Art and Intimacy* das Wesen eines Crushs so passend, dass ich es mit der Lektüre sofort in mein Beziehungswissen integriere:

> »In Anlehnung an die linguistische Anthropologie von Claude Lévi-Strauss heißt ein Crush deshalb Crush, weil er einen erdrückt (crusht). Eine Schwärmerei unterscheidet sich von einer Freundschaft oder Liebe durch die Intensität und das plötzliche Auftreten. Sie ist geprägt von leidenschaftlichen Gefühlen, von ständigen Tagträumen, von einer Omnipräsenz des Begehrten: Die Verliebtheit existiert in einem traumhaften Raum zwischen Fantasie und normalem Leben. Die Objekte unserer Verliebtheit können keine Figuren sein, die im Mittelpunkt unseres täglichen Lebens stehen. Sie erscheinen in der Peripherie

unserer Tage und werden durch ihre Distanz romantisch.«[27]

Der Crush ist neu in mein Leben getreten. Er ist noch unberechenbar und ungewiss. Er ist eine äußerst hübsche Projektionsfläche, eine gute Beschäftigung und Ablenkungsstrategie. Der Crush will noch nichts. Der Crush hat noch keine Probleme, keine Kämpfe, keine Sehnsüchte, keine Forderungen, keine Verletzungen, keine Geschichte. Der Crush ist noch nicht menschlich. Er ist perfekt für mich. Eine Idee. Ich habe keine Verpflichtungen ihm gegenüber, keine Verantwortung, kann jederzeit Nein sagen und aus seinem Leben verschwinden. Jonathan schreibt in unserem Chat: »Nein sagen ist der Power Move schlechthin und pure Dekadenz, also wundervoll.«

Der Verzicht ermöglicht die Fantasy. Der Verzicht auf Infos, auf Austausch, auf Körperkontakt. Der Verzicht auf Essen hingegen macht mich unglücklich. Mein Magen knurrt. Ich habe in sorgsamer Vorbereitung unseres Dates meinen Appetit perfekt im Zaum gehalten, geplant gegessen. Bin verärgert, weil ich den Tag über taktierte und strategisch vorging. Er hat seine Verspätung früh genug kommuniziert, da war ich allerdings schon auf dem Weg. Ich lese mir unseren Chat durch (süß), google seinen Namen (mehr Ergebnisse als bei mir), betrachte die gefundenen Fotos, durchsuche sein Instagramprofil (stabil). Seine Sexyness nervt, meine Ungeduld ebenfalls. Es gibt nichts zu erledigen. Da ist kein Telefonat zu führen, keine Nachricht zu beantworten, kein Konflikt zu lösen. Nur warten. Die schrecklichste Daseinsform von allen.

Es stimmt, in der Liebe lernt man nichts dazu. Den ganzen Tag habe ich auf dieses Treffen ausgerichtet. Als hätte ich sonst keine Verpflichtungen oder Menschen, die ich dringen-

---

27 Larissa Pham: *Pop Song*, London 2021, S. 77.

der sehen sollte. Es war so einfach, geschah ganz mühelos, ein Date als Begründung wird allumfassend akzeptiert. Selbst vom Lover. Der Reiz des Unbekannten und der Reiz der nächsten Romanze überwiegen. Dabei fehlt mir gerade nichts. Vor allem nicht noch ein Mann, ist doch einer meistens schon mehr als genug. Aber vielleicht fehlt mir dieser. Jetzt bloß nicht zu sehr in die Fantasie abdriften. Das hier dient schließlich der Kontrolle, ob er, der Crush, der Realität überhaupt standhalten kann. Ein Blick in die Handtasche, noch einmal das Lipgloss auftragen. Die Kondome sind Zufall, ein Werbegeschenk, vielleicht doch ein Zeichen, denke ich jetzt. Was man hat, hat man. Kann ich mir diesen Mann beim Sex vorstellen? Beim Sex mit mir? Ich möchte nicht (schon wieder) gecrusht werden – andererseits will ich nichts anderes.

Der Lover ist nie ein Crush von mir gewesen. Ich habe ihn auf einem dieser Kunstevents kennengelernt, und wenig später war er bereits Lover. Er unter meinem Kleid, in meiner Unterhose, ich in seinem riesigen Bett. Von da an blieb es genau so. Das hier ist anders. Spielerischer, erotischer und vielversprechender. Der Crush wurde Teil meines Alltags, ohne daran teilzunehmen. Schlich sich ein, wie das Symptom einer Krankheit, die ich nicht länger ignorieren kann. Ich würde gerne behaupten, ich wäre anders. Bin ich aber nicht. Ich spreche vom Crush, als wären wir etwas, worüber es sich zu sprechen lohnt. Eine Spur zu begeistert, etwas zu euphorisch, ein bisschen zu glücklich über diese Begegnung. Andere werden hellhörig, der Lover wird skeptisch. Der Crush drängt sich in dieses Leben, zieht meine Aufmerksamkeit auf sich. Er fordert sie nicht ein, aber ich bin bereit, ihm alles zu geben. Er schreibt, er sei gleich da. Präziser: »Ich bin gleich bei dir.« Der Lover ist zu Hause und weiß Bescheid. Es ist mir vollkommen egal, wie er das findet.

Ich verschiebe meine Aufmerksamkeit, muss die Ungeduld loswerden, ziehe mich zurück in den Raum. Rogacki, ein alter Westberliner Delikatessenladen, ist mein kulinarischer Tempel. Draußen zieren Fische die Fassade, das Logo ist der Name in Schreibschrift, die Grundfarbe ist Grün. Zuletzt war ich vor sechs Monaten hier. Wir zelebrierten einen Theaterdeal, Sarah, Lena und ich. Wir kicherten, waren laut, bestellten und bestellten und bestellten. Dann wurden wir von älteren Männern angesprochen. Der eine sagte: »Na, euch geht's aber gut.« Wir sagten: »Das stimmt!« Man lachte gemeinsam, prostete sich zu, verabschiedete sich und sah sich nie wieder. Beim Rausgehen nannte uns eine Frau Gackerliesen. Sie fragte, was wir eigentlich so lustig fänden. Wir blieben ertappt stehen, und eine antwortete, dass wir vielleicht berühmt werden. Sie gratulierte und aß weiter, dabei purzelte ein Stück Fisch aus ihrem Mund auf den Teller, das sie direkt wieder auf die Gabel nahm.

Bei Rogacki zählen Manieren, deshalb bin ich gern hier. Die seit den 1970er-Jahren gleich gebliebene Einrichtung ist eine dankbare Abwechslung zur überstylischen Gestaltung zeitgenössischer Bistros und Etablissements (die ich natürlich ebenfalls besuche und schätze). Bei Rogacki beschleicht mich außerdem das Gefühl, problemlos zwischen den Welten, das meint zwischen den Schichten, existieren zu können. Es geht sogar noch weiter. Betrete ich Rogacki, bin ich nicht nur Kundin, ich bin auch Angestellte. Ich empfinde eine sonderbare emotionale Gleichzeitigkeit, eine rührselige Sentimentalität, ich bin hier bei mir.

Ich kenne die Art von Küchen zu gut, die Art von Läden. Großhandel, Einzelhandel, Gastronomie, Partyservice, Kaffeehäuser. Mein Leben spielte sich in großen Teilen in solchen Küchen ab. Hier fühle ich mich souverän, erfahren, heimisch. Ich erkenne Geräte, Architektur, die Gründe für bestimmte Entscheidungen. Weiß über die Sinnhaftigkeit gefliester Böden und Wände, der Arbeitsflächen aus Aluminium, der Haarnetze auf den Köpfen, der Schürzen am Leib. Wer wie ich in einem Wirtshaus aufwächst, fühlt sich verbunden, mit allen Wirtshausbetreiber*innen oder Wirtshausmitarbeiter*innen dieser Welt. Fühlt sich mit jenen verbunden, die am Fließband professionell Lebensmittel verarbeiten. Die Semmel schmiert sich immer gleich, die Auster wird nur auf eine Art geöffnet.

Die Betriebssysteme in der Gastronomie unterscheiden sich eklatant, man könnte auch von zwei Kulturen sprechen. Individualgastronomie, worunter ein Wirtshaus fällt, hat eine gänzlich andere Infrastruktur als die groß angelegte Systemgastronomie. Im *System* schwingen die enormen Kapazitäten der Bewirtung mit, die Lieferketten, die Großbestellungen. Die gleichbleibende Qualität bei extrem hoher Quantität. Die Einheitlichkeit. Zu diesen Systemen gehören globale Restaurantketten, Tankstellen, Airline Caterer. Tausende Portionen, Hunderttausende, millionenfach miteinander identische Gerichte, die kontinuierlich gleich hergestellt werden müssen. Ich sehe sie noch vor mir, die Frauen der Lufthansa-Küchen, die in einer Reihe standen und monoton eine Wurstsemmel nach der anderen belegten und die mir immer dann, wenn mein Vater nicht hinsah, etwas rüberschoben. Riesige Küchen waren das, größer als die Veranstaltungsräume, in denen ich heute meine Lesungen gebe.

So eine Kaufhalle, so ein Feinkostgeschäft wie das Rogacki ist ein halbpersönlicher Zwischenraum. Es ist weder ein Wirtshaus noch die große, standardisierte Systemgastronomie. Standardisierte Abläufe einerseits, aber die Möglichkeit zur individuellen Veränderung andererseits. Die Portionsgrößen bestimmt man selbst, so wie die Ausführungen der Menüzusammenstellung. Wenn zu wenig Personal anwesend ist, gibt es übrigens keine Austern.

So betrachtet eine Beinah-Wirtshaus-Erbin, die ihrem Schicksal gerade noch einmal entwischen konnte, den laufenden Gastrobetrieb: entzückt, wenn jemand gut mit Messern umgehen kann. Entschlossen verständnisvoll, wenn jemand heimlich gähnt, sich abstützt, ablegt, sich den Schweiß wegwischt, Wut unterdrückt und die Augen verengt bei einer weniger anstrengenden Tätigkeit. Ich habe in Wirtshäusern so vieles erlebt, was ich heute wie ein Puzzle zusammensetze. Die Anspruchshaltung mancher, die für ihr Geld diesen oder jenen guten Service erwarten und das auch deutlich markieren. Die Rage, Tränen hinter kurz geschlossenen Türen. Das Trinkgeld als Entschädigung. Als Kompliment. Als Anerkennung der vollbrachten Leistung. Immer mindestens zehn Prozent.

Jahrelang arbeiteten wir, meine Eltern und ich, jedes Wochenende in einem Eventschloss an einem bayerischen Bergsee, das Hochzeiten für Adlige ausrichtete. Auf diesen Hochzeiten liebte ich nur das Dessertbuffet. Ich aß stets so viel davon, wie mir nur möglich war, bis ich mich einmal heimlich in die Tonne beim Lieferant*inneneingang übergab. Ich kann mich an keine einzige Braut erinnern, aber an die immer gleich niveauvolle Speisenauswahl. Zur Einstimmung der Feierlichkeit kommt Fisch. Salatbouquet mit Riesengarnelen, Forellenmousse, Lachsmousse und Seeteufel in Mangoldblatt, Scampi-Spieße oder ein Duett von der niederbayerischen Wildbachforelle und Hechtterrine mit Senfkörnern. Im Anschluss ein Süppchen: Kürbiscreme mit Sahnehäubchen, doppelte Rinderkraftbrühe mit Grießnockerl, verziert mit einem Petersilienstrauß. Dann das Fleisch: Ochsenfilet, Rinderfilet, Schweinefilet, Putenfilet oder rosa Entenbrust mit Kartoffelgratin, Prinzessbohnen, Mandel-Butter-Broccoli und für die Vegetarier*innen einen Gemüseauflauf mit Waldpilzrahmsoße. Die vorherrschenden Farben: Brauntöne und grüne Highlights. Am Ende die Torte, natürlich, aber um wirklich aufzutrumpfen, meine geliebten Dessertvariationen in kleinen Gläschen: Crème brûlèe, Mousse au Chocolat, Topfenmousse mit Himbeermark. Zu später Stunde das Käsebuffet, erlesen, international, mit Weintrauben verziert.

Die immerzu gleichen Menüs spiegelten den ewig selben Hochzeitsablauf: Kirche, Tränen, Aufgeregtheit, Hunger, Reden, Tränen, Partyspiele, Essen, Party, Bett. Selbst die getragene Mode harmonierte mit dem Speisenangebot. Man trug Creme, Eierschale, Beige, Weiß.

Der Adel zeigte sich bei diesen Hochzeiten von seiner ganz bodenständigen Seite. Manche allerdings hatten eine Eisskulptur, das fand ich dann schön. Weil es reiner Überfluss war. Eine Eisskulptur kann nichts. Sie ist vergänglich, sie schmilzt, bis sie dahin ist. Purer Luxus. Manchmal leuchtete eine, oder man ließ Wodka daraus fließen. Die Eisskulpturen waren der ultimative Beweis für Liquidität. Wegen der Eisskulpturen (Engel, Schwan, Herz, Herz mit zwei Tauben drauf) verzieh ich den Adligen die öden Partys und die großen Hüte, die beim Servieren permanent im Weg waren. Ich verzieh die heulenden Bräute, die sich in der Küche versteckten und mit denen man dann umgehen musste, genauso wie mit den besoffenen Vätern, die über kurz oder lang irgendwo einschliefen.

Der langen, etwas demütigenden Wartezeit wegen ist der Crush bislang eine Enttäuschung, das Interieur und die Aufmachung von Rogacki jedoch nicht. Dafür sorgt der einladende, offene Markthallencharakter, wenngleich längst nicht mehr modern oder zeitgemäß. Feinkost und Delikatessen zielen auf eine gehobene Kundschaft ab, auf eine mit Geschmack, aber hier fehlt die Fine-Dining-Atmosphäre. Der Bruch wird durch die zweckmäßige Kantineneinrichtung geschaffen, die alles so ungezwungen, so locker, so unbedarft erscheinen lässt, dass keine Unsicherheiten über Aussprache, Besteckreihenfolge oder Körperhaltung aufkommen können. Tablett, Teller, Essen. Austern am Stehtisch, dazu Champagner oder Wein, kein Designerglas, kein aufwendig produziertes Brot aus einer Manufaktur, keine Übertreibungen, kein Spektakel, keine Vinaigrette. Die Reduktion stellt eine Beiläufigkeit her, die wiederum glamourös wirkt.

Meine Ohrringe kosten so viel wie zehn Portionen Austern. Das wird kaum jemandem auffallen, weil die Ohrringe, große verkitschte Strassherzen, genauso gut aus einem billigen Ramschladen kommen könnten. Sie passen ideal zu Rogacki, wo man sich mit der kulinarischen Ästhetik des Proletariats zu schmücken weiß. Mit den Arbeiter*innen und den stereotypischen Arbeiter*innengerichten, der sogenannten einfachen Kost der einfachen Leute, der einfachen Verhältnisse. Orte wie Rogacki, die dadurch besonders echt, authentisch und glaubwürdig scheinen, werden als Geheimtipp gehandelt. Hier trifft man dann die *echten* Menschen, die, die sich körperlich verausgaben und Reichhaltiges und Nahrhaftes benötigen, um ihr Leben durchzustehen. Austern, das erzählt man sich gerne in dekadenter Pose, waren lange Zeit ein *Arme-Leute-Essen*, ehe sie als Symbol der High Society auserkoren wurden. Wie oft habe ich das schon gehört, diese Plaudereien über die 1-$-Oysters irgendwo in den Hafenstädten der USA und an den Stränden Südfrankreichs. Ja ja, Austern sind irgendwie beides zugleich, Ultradelikatesse und Schnäppchen.

Um sich vom gemeinen Volk abzugrenzen, muss man sich spezialisieren. Es geht mehr denn je darum, *welche* Auster verzehrt wird. Die Kenner*innen wissen das. Sie kennen Namen, Bezeichnungen, Geschmacksintensitäten und Zuchtorte. Alle anderen sind darauf angewiesen, was es eben gibt an Massenware. Die billigsten Sorten landen regelmäßig (ganz sicher Ende Dezember) zum Sonderpreis im Discounter. Festtagsspecial – oder: die Demokratisierung der Luxusgüter. Luxus für alle! Denn, so die wohlklingende, aber heimtückische Erzählung: Alle sollen was vom dekadenten Festschmaus haben, alle haben es sich verdient. Richtig so! Eine Wohltat für die ärmeren Haushalte, die sich sonst eben keinen Prunk gönnen (können), aber den luxuriösen Bildern genauso wenig entkommen wie alle anderen (Begehrlichkeiten). Die Teilhabe am Luxus, am Reichtum, am Genuss. Von wem kommt dieses edle Geschenk eigentlich? Nun ist es mit den Demokratisierungsvorgängen immer etwas verwirrend. Während es einerseits schön ist, dass auch meine Eltern (und ich) seit vielen Jahren traditionell an den Feiertagen Austern (jemand nannte sie neulich Meeresschleim und Meeresrotz, hat mir beides gefallen) verzehren, meine Mutter liebt sie mit Käse aus dem Ofen, ich mag sie roh, mein Vater mag alle Varianten, ist es andererseits offensichtlich, dass dieses Angebot nur aufgrund von Zucht und Preisdumping möglich ist. Luxus, als »kostspieliger, verschwenderischer, den normalen Rahmen (der Lebenshaltung o. Ä.) übersteigender, nicht notwendiger, nur zum Vergnügen betriebener Aufwand«, als »Pracht, verschwenderische Fülle«[28] steht im Widerspruch zum Discounter, zum Billigpreis und zur Verramschungsmaßnahme. Im Widerspruch zur Armut, Geldnot und zu unsicheren Verhältnissen. Und dann wieder nicht. Luxus wird längst aufgeweicht, verliert an Strahlkraft. Die Luxusgüter, die dann angeboten werden, waren einst Symbole für Klasse und Gönnertum (Meeresfrüchte, Kaviar, Schampus) – und sind reizvoll geblieben, weil ihr Image es geblieben ist. Nun sind sie endlich zugänglich und leistbar, fein. Warum sollten die Ärmeren auf Hummer, Muscheln und dergleichen verzichten, wenn es doch möglich ist, sie entsprechend kostengünstig anzubieten? Warum sollten nun ausgerechnet sie, die sich das restliche Jahr über auch keine Sperenzchen gönnen, (in diesem Fall) auf Umwelt, Lieferketten, Menschenrechte usw. achten? Moment, stimmt das überhaupt, oder ist das ein (romantisch) verklärter Blick auf die Leiden des Prekariats? Romantisch, weil in dieser Sichtweise die Auster zu einer trostspendenden Geste wird. Zu einem Symbol, dass doch nicht alles schlecht ist.

---

28 Stichwort »Luxus«, in: duden.de, https://www.duden.de/rechtschreibung/Luxus (letzter Zugriff: 07. 08. 2024).

Menschen, die abhängig vom Discounter sind, von Foodsharing und anderweitigen Lebensmittel rettenden Organisationen, müssen sich auch mit Herstellungsverfahren und Produktionsbedingungen befassen. Nur haben sie wesentlich weniger Spielraum zu alternativen Entscheidungen. Ich kann sagen: Niemals würde ich Fleischwaren vom Discounter essen, wenn ich es mir nicht leisten kann, bio, fair und ethisch eher Verträgliches zu kaufen. Mein Vater würde antworten: Wenn es das ist, was sie glücklich macht, lass sie leben. Die kleinen Freuden, der kleine Genuss. *Leben und leben lassen.*

Im Edelrestaurant wählt man zwischen einem täglich wechselnden Austernangebot und zahlt einen Einzelstückpreis, für den man im Discounter ein Dutzend erhält. Die Massenware wird verschmäht, während sich die anderen darüber freuen, auch in den Genuss des maritimen Schlonzes zu gelangen. Den besten Discounterschampus gibt's bei Aldi, den besten veganen Kaviar bei Galeria Kaufhof und meine bevorzugten veganen Cevapcici bei Lidl. Die Discountergänge von Aldi und Lidl gehe ich besonders gern ab und versuche, wie eine Figur in dem Roman *Minihorror* von Barbi Marković, meinem Wunschtraum, das perfekte Fertiggericht zu finden, näher zu kommen: »(...) Mini wird von verschiedenen bunten Trash- und Fertigprodukten aus der Gefriertruhe verführt. Sie hat den Traum von einem nie da gewesenen, unfassbaren Fertiggericht-Mix, der ihre Sinne umhauen wird, noch nicht verworfen.«[29]

Die Austern bei Rogacki funktionieren so gut, weil es erstens nur eine Sorte gibt und zweitens der Kontrast stark genug ist zu dem Image, das ihnen als Edelbestellung anhaftet. Hier werden sie nicht auf spektakulären Platten mit steifen Leinenservietten serviert, mit unterschiedlichen Arten der Vinaigrette oder richtig gutem Pfeffer, nein, sie kommen auf

29 Barbi Marković: *Minihorror*, Salzburg 2024, S. 6.

einem Teller, dazu billige Papierservietten, mit dem Logo bedruckt, wie von der Eisdiele. Hier sind die Austern eben nicht schick, hier sind sie ordinär. Für unsereins oder meinereiner. Auch deshalb habe ich diesen Ort für unser Rendezvous gewählt: Wir können hier wenig falsch machen. Schnelle Kost und Luxusgüter fallen im Hause Rogacki zusammen. Viel Geld, wenig Geld, man steht hier rum, isst, spricht (auch miteinander) und geht wieder. Unaufgeregt wirkt das. Weniger demonstrativ und ausgestellt. Deshalb so gut geeignet für die Show, die ein Date nun mal ist. Abgesehen davon: Falls zwischen meinem Crush und mir doch keine reale Anziehung herrscht, haben wir zumindest gut gegessen und uns dabei nicht finanziell ruiniert. Win-win-win.

Ich weiß nicht, aus welchen Verhältnissen der Crush kommt. Der Lover kommt aus besserem Hause und hat seit jeher Ahnung von gutem Essen. Er beherrscht Tischmanieren und Etikette. Verhaltensweisen, die ich mir erst aneignen musste. Der Lover spielt nicht mit seiner Herkunftsklasse, er scheint kein Bedürfnis nach einer variablen Auslegung zu haben. Das heißt: Er gibt sie zu. Andere in meinem Umfeld tun es andauernd, sie geben sich mal reicher, mal ärmer. Das Kleinreden der eigenen sozialen Herkunft ist ein beliebtes Spiel, das besonders häufig beim Essen zum Tragen kommt.

Ich beobachtete einmal einen Bestsellerautor, der bekanntermaßen aus besseren Verhältnissen kommt, wie er absichtlich die Speisen eines Fünfgangmenüs falsch aussprach und sich über bestimmte Formulierungen belustigte. In einer raffinierten Wurzelzubereitung erkannte er einen banalen Kartoffelauflauf, in der Mousse eine unspektakuläre Creme und so weiter. Er stellte dadurch nicht nur das Upperclass-Prozedere infrage, sondern auch alle, die ernsthaft an diesem Essen teilnahmen und keine Begriffe für die servierten Gerichte hatten, oder keine Vergleichsmöglichkeiten. Einige der Gäst*innen hatten noch nie so distinguiert gespeist, was sie freimütig zugaben. Ich mochte dieses Aufeinanderprallen der Erwartungen und Unsicherheiten, fand das Benehmen des Autors aber ärgerlich. Er bestellte ein Bier, nicht den, wie sonst am Tisch üblich, empfohlenen Wein, und parlierte dabei merkwürdig affektiert über sogenannte bodenständige Getränke. Der bessergestellte Bestsellerautor performte eine Antihaltung, die sich wie Herablassung anfühlte. Er musste sich auf diese Komödie vorbereitet haben, denn schon seine Kleidung und das mitgebrachte Geschenk signalisierten den Wunsch einer kritischen Antihaltung. Nur an Glaubwürdigkeit mangelte es ihm. Gute Comedy tritt nach oben, er hingegen musste sich erst nach unten herablassen, um dann nach oben zu treten. Nicht überzeugend. Die fein gesetzte akademische Sprache verriet ihn, seine Bekanntheit, nicht zuletzt die Verkaufszahlen, das Wissen um seinen Marktwert. Dieser Bestsellerautor wird hofiert, angehimmelt, er kommt nicht nur von Geld her, er verdient es auch, und alle wissen das. Das sind Informationen, die sich nicht wegschwadronieren lassen. Ausnahmslos alle, die an diesem Tisch saßen und die merkwürdig elaborierten Speisen zu sich nahmen, wussten es. Seine Pose war an diesem Abend nicht nur verschwendet, sondern auch fies. Sie ließ diejenigen blass aussehen, für die ein Luxusdinner tatsächlich die Ausnahme war.

Meine Gedanken kreisen überallhin, wie unbekümmert flatternde Schmetterlinge. Ich will mir einen auf den Po tätowieren lassen, so platziert, dass er gut sichtbar ist, auch wenn ich keinen Tanga trage. Als Teenager besaß ich mehrere Schmetterlingsstrings, leider habe ich sie alle irgendwann entsorgt. Sie waren pink, blau, grün und schwarz, manche mit Strass. Ob ich mir welche bestellen soll? Ich google nach Tangas, um der lächerlichen Wartehaltung zu entkommen.

Ich liebe die Vorstellung von dem Crush und mir da am Tresen in der Mitte vom Rogacki. Nicht zu bequem (man kann ja nicht mal sitzen), helles Licht (man sieht sich richtig), nicht wirklich romantisch einlullend (weder Musik noch Plüsch), nicht zu aufgeladen oder fordernd (ein Einkaufsgeschäft hat nur einen Zweck). Liebkosungen, die zwischen den Besorgungen anderer untergehen. Wer würde schließlich nicht gern im Rogacki einen ersten Kuss erleben? Oder vor den in kleinen Glaskästen eingesperrten, lebenden Fischen eine Beziehung beenden, weil alles so dermaßen elend ist? Oder gemeinsam einen Präsentkorb zusammenstellen, ihn in Zellophan einwickeln lassen und sich damit dann in der eigenen oder in der anderen Wohnung zurückziehen und alles konsumieren, was ausgesucht wurde? Der Lover nannte mich einmal seine Praline, und er hatte recht damit, ich will vernascht werden. Die Tagträume, sie erdrücken mich doch noch, sie crushen mich, bis womöglich nichts mehr übrig bleibt als unsinnige Zuckerbrösel.

Meine Oma hatte dieselben Plastiktischdecken, die hier im Rogacki über die Stehtische geworfen werden. Sie liebte sie, weil sie so einfach abzuwischen waren, so praktisch, so fröhlich bunt, mit Blümchen und Käfern oder einfarbig, aber dann in Pfirsich oder Rosé. Manchmal legte sie auf die Plastiktischdecken alte Zeitungen, die dann mit den Bröseln direkt im Ofen verbrannt werden konnten, dann musste man nicht einmal den Tisch abwischen. Doppelt praktisch ist besser als einmal praktisch.

Meine Eltern deckten ihre Tische nur zu Anlässen. Meine Tante und ich stritten uns einmal über Platzdeckchen und meine Mutter und ich uns über Untersetzer. Ich habe einen großen Esstisch aus Glas und lege nichts unter, ärgere mich dann über die Kratzer, schätze sie aber gleichzeitig als Markierung von Dekadenz. Meine Freundinnen mit großen Glastischen handhaben das genauso. Diese Unachtsamkeit muss man sich leisten können. Diesen Umgang mit dem eigenen Besitz. Der Tisch war schließlich teuer, warum pflege ich ihn nicht pedantisch? Das ist so ähnlich, wie mit der Designerhandtasche zum Discounter zu gehen und sie randvoll mit Obst und Gemüse wieder nach Hause zu tragen. Ich liebe die Blicke dann. Den pragmatischen Umgang mit Gebrauchsgegenständen, auch wenn sie vom Designer kommen.

Den Esstisch bestellte ich nach meiner letzten großen Trennung. Ich bestellte ihn und das neue Bett in einem mentalen Zustand der Nichtanwesenheit, konnte mich erst an sie erinnern, als mir Wochen später Lieferzeiträume geschickt wurden. Der Tisch ist schwer. Eigentlich zu groß für mein kleines Wohnzimmer. Er braucht mehr Platz, um erstens richtig genutzt zu werden und zweitens in seiner Schönheit zu wirken. Letzteres sagte ich neulich auch zu meiner Freundin, die in einer entsetzlichen Beziehung gefangen ist: Schönheit braucht Platz. Die beiden Männer, die den Tisch in meine Wohnung trugen, schimpften leise über das immense Gewicht. Der Ex-Mann hat ihn nie zu sehen bekommen. Verschiedene Männer haben dort mit mir gegessen. Verschiedene Frauen auch. Das Bett und der Tisch waren die besten Liebeskummerbestellungen. Auch die notwendigsten, um die alte Liebe loszuwerden. Miteinander schlafen, miteinander essen. Das sind die intimsten Momente.

Hinter mir kauft jemand fünf verschiedene Salate und Pasteten aus der Feinkosttheke. Es wird sich Zeit genommen, sowohl beim Aussuchen als auch beim Portionieren. Ich gucke zu wie eine, die nichts Besseres zu tun hat. Niemand hat mich bisher angesprochen oder gab mir das Gefühl, dass Konsum ein Ausdruck meiner Höflichkeit ist und es jetzt längst an der Zeit wäre, diese Höflichkeit auch zu beweisen. Jemand anderes fragt besorgt nach Brot. Die Frau hinter der Theke lacht: »Ist doch noch alles da«, und zeigt mit ausladender Geste hinter sich. Der Laden schließt erst in eineinhalb Stunden. Unser Plan war es, richtig viel zu probieren, Sachen, die wir hier noch nie aßen, endlich zu kosten, übermäßig zu sein, maßlos. Aber jetzt, wo der Crush mich warten lässt, werden allmählich die Angebote von der Karte gestrichen. Es lief gut heute Mittag. Passt, denke ich. Irgendwas wird schon noch übrig sein. Wir werden nicht wählerisch sein.

Mein Blick schweift aus Langeweile zu dem kleinen Schreibtisch vor den Wein- und Champagnerregalen. Kurz denke ich, ich sollte ein Buch dort schreiben, exakt in dieser Ecke, so merkwürdig platziert. Vielleicht würde es mir dort gelingen, ungestört nachzudenken, so mittendrin. Wo niemand was von mir will, weil ich hier nichts zu tun habe.

Wenn sie Rechnungen sortierte, saß meine Mutter immer am Tisch fünf. Der Tisch, auch so mittendrin wie dieser, der immer für uns, für die Wirtsfamilie, oder das Personal zurückgehalten wurde. Außer es ging gar nicht mehr, weil der Andrang zu groß wurde. Am Sonntag gab es keinen leeren Tisch fünf. Sonntags rannten wir gemeinsam den ganzen Tag durchs Wirtshaus. Hin und her. Von der Küche in die Stube, in den Biergarten, wieder in die Küche. Als Kinder fanden wir das lustig. Wenn wir die Teller abstellten und süß gefunden wurden. Wenn man uns für unseren Fleiß lobte und ein bisschen Trinkgeld zusteckte. Fünf Schilling, zehn Schilling. Für das gute Benehmen. Jahrelang machte ich auf Tisch fünf an fünf Tagen in der Woche meine Hausaufgaben, es funktionierte gut, im Trubel, im Geschehen. Ich wollte immer dabei sein. Kein Spektakel verpassen. Ich liebte den Dorfgossip, auch wenn ich wenig verstand, weil die Zusammenhänge unbegreiflich waren. Ich mochte die Stammtischdiskussionen, auch wenn sie manchmal aggressiver wurden, liebte die Geschichten, die erzählt wurden, die Heimlichkeiten. Vor allem liebte ich es, wie sie erzählt wurden: andauernde Unterbrechungen, Ergänzungen, ständige Infragestellungen der Glaubwürdigkeit des Erzählenden. Der Tisch drüben scheint mir plötzlich der ideale Arbeitsplatz zu sein. Dort sitzen, mit dem Schmetterlingstanga und der Käsesemmel vom Fließband. Eine erwachsene Schriftstellerin imitiert in ihrer Schreibszene womöglich immer das Bekannte. War es laut zu Hause, denkt und schreibt es sich später nicht gut im Stillen.

Dann reißt *er* die Tür auf, ruft mir eine Entschuldigung entgegen, ich drehe mich betont langsam um und werde von seinem Strahlen davongetragen. Der Crush ist hot, so cute, so alles, fuck my life oder fuck me. All die Unsicherheiten sind vergessen. Wie unverschämt einfach es sich die Verliebtheit macht. Oder: Wie unverschämt leicht man es der Verliebtheit macht. Eine innige Umarmung, sein Geruch, sein Arm um meine Schulter, gemeinsames Schlendern, irgendein Geplapper, und schon stehen wir da, werden begrüßt, bestellen und sind verlegen. Bis hierhin habe ich imaginativ vorgeplant. Jetzt muss die Realität übernehmen.

Der Crush trägt Anzug, hat sich die Haare aus dem Gesicht nach hinten gelegt, einen schwarzen, schlichten Wintermantel, den obligatorischen Rollkragenpullover, gute Schuhe. Wir passen zusammen. Wer uns beobachtet, muss unweigerlich denken: Die sind schön. Ein hübsches Paar. In unserer Affektiertheit, unserem Anspruch, dem Stil. Wir sind ein stimmiges Gesamtpaket, und um diese Illusion geht es doch bei der Partnerwahl. Am Anfang jeder Liaison stelle ich mir meinen Schwarm in unterschiedlichen Settings vor. Wie sieht er im Kino aus? Wie geht sie Kaffeetrinken? Welches Outfit trägt sie auf einer langen Zugfahrt, bei einem Meeting, zum Business Event? Aufregender noch sind die abwegigeren Unternehmungen. Wandern, Interkontinentalflüge, Festivals, Krankenhaus. Ich liebe es, mir vorher mögliche Szenarien auszudenken, das Internet nach modischen Fehltritten oder Höchstleistungen zu durchstöbern und mir mein Gegenüber sehr genau in sozialen Kontexten anzuschauen. Auf einer Bühne wurde ich neulich gefragt, was für mich ein Ausschlussoutfit in Sachen Dating wäre. Diese Frage habe ich mir schon hundertfach selbst gestellt: Skinny Jeans und

Rucksäcke. Wenn mir keine Outfit-Bilder zu einem Crush einfallen, ist es ein schlechter Crush.

In beiden Händen hält der aktuelle jeweils eine Packung von der Feinkosttheke. Er lächelt verlegen und gleichzeitig stolz, redet irgendwas, was nicht zu mir durchdringt, weil ich ihn ausschließlich betrachte. Er hat sich für Krabbensalat mit Mayonnaise und eine große saure Gurke entschieden. Während er die Gurke halbiert, schreibe ich in meine Notizapp *Gurkenkapitel* und denke, dieser Mann ist mein Schicksal, er wird es bald erfahren.

Essiggurke

Die Soziologin Eva Illouz analysiert in *Der Konsum der Romantik,* wie innig Konsumkultur und die Vorstellungen von romantischer Liebe miteinander verwoben sind. Liebe geht nicht nur durch den Magen, sondern wandert auch durchs Portemonnaie. Glücklicherweise ist die Gurke, mein neu gewonnenes Liebessymbol, recht preisgünstig und nahezu überall zu erwerben.

Illouz:

> »Eine häufige Möglichkeit, einen romantischen Augenblick zu signalisieren, ist, Objekte einzubeziehen, die sich von den Objekten für alltägliche Zwecke unterscheiden, also rituelle Objekte, die wertvoller oder schöner sind als gewöhnliche. Geschenke sind ein ganz offensichtliches Beispiel, aber auch elegante Kleidung und teure Speisen werden mit romantischer Liebe assoziiert.«[30]

Als der Crush mir die eine Hälfte der Gurke auf den Teller legte, erkannte ich ein Zeichen, dessen Grundstein schon lange vorher gelegt worden war. Es hatte so kommen müssen.

Die Erstbegegnung mit der Gurke ereignete sich ein paar Wochen vorher. Ich lag, wie so häufig, zum Arbeiten in meinem Bett. Um mich herum vier, fünf, sechs Bücher von McKenzie Wark. Der Essay, den ich über meine Verehrung für sie schreiben soll, will mir nicht gelingen, ich fühle mich ihr nicht gewachsen. Seit Wochen plage ich mich damit. Be-

---

30 Eva Illouz: *Der Konsum der Romantik,* Berlin 2020, S. 145.

ginne ständig aufs Neue, breche ab. Alle Bücher sind aufgeschlagen, überall Notizen, Hinweise, Ideen, und doch sehe ich keine Verbindungen. Ich vermute, dass es bei der Anbetung einer Schriftstellerin immer auch darum geht, sich selbst in ihren Texten zu erkennen.

Immer wieder greife ich nach *Reverse Cowgirl*, der autofiktionalen Erzählung über die Transition Warks. Ich will eine Verbindung herstellen zwischen uns, will es so sehr, scheitere. Ich bin genervt, google halbherzig die besten Tipps gegen Blockaden, esse Chips mit Salz und Pfeffer und starte wieder einmal irgendeine Serie für das Hintergrundgeplapper. Der Lover schickt eine Nachricht: »Darling, ich habe über dich nachgedacht. Es gibt zwei Sorten Künstler. Die einen, die sehr lange an etwas arbeiten, und die anderen, die ständig irgendwas veröffentlichen. Du bist Letzteres.« Ich antworte: »Es gibt noch eine Sorte: Die, die nichts arbeiten, aber ständig behaupten, es zu tun.«

Eigentlich fängt die Gurken-Geschichte noch früher an. Nathalie postet ein Foto bei Instagram, auf dem sie in eine riesige Essiggurke beißt. Auf ihrem Shirt steht *Pickle Bitch*. Daraufhin bestelle ich mir sofort zwei T-Shirts mit verschiedenen Essiggurkenabbildungen, *Pickles* steht groß in Gurkengrün darüber. Eins davon schenke ich Sapir. Wochen später tragen wir es zufällig beide am selben Abend und lieben den Partnerinnenlook. Beim Abendessen bestellen wir deshalb eine Portion Essiggurken, so als Scherz. Sie sind köstlich. Wir lieben Essiggurken. Das T-Shirt hat schon seine Berechtigung. Wir müssen gar nicht so ironisch tun. Essiggurken sind geil.

Dann kommt alles zusammen: Ich liege also im Bett zwischen den Wark-Werken und verharre in einer enormen Unzufriedenheit, einer Lethargie, dem Gefühl des Scheiterns, der Frage nach der Sinnhaftigkeit meiner Texte im Allgemeinen. Wie viele Tage habe ich noch? Drei. Es wird sich ausgehen.

Eileen Myles beschreibt in *Zur Zeit* das Leben einer schreibenden Person als ein Schwimmbecken voller Zeit: »Es braucht dermaßen viel Zeit, um Schriftstellerin zu werden, und man muss in der Lage sein, in der Zeit zu schwimmen (…).«[31] Und weiter: »Ich halte Literatur für Zeitverschwendung, ich glaube nicht, dass irgendwas Gutes daran ist. Literatur ist kein tugendhaftes Unterfangen außer in diesem profunden Aspekt der vergeudeten Zeit. Ich habe dieses Abenteuer auf all diese Arten erlebt. Es ist das große Abenteuer unserer Zeit.«[32] Oder ist Literatur der größte Luxus? Zeit ist schließlich Geld, und Geld ist Macht.

Ich entscheide, den Essay vorerst nicht weiterzuschreiben, blättere zum Abschied noch einmal herum und stoße auf die alles entscheidende, ja, lebensverändernde Stelle: McKenzie Wark beschreibt in *Love and Money, Sex and Death* das auf ein Dating-App-Match folgende erste Date mit ihrer späteren Freundin:

> »Als wir uns gegenseitig matchen, bin ich nicht voller Hoffnung. Wir haben das Schreiben und Bücher gemeinsam, also schlage ich einen Rundgang durch die Buchläden der Lower East Side vor. Du stimmst zu, es ist ein Date. Es gibt dort einen Buchladen, der Essiggurken verkauft, und du kaufst Essiggurken. Sobald wir den Buchladen verlassen, öffnest du das Glas auf der Straße, um sie sofort zu probieren. Das ist der Moment, in dem ich es spüre. Dieser einfache Akt der sofortigen Bedürfnisbefriedigung.«[33]

---

31 Eileen Myles: *Zur Zeit*, Berlin 2023, S. 13.

32 Eileen Myles: *Zur Zeit*, S. 14.

33 McKenzie Wark: *Love and Money, Sex and Death*, London/New York 2023, S. 82.

Es ist das perfekte Bild. Die Fähigkeit, sich spontan dem Genuss hingeben zu dürfen. Oder vielmehr der Mut, ein Vergnügen für sich zu beanspruchen. Der Drang danach. Die Lust darauf. Dabei schamlos sein, sich keine Gedanken über die Meinung des anwesenden Dates oder zufällig vorbeilaufender Fremder zu machen. Die Essiggurke als Chiffre für sexy spontane Bedürfnisbefriedigung. Beim Lesen dieser Stelle wird mir klar, lieben, wirklich lieben kann nur, wer wirklich genießen kann. Die eine lebensbejahende Praxis setzt die andere voraus.

Weil eine mir vollkommen fremde Frau ein Glas saure Gurken in einer Buchhandlung kauft, es sogleich öffnet und sich eine Gurke mitten auf der Straße in den Mund steckt, habe ich eine Erkenntnis. In der liebenden Beschreibung von McKenzie Wark, die auf ein erstes Date zurückblickt, verkitscht und überhöhend, und die den Ursprung ihrer Zuneigung im Biss in die Gurke erkennt, verstehe ich den Modus von Pleasure. Alltägliche Momente werden sublimiert. Genuss wird Befriedigung, Trivialität wird Heiligtum.

Ich befrage meine Eltern zu der Relevanz von Essiggurken in der Wirtshausküche, sie wollen aber nur über Perlzwiebeln sprechen. Die Essiggurke finden sie randständig, sie lag halt auf dem Teller, mehr Dekoelement als relevanter Bestandteil vom *Brotzeitbrettl*. Ich verstehe nicht, wie ihre Rolle so lange verkannt werden konnte. Sie ist glitschig, kühl und appetitlich. So hübsch anzusehen, drapiert als Gurkenfächer. Ein perfekter Snack. So wie der Lover. Und auch so wie der Crush.

Seither erscheinen mir überall Essiggurken. Der Lover schenkt mir ein Glas Gurken, auf dem Etikett ein Foto von ihm. Die Künstlerin Charlotte Adam schickt mir eine Karte mit dem Abdruck eines ihrer Gemälde. Darauf ein kleiner Tisch, von einer rosa Tischdecke bedeckt, auf dem Essiggurken zu einem Turm angerichtet sind. Der Gurkenturm besteht aus drei Ebenen, die oberste ist mit einer Schleife dekoriert. Auf der Rückseite wünscht sie mir ein schönes Jahr. Es wird mein Gurkenjahr sein. Beim Gang durch die Stadt fallen mir immer häufiger zerbrochene Essiggurkengläser auf, die Reste auf dem Gehweg, an der Tramhaltestelle, auf einem Parkplatz verteilt. Mir werden online Rezepte vorgeschlagen, die ich alle nicht ausprobieren möchte (Pickle Martini, Pickle Shots, Pickle Split), ebenso Nail Design mit Gurke, Gurken-Handtaschen, Gurken-Ohrringe. Ich will nichts davon, meine Gurke ist ein Symbol, kein Motiv. Um herauszufinden, welche Gurke die beste ist, gehe ich zu einer Geschmacksprobe auf den Viktualienmarkt. Jeder Versuch kostet mich bloß 70 Cent. Jemand erzählt mir, wie man Gurken selbst einlegt, ich höre nicht zu. Kristine und Jörg stoßen bei einer Recherche auf die milde Beleidigung: »Du Sohn einer Gurke!«

Wochen später im Rogacki kauft der Crush also die größte Gurke in der Auslage, teilt sie in zwei Hälften, verteilt sie auf unsere Teller, schaut in mein verdutztes Gesicht und sagt beinah entschuldigend: »Ich liebe saure Gurken«, und ich denke: Ich liebe dich.

Amour fou

Nicht nur die Liebe, auch der Liebesentzug geht durch den Magen. Werde ich verlassen oder verlasse ich, ereilen mich Appetitlosigkeit oder die ärgsten Gelüste, Frustkonsum, Überschwänglichkeit oder der ödeste Verzicht. Letzteres gefällt mir am wenigsten, denn begreife ich mich doch selbst als Delikatesse, vergleiche mich mit sündhaft teurem Obst. Oft ist es überreif, das Obst, und muss gegessen werden – oftmals wird es dennoch verschmäht.

In Neapel wurde ich Zeugin einer alles verzehrenden Amour fou. Oder eher von ihrem Ende. Das Gute an München ist bekanntlich die Zugverbindung in alle Himmelsrichtungen, aber besonders in den Süden. Mit dem Zug fährt es sich schnell nach Mailand, Florenz, Rom oder eben Neapel. Wir stiegen in den EC83, wir stiegen in die Dolce Vita. Wir hausten in einer kleinen Wohnung, die Stimmung war so prächtig wie die Aussicht vom Balkon. Jeden Abend lebten wir durch Wein, Prosecco, Antipasti. Doch an diesem Abend war alles noch köstlicher, noch sinnlicher, noch vielversprechender. Zu sechst fanden wir uns in der Penthouse-Wohnung eines Hochhauses ein, das sich zusätzlich auf einem Hügel befand. Höher geht's wohl kaum, und so fühlten wir uns auch. Im besten Sinne high standen wir auf der Dachterrasse herum und glotzten. Unter uns das Glitzern der nächtlichen Stadt, und wendeten wir die Köpfe nach links, sahen wir den schlafenden Vesuv. Ich starrte auf diesen Vulkan, als könnte ich einen winzigen Ausbruch, einen Funken Lava erzwingen, während hinter mir in der Küche gepoltert wurde. An diesem Abend, es war Herbst, man konnte noch im Meer baden und schwitzte auf den Terrassen der Meeresfrüchterestaurants, während man auf prächtige Wohnungen schaute, die, Gerüchten zufolge, irgendwelchen Fußballstars gehören, war ich Teil von etwas Großem.

Diese Angelegenheit hatte sich über die letzten Tage schon zögerlich angekündigt und wurde endlich vervollständigt, als wir an einem mittelmäßig dekorierten Tisch saßen und draußen die Sirene ertönte. Nachdem wir die Lasagne verzehrt hatten, die eine Frau zubereitete, die ich kaum kannte, die mich aber so nachdrücklich zum Essen eingeladen hatte, dass mir nichts anderes übrigblieb, als hinzugehen, und die ich danach nie wieder sehen würde, hatte ich alle Teile zusammengesetzt. Es war wie ein Kammerspiel, und ich war blessed, nur beobachtende Teilnehmerin zu sein.

Eine Amour fou ist eine intensive, leidenschaftliche, unkontrollierbare romantische Liebe, regelrecht eine Obsession. Ihr liegt eine gewisse Unberechenbarkeit zugrunde, nicht selten führt sie ins Chaos. Eine Amour fou lotet Grenzen aus, sprengt Ehen, sprengt konventionelle Vorstellungen von Liebe, zerstört Freund*innenschaften, weil keine Zeit zum Sprechen bleibt. Sie ist aufregend, allumfassend, hyperromantisch aufgeladen, unfassbar anstrengend, völlig absurd und vermutlich auch ungesund. Sie ist extremer, als ein Crush je sein kann, denn sie hebelt die Wirklichkeit aus. Eine Amour fou ist ein Rausch, eine Sucht.

Lasagne hat noch nie starke Emotionen in mir ausgelöst. Ich finde sie schwer, brauche oft einen Salat daneben, um das Üppige auszuhebeln. Diese Lasagne, die mir als die beste der Stadt angepriesen wurde, unterschied sich nicht von all denen, die ich in meinem Leben schon verzehrt und als schwer befunden hatte. Ich aß dennoch zwei Portionen, der Höflichkeit wegen. Wir saßen in einem kleinen Wohnzimmer einer Wohnung, die sich in einem neueren Apartmentblock befand und schlecht, aber teuer eingerichtet war. Letzteres teilte uns die Gastgeberin unermüdlich mit wie auf einer Kaffeefahrt mit Kaufzwang. Die Sicht aus den Fenstern war es, die mich zum Bleiben überredete. Die Stadt zu unseren Füßen, das Meer direkt vor uns. »So müsste man leben«, schrieb ich dem Lover, der sich seiner ständigen Arbeit wegen nicht überreden ließ, mich auf meinen Reisen zu begleiten. »Ja«, antwortet der, als wollte er seine Abwesenheit durch Bedeutungslosigkeit legitimieren.

Die Spannung während des Abendessens war sogar für mich unerträglich. Die Gastgeberin war unendlich verliebt in einen der Anwesenden, seit Kurzem hatten die beiden ein Verhältnis miteinander. Sie streichelte unentwegt sein Bein, schmachtete ihn an, lachte exaltiert über seine Witze, schenkte ihm zu viel Aufmerksamkeit und Liebkosungen. Er schien ebenfalls verliebt, allerdings nicht obsessiv, eher verschossen, nahm ihre Aufmerksamkeit aber vorerst an. Ließ sich noch mehr Lasagne auf den Teller hieven, erzählte einen Scherz nach dem anderen, zog die Hand nicht weg. Dass das nicht mehr lange gut gehen würde, dämmerte allmählich den Anwesenden, denn der verliebte Mann hatte seit langer Zeit eine Partnerin, die ebenfalls am Tisch saß. Es wurde unbehaglich, wir tranken aus Verlegenheit sehr viel Wein, und auch ich kicherte hilflos eifrig mit. Irgendwann explodierte die Betrogene. Zu Recht, aber bedauerlicherweise vor dem Dessert. Jede Beziehung lebt von ihren Regeln, Benehmen gehört dazu. Als *side chick* benimmt man sich nicht so, man stellt sich hintenan.

In den letzten Jahren wurde ich mit so vielen unterschiedlichen Herangehensweisen an polyamouröse und offene Beziehungsformen konfrontiert, dass ich hoffnungsvoll bin, was die Diskussions- und Verhandlungsfreude der Menschen angeht. Hier aber wurde respektlos gehandelt, jedenfalls sah das die eigentliche Freundin so, ein Streit brach los, sie konfrontierte die Anwesenden und forderte eine öffentliche Diskussion über die Situation. Die Lasagneköchin wusste jedenfalls nicht, wo ihr der Sinn stand, und warf uns alle raus. Auf das Dessert, ein Tiramisu, mussten wir aufgrund der Umstände leider verzichten. Dabei war es das Einzige, worauf ich mich bei der Menüabfolge gefreut hatte.

Das Dinner an sich hatte eine Notwendigkeit. Es musste zum Ende der Liaison kommen, zur Offenbarung, zur Eskalation. Die spektakulärsten Streitereien finden beim Essen statt. Tausendmal habe ich das im Fernsehen, im Kino, im Theater gesehen. Da werden Sachen gesagt, gerufen, gemotzt und in den Raum geworfen, da haut einer mit der flachen Hand auf den Tisch, dass alles wackelt, oder schmeißt gleich das gute Porzellan auf den Boden, verweigert die Nahrungsaufnahme oder stochert ablehnend im Gemüse herum. Da werden Dinge verhandelt, diskutiert, totgeschwiegen. Das Essen zwingt einen zusammen, auch wenn man sonst den Tag nicht miteinander verbringt. Das Essen stellt die Verbindung her, die dann vielleicht unbequem erscheint. Die lustigsten, schönsten, aufregendsten Momente finden beim Essen statt. Da wird gelacht, gealbert, getobt, gekichert und sich mit Blicken aufgefressen. Da wird verhandelt, geflirtet, in Metaphern schwülstig gesprochen oder sich direkt geliebt. Mir hat mal jemand gesagt, wer zusammen isst, lebt zusammen. Es wäre auch anders denkbar. Wer zusammen lebt, isst zusammen. Im Falle der Lasagne hat das gemeinsame Essen zum ultimativen Bruch geführt. In meinem Leben führte einst der ultimative Bruch zu einer ganz neuen kulinarischen Präferenz.

Oktober 2021. Der Mann, mit dem ich seit zwölf Jahren mal intensiver, mal loser verbunden, aber seit mehreren Jahren in einer Paarbeziehung, sogar verheiratet bin, verlässt mich. Die Trennung hat sich über einen langen Zeitraum angekündigt. Sie tut weh. Ich denke an Frauen, die zusammenbrechen, die enthemmt oder verkrampft weinen, die am

Boden zerstört sind. Denen die Beine wegsacken, die sich auf den Boden fallen lassen, Frauen, denen das Gesicht zerläuft. Frauen, die nichts mehr haben, nichts mehr können, alles verloren haben. Frauen, die am Ende sind, aber dabei trotzdem so hübsch anzusehen. So elegant. So anbetungswürdig, so erotisch kaputt. Wie sie da jedes Mal zusammensacken, im Fernsehen, im Film, wie in Zeitlupe, meistens werden sie (von einem Mann) aufgefangen, zum Glück, um weitere Verletzungen zu vermeiden. Du bist so schön, wenn du traurig, wütend, ängstlich bist. Eine absurde Illusion.

Selten habe ich so brillante Beschreibungen verwundeter Frauen gelesen wie in dem Essay »Große Universaltheorie über den weiblichen Schmerz« von Leslie Jamison. An einer entscheidenden Stelle heißt es: »Wann immer wir über verwundete Frauen sprechen, laufen wir Gefahr, ihr Leiden nicht als einen Aspekt weiblicher Erfahrung, sondern als konstitutiven Bestandteil von Weiblichkeit an sich zu betrachten – möglicherweise sogar als das raffinierteste Element ihrer Vollendung.«[34]

Seit ich diesen Text gelesen habe, frage ich mich, ob ich mich gerade dann besonders begehrenswert finde, wenn ich leide. Die Frau, die Wunde. Mir sitzt der Mann gegenüber, der nicht mehr *mein Mann* sein will, sondern ein anderer, und ich überlege, ob er mich gerade schön findet. Und ob mich die anderen denn noch schön finden werden, mit diesem Stigma, das der Verlust an mich heften wird. Die (Ehe-)Frau, die verlassen wird, wird zum einsamen Opfer deklariert, erfährt einen Statusverlust und muss bemitleidet werden. Ich warte auf eine grundsätzliche, alles entscheidende Veränderung, aber es passiert recht wenig. Vielleicht, weil es schon so lange gedauert hat, weil ich mich schon so gut darauf eingestellt hatte.

---

34 Leslie Jamison: *Die Empathie-Tests*, Berlin 2017, S. 280.

> Jamison: »Verschiedene Arten von Schmerz rufen verschiedene Begriffe hervor, Verletzung, Leid, Trauma, Angst, Wunde, Verkehrtheit. Der Begriff *Schmerz* ist allgemein und umfasst die anderen. Die Angst läuft in ihrer Konturlosigkeit Gefahr, als nebulös, grundlos, übertrieben oder gekünstelt abgetan zu werden. Das Wort *Leid* hat etwas Episches und Ernstes, während *Trauma* auf ein konkretes, verheerendes Ereignis verweist, das häufig in direkter Verbindung steht mit einer *Versehrtheit* oder *Beschädigung* als seinem Überbleibsel. Während Wunden sich zur Oberfläche hin öffnen, betrifft eine Beschädigung die Infrastruktur – oftmals unsichtbar, oftmals irreversibel – und suggeriert zugleich eine Wertminderung. Der Begriff *Wunde* impliziert Unmittelbarkeit: Die Ursache der Verletzung liegt in der Vergangenheit, aber die Heilung ist noch nicht abgeschlossen; wir sehen die Situation im Präsens der unmittelbaren Nachwirkungen.«[35]

Ich will die Wunde spüren. Will herausfinden, was nun geschieht, und ahne nur, was geschehen soll (Rückzug). Wie steht es denn jetzt um die eigene Verwundbarkeit? Wenn Jamison schreibt: »Schmerz ist, was man daraus macht. Man muss etwas Produktives darin finden. Ich interpretierte den Leitspruch für mich daher so: Blute weiter, aber finde was im Blut, das du lieben kannst«[36], bedeutet das für mich das Gleiche wie für den Umgang mit der eigenen Herkunft. Ein Emanzipationsprozess, die Loslösung. Ich beginne nicht sofort, aber kurze Zeit später, darüber zu schreiben. Entweder um alte Wunden ständig neu aufzureißen oder um sie auszuschlachten. Sie als Material zu verwerten.

Nachdem der Ex-Mann die Wohnung verlassen hat, esse ich wenig, brauche exorbitant viel Schlaf und schlafe wie aus-

35 Leslie Jamison: *Die Empathie-Tests*, S. 290.

36 Leslie Jamison: *Die Empathie-Tests*, S. 306.

geschaltet. Freundinnen übernachten bei mir und berichten, dass ich mich nachts nicht bewege. Später nennen wir das *das edle Schlafen*. Meine Starrheit macht mich zu einer edlen Schläferin. Eine, die nicht stört. Das wiederum macht mich zu einer beliebten Zimmerpartnerin bei jedem Gruppenurlaub. Edle Schläferinnen, so scheint es, brauchen auch nicht so viel, die pennen einfach. In dieser Zeit kann ich zu jeder Zeit und Gelegenheit einschlafen, auf dem Sofa, in jedem Bett, auf dem Sessel, in der U-Bahn. Ich habe eine Einzelausstellung und schlafe im Ausstellungsraum auf dem weißen, weichen Teppich ein. Das wiederholt sich eineinhalb Jahre später, gleiche Videoarbeit, dieses Mal ist es ein rosa Teppich und rosa Kissen, und mein ständiges Geratze liegt an keiner Trennung, die mich lahmlegt, sondern ist das Ergebnis einer intensiven Erschöpfungsphase. Ausgebrannt. Ähnlich gefühlloser Zustand. Es gibt diese Kontinuitäten. Und dann gibt es den Selbstbetrug, die Fehleinschätzung, was die eigenen Kräfte angeht, sowie die Verlässlichkeit. Wie geht es? Weiter geht es (immer, immer weiter. Die anderen sagen dann: Sei froh, bei mir geht gerade gar nichts. Und dann fühlt man sich schlecht, weil man gejammert hat).

Damals, im Herbst 2021, sage ich *I'm still standing* und lächele matt, weil ich mir den Zusammenbruch nicht leisten kann, aus Kostengründen. Retrospektiv kann ich sagen: Diese Trennung hat mein Leben verändert. Meine Arbeitsprozesse, meine Wohnsituation, meinen Blick auf Liebe, Ehe und Beziehungsstrukturen. Für einen kurzen Moment änderte sie auch mein Essverhalten, und darauf will ich eigentlich hinaus, weil es eine schöne, ja herzzerreißende Geschichte ist. Mich ereilte ein unbeschreiblicher Drang. Vielleicht handelte es sich auch nur um Nährstoffarmut, und mein Hirn wusste sich nicht besser zu helfen. Denn was ich brauchte, kam von ganz innen. Eine Obsession überrannte mich, der Amour fou nicht unähnlich, allerdings auf keinen Flirt bezogen, sondern auf Fleisch.

Ich verzehrte mich nach Innereien. Jeden Abend und ständig aufs Neue: Niere, Leber, Hirn, Lunge, Blutwurst. Am meisten hatten es mir die Entenherzen im Ciao Chang angetan, einem bayerisch-japanischen Restaurant in München.

Drei Entenherzen, halbiert, aufgespießt, gebraten, gesalzen, mit Pflaumensoße. Sechs kleine Stückchen, mit Röstzwiebeln bestreut, auf der kleinen schwarzen Platte serviert. Als wäre mein Innerstes weg, als müsste alles durch fremde Innereien ersetzt werden, begann ich zu essen – und hörte sieben Tage nicht mehr damit auf. Hirn, Niere, Leber, Lunge und immer wieder Herz, Herz, Herz. *Du bist, was du isst.* Oder: Dir fehlt, was du isst. Ein Übertragungsprozess, der Herzensbruch wird zum Herzenskonsum. Externalisierung, um sie sich einverleiben zu können, die fehlenden Teile. Substitut, Ersatz, Bewältigungsstrategie. Was für eine hoffnungslos romantische, pathetische Idee. Aber auch: Was für ein schönes, trauriges Bild. Die Frau, die fremde Herzen essen muss, weil ihr eigenes so schmerzt. Und dann genug davon hat und mit ihrem Leben weitermacht, also doch ein Happy End.

Wie schreibt man über Trauer? Vermutlich, indem man sie seziert und klein hackt, sie zerstückelt. Indem man sie zerlegt, bis nichts mehr von ihr übrig bleibt, sie verarbeitet, um sie zu vergessen. Indem man sie verschlingt, sie verdaut, sie ausscheidet. Sie als etwas Flüchtiges begreift, etwas Temporäres, was einem kurz zwar schwer im Magen liegt, wie eine kleine Vergiftung, die einen irgendwann wieder in Ruhe lässt.

Joan Didion schreibt in *Das Jahr des magischen Denkens*: »Leid war passiv. Leid geschah. Trauern, die Auseinandersetzung mit Leid, verlangte Aufmerksamkeit.«[37] Hier war sie. Meine ungestörte Aufmerksamkeit. Ich bin schließlich übrig geblieben – und möchte es auch weiterhin. Wenn im Hof gegenüber geschlachtet wurde, blieb nichts übrig. Alles wurde

37 Joan Didion: *Das Jahr des magischen Denkens*, Berlin 2008, S. 161.

verwertet. Alles, was essbar war, wurde verkocht und zubereitet. Aus einem lebendigen Tier wurde Material, das zur Verarbeitung diente. Über die eigene Liebe und über die eigene Trauer zu schreiben, ist nichts anderes. Über das eigene Leben. Kapitalisierung und Selbstausbeutung. Die Geschichte neu schreiben, alles als Recherche betrachten. Ist das nicht genau das Gegenteil von dem, was von der verlassenen Frau erwartet wird, die sich erschöpft und verzweifelt auf dem Teppichboden niederlegen soll? Vielleicht hat mich mein Snobismus davor bewahrt. Meine Ablehnung der Vorstellung, dass die Trennung von meinem Mann mich brechen, mein Leben zerstören soll. Ich dachte umgehend an Ratgeberliteratur, Selbsthilfe und mitleidige Blicke. An »Du findest schon noch einen« und »Was machst du denn jetzt?«. An Feelgoodmovies und herzerwärmende Empowermentstorys über späte Lieben, Wellnesstrips, Mädelsabende und an die abschreckendste Erzählung, die kaltherzige, frustrierte, strenge Einsame. Ich wollte dem Ex das genauso wenig gönnen wie mir. Dieses Auflösen und dahinscheiden. Die Selbstaufgabe. Dann setzte irgendwann die Rachestimmung ein, von der ich schon geschrieben habe. Mein Leben sollte besser werden, schöner, geiler, glamouröser, größer, unabhängiger – ich entschied mich für das Leben einer Single-Frau.

»Was genau ist so wunderbar an meinem Sololeben? Nun, zuerst fällt mir dies ein: Es hat mich zu einer reichen Frau gemacht. Nicht in finanzieller, aber in menschlicher Hinsicht«[38], schreibt Katja Kullmann in *Die Singuläre Frau*, ihrer Auseinandersetzung mit den schönsten, aber auch den garstigsten Seiten eines Lebensmodells, das nun meines sein sollte.

Kullmann schreibt über das Kino als einen Lieblingsort der (ledigen) Frauen, über die befreiende Anonymität der Groß-

---

38 Katja Kullmann: *Die Singuläre Frau*, München, S. 51.

städte, und beim Lesen ahne ich, dass die *Ungebundene* ein Erfolgsrezept für mich werden kann. Was für ein paradiesischer Zustand. Wie viel Zeit meine Single-Freundinnen und ich haben. Für alles andere als das *Paarbeziehungsdrama,* wie wir es nun mit Distanz nennen.

Es hat längst ein Imagewandel stattgefunden. Was früher die frigide Jungfer war, übrig geblieben, ungewollt, ungebumst und dringend zu vermeiden, ist heute die *Boss Bitch.* Beides fragwürdige Stereotypen, aber doch ein enormer Unterschied in der Rezeption. Nach wie vor gilt, die Frau, die ihre eigenen Bedürfnisse priorisiert, wird abgewertet. Alleine leben, alleine essen, alleine existieren – wenn sie dabei auch noch glücklich und zufrieden ist, wird ihr eine pseudoemanzipierte, neoliberale Selbstbestimmung unterstellt. Was durchaus reale Benachteiligungen mit sich bringen kann. Auswirkungen im Wohnungs- und auf dem Arbeitsmarkt. Der Zweifel daran, dass die Alleinstehende sich die Wohnung wirklich dauerhaft leisten kann, führt zur Bevorzugung von Ehepaaren. Die der Single-Frau zugeschriebenen Eigenschaften: weniger vertrauenswürdig, unzuverlässig, sprunghaft, kompliziert, einsam, frustriert, unbeliebt.

Die Oma, die immer sagte: »Jovana, es gibt keine guten Männer!«, die Eltern, die sagten: »Damit du es einmal besser hast«, und die Freundinnen, die sagen: »Verschwende deine Zeit nie mit Typen, die behaupten, dass sie wollen, aber nicht können – jeder kann, wenn er will«, sie ergeben mein Grundgeräusch als Single-Frau. Zumindest an manchen Tagen. An anderen Tagen verzehre ich mich nach der romantischen Paarbeziehung und versichere mich, dass sie schon noch daherkommen wird. Aber dann vergesse ich dieses Vorhaben wieder und genieße meine singuläre Gegenwart. Die fing schließlich gerade erst an, nach der letzten ernsthaften Beziehung, nach der Entscheidung, dem Versprechen, dem Zusammenleben, der Ehe. Irgendwie auch ein großes Glück, dass sie zerbrach, gefällt mir mein Leben so doch noch viel besser, und wer hätte das geahnt? Sicherlich niemand, der die *Monsterfrage*[39] stellt, wie Kullmann sie nennt: »Warum ist so eine tolle Frau wie du eigentlich Single?« Ja. Warum eigentlich? Auf einer Party, in einer Bar, erst auf der einen, dann auf der anderen Familienfeier, bei einem Seminar, bei einem Vortrag (den ich halte), bei einer Lesung (die ich halte), nach einer Lesung (die ich besuche), bei einer Zugfahrt, bei einer Konferenz, in einem Zoom Call.

Wenn die Fragenden besonders hartnäckig sind, sage ich, ich bin Single, weil die *Frankfurter Allgemeine Zeitung* mich dazu zwingt. »Was soll ich nur machen?«, seufze ich dann. »Absoluter Knebelvertrag!« »Ach ja«, schließen sie dann, »keine Single-Kolumne ohne Single-Autorin!« Voilà, das Rätsel ist aufgelöst, so wie mein Interesse am Gespräch. Manchmal antworte ich, ich bin Single, weil mir kein Mann jemals gut genug sein kann (nur halb gelogen). Dann gibt es noch die eng verwandte Frage: »Seit wann bist du Single?« Wie lange darf ich es denn sein, bevor es problematisch, ja pathologisch, schwierig wird? »Frau Reisinger und ihr Sexleben, der deutsche Journalismus ist am Ende«, schreibt ein Kommentator meiner Kolumne – dabei läuft sie da erst seit einem Jahr, und ich habe noch lange nicht alles aufgeschrieben, was ich erlebt habe. Was all das mit Essen zu tun hat? Die schlechteren Tische in Restaurants sind immer die Single-Tische.

Der Crush fragt mich, wann die Scheidung durch ist. Ein Reporter fragt mich, wann die Scheidung durch ist. Meine Freund*innen fragen mich, wann die Scheidung durch ist. Die Herausgeberin eines Modemagazins fragt. Ich frage meine Anwältin, die fragt das Gericht. Das Gericht teilt uns mit, die Scheidung ist durch, wenn alle Informationen vorliegen. Das sage ich fortan allen, die danach fragen. Ich werde

39 Katja Kullmann: *Die Singuläre Frau*, S. 170.

gebeten, darüber zu schreiben. Wie wäre ein Essay, eine Kolumne, eine kritische Auseinandersetzung mit der Ehe, mit der heterosexuellen Paarstruktur, mit dem Ehegattensplitting und den Steuervorteilen? Mit meiner neuen Rolle als Geschiedene? Als Ex-Frau? Habe ich an Wert eingebüßt? Habe ich neuen Wert gewonnen? Einmal sagte eine im Publikum, mein Leben als Single-Frau klinge so schön, sie würde am liebsten ihren Boyfriend verlassen. »Das sind sie, die neuen Alleinstehenden, die mir so viel Hoffnung geben!«, klatschte eine Moderatorin in die Hände. »Ihr seid so furchtlos und so glücklich! Rolemodels!« Und wir, die eingeladenen Autorinnen des Abends, lächeln.

Der Lover meinte einmal, er wird nicht an meiner Scheidung teilnehmen. Dann sagte er, er würde mir direkt im Gerichtssaal einen Heiratsantrag machen. Auf beides kann ich verzichten. Er darf mitkommen, aber bitte ohne Kniefall. Worauf ich nicht verzichten kann, ist die geplante Scheidungsparty. Ich will eine Torte, ein großes Kleid, alles, was bei der Hochzeit fehlte. Ich will einen Exzess, der das neue Leben zelebriert, wie die Absturzfantasien meiner konservativen Verwandtschaft. Dabei war die Trennung gar nicht meine Idee. Es wurde wieder einmal mit mir Schluss gemacht. Wenn ich könnte, würde ich diese Geschichte gerne anders erzählen. Aber ich habe entschieden, bei der Wahrheit zu bleiben.

Ein Mann, mit dem ich seit Monaten lose über Instagram chatte, fragt nach meinem Scheidungstermin. In einem Porträt steht geschrieben: Reisinger will nicht über ihren Scheidungstermin sprechen. Wenn eine ständig über ihr Leben schreibt, wird sie plötzlich selbstverständlich nach Ereignissen in ihrem Leben befragt. Warum hat mich das auch nur eine Sekunde verwundert? Aus sich selbst heraus schöpfen. Es selbst schaffen. Es allen beweisen. Ist das nicht der feministische Selbstversuch, den alle wollen? Missverständlicherweise als Vorbild bezeichnet werden. Dann denken, dass man eigentlich ein ganz gutes Vorbild abgibt.

Ich weiß nicht, woran der Ex-Mann arbeitet. Aber ich weiß, dass die Scheidung in mir arbeitet. Dass ich nichts anderes als die Scheidung will. Dass die Scheidung das Letzte ist, was uns beieinanderhält. Dass ich das als einen depperten (blöden) Umstand empfinde. Dass ich bereit bin, im Gerichtssaal immer und immer wieder zu bestätigen: Diese Liebe ist gescheitert und kann nie wieder gerettet werden. Dass ich meine selbst ausgesuchte Rolle, die der Ehefrau, dankend wieder abgebe. *Probieren geht über studieren.* Hat leider nicht gepasst. Aber trotzdem danke, dass du, Ex-Mann, es mit mir versucht hast.

Ein Kilo Entenherzen kostet im Einkauf 8,50 €. Bei Ciao Chang beläuft sich der Wochenabsatz auf etwa drei Kilo. Innereien werden kaum noch konsumiert. Der Geschmack der Konsument*innen hat sich verändert. Jäger*innen berichten, dass weniger Wild gegessen wird, weil es zu sehr nach Tier schmeckt. Warum neutrales, ödes Fleisch essen, wozu die Schlachtung, das Leid, der Horror? Wenn einem der Geschmack egal ist, reicht ein umweltfreundliches, tierfreundliches Substitut. Essbare Organe gelten nicht mehr als Köstlichkeit. Aber auch nicht als ordinäres Gericht. Sie sind vielmehr seltene Extravaganz, irgendetwas Ekliges, Verlorenes, Animalisches, Verruchtes. Innereien verabschieden sich von der Speisekarte. *Hirn mit Ei* habe ich schon jahrelang nicht mehr auswählen können. Dabei gibt es dezidierte Spezialitätenrestaurants dafür. Es muss äußerst frisch sein, *schlachtwarm*, wie man sagt, damit es wirklich gut wird. *Schalte dein Hirn ein, Herr, lass Hirne regnen, Hirn macht schlau, hirnrissig.* All das wurde mir schon hinterhergerufen. Ich suche nach einem Restaurant in Berlin, das Hirn anbietet, finde aber lediglich ein Rezept zur heimischen Zubereitung:

Für vier Personen: Zwei frische Hirne, drei Eier, eine Zwiebel, einen Esslöffel Schmalz, Petersilie, Salz, Pfeffer.
Zuerst die Hirne unter warmem Wasser schälen.
Die Zwiebel schälen, kleinwürfelig schneiden und anrösten.
Dann die Hirne dazugeben.
Nach etwa 3 Minuten die Eier beigeben.
Das Ganze ein paar Minuten rühren, mit Pfeffer und Salz abschmecken, mit Petersilie garnieren. Frisch und heiß servieren.[40]

Ich muss jedes Mal lachen, wenn ich lese, dass man *Hirn hinzugeben* soll. *Wer hat dir (oder mir) eigentlich ins Hirn geschissen? Hat der kein Hirn? Hast du Hirnschwund? Du, der war ein Hirngespinst.* In der Liebe, ich sag's, wie's ist, schalte ich mein Hirn oft aus.

Meine Entenherzen werden vor mir abgestellt. Erst schmeckt alles nach der fruchtigen Süße, nach den beigegebenen Pflaumen oder Aprikosen. Ein angenehmer Geschmack, einnehmend, aber nicht aufdringlich. Aber so ein Herz ist ein Muskel, gut zu kauen, nicht einfach zu schlucken. Man muss es beißen, es schmecken, es kosten, und vor allem muss man es lange, lange kauen. Ein Herz kann man nicht herunterschlingen. Der erste Biss schmeckt nach Tier. Wie Wild. Nach Eisen. Dann wird es erdig. Das füllt den Mund aus, löst alles andere ab, übertüncht. Der Geschmacksfächer reicht also von fruchtig süß, lieblich und fein zu erdig, herb und schwer. Ich liebe diesen Vorgang. Von einem Oben in ein tiefes Unten. Fahrstuhldramaturgie.

Das Verspeisen von Innereien erschien mir beim ersten Mal wie eine unfassbare Grenzüberschreitung, wie ein radikaler Übergriff. Nach dem ersten gegessenen Herzen überfiel

40 »Hirn mit Ei«, in: fallstaff.de, https://www.falstaff.com/de/rezepte/kochen/hirn-mit-ei (letzter Zugriff: 07.08.2024).

mich ein derart schlechtes Gewissen, dass ich den Konsum bereute. Aber ich höre nicht auf. Es schmeckt zunehmend besser. Beim Kauen gehe ich gedanklich den Verbindungen von Liebe (Herzschlag) und Essen (kein Herzschlag) nach. Ich denke an die sexy Sprache zwischen Verlangen und Hunger. Ich will dich vernaschen, dich essen, dich ausschlecken, dich schmecken, in dir ertrinken, dich auskosten. An kulinarische Bezeichnungen des Geliebten. Du Snack, Praline, Cookie (Plätzchen), Pumpkin (Kürbis), Honey (Honig), Sugar (Zucker), Sweetie (Süße*r), Peach (Pfirsich), Jelly (Gelee), Cupcake, Candy (Süßigkeit), Muffin, Crème de la Crème, Sahneschnitte. Aber auch: *Das Leben ist kein Zuckerschlecken, she's in a pickle* (sie steckt in der Klemme), *he's nuts* (er ist verrückt) und *eat the rich.*

Der Geschmack von Entenherzen ist der einzige, den ich jederzeit problemlos aus dem Gedächtnis abrufen kann. Warum nicht den vom köstlichsten Tiramisu, dem leckersten Marillenknödel, den besten Pommes, dem feinsten Eis, dem angenehmsten Schnaps? Entenherzen sind unwiederbringlich mit dem Verlust der letzten, der ersten großen Liebe verknüpft. Oder jener, die ich als solche bezeichnen würde. Die letzte große Beziehung. Was kam danach? Mein anderes Leben. Das ohne ihn. Während ich scheinbar nichts mehr von diesem Mann in meinem Leben habe, bleibt mir also das: fremde Organe, Schlachtreste, zubereitet nach einem unkomplizierten Rezept. Was als trostloser Lustimpuls oder vielleicht auch einfach als Eisenmangel begann, wurde zu meiner Privattradition. Wenn ich das Restaurant heute besuche, kommen die Herzen gleich als *Amuse-Gueule* zu mir. Ein Herzgruß aus der Küche.

Korso

Der Lover erzählt mir von seinem Traum. Wir sitzen in einem prunkvollen Restaurant an einem runden Tisch. Das Essen haben wir bereits verzehrt, den Wein getrunken, die Kerzen brennen, und alles ist besonders schön. Da lässt er sich unter den Tisch und die bodenlange weiße Tischdecke gleiten, stellt fest, dass ich, wie praktisch, keine Unterhose unter meinem Minirock trage, zieht mich ein Stück zu sich nach vorne auf die Kante der Sitzfläche und beginnt, mich oral zu befriedigen. Ich genieße das, und während ich komme, spritze ich ihm ins Gesicht. Er hebt die Tischdecke über sein nasses Gesicht, schaut mich an, strahlt. Das Dessert wird gebracht. Ein Eisbecher mit Funken sprühenden Wunderkerzen. Manche Träume lassen sich deuten, dieser scheint mir keine verdeckten Botschaften zu enthalten.

Der Lover und ich treffen uns tatsächlich im Restaurant. Wir werden zuvorkommend behandelt, bekommen den guten Tisch direkt am Fenster. Wir schmachten uns an. Wir bestellten jeweils dasselbe und essen mit der größten Freude: blutiges Steak, Pommes, die spezielle Soße, die nach einem geheimen, aber französischen Rezept zubereitet wurde, der gute Rotwein, der Salat. Wir werden auf angemessene Weise in Ruhe gelassen und doch im Blick behalten, so wie auch wir uns nicht aus den Augen lassen. »Darling, hast du schon gegessen?«, fragte er vorhin geistesgegenwärtig am Telefon, und ich verneinte. Eine halbe Stunde später treffen wir uns und schlendern den kurzen Weg zum Restaurant gemeinsam, erzählen uns von den vergangenen Tagen, von neuen Ideen, wir überspielen unsere Freude übereinander, weil wir schließlich mehr vom Leben wollen als die schnöde Erfüllung durch Liebe. »Ich habe uns auf dem kurzen Dienstweg einen Tisch reserviert«, sagte er zur Begrüßung – in seinem Stammladen.

Lieblingsrestaurants, Cafés, Bars, solche Orte, die fern der eigenen Wohnung und des Arbeitsplatzes als *dritte Orte* fungieren, sind für mich lebensnotwendige Sozialräume. Sie sind weder Büro, Atelier, Studio oder sonstiger Arbeitsplatz, noch sind sie familiärer Rückzugsort. Außerdem sind sie Orte der Gleichzeitigkeit. Die für die einen identitätsstiftende Stammbar, -restaurant, -club ist für die anderen eine Zufallsentscheidung, eine nebensächliche Erfahrung, eine irrelevante Zwischenstation. Trotz der unterschiedlichen Intuitionen kommt man zusammen, es entsteht eine Gemeinschaftszugehörigkeit. Der US-amerikanische Soziologe Ray Oldenburg, von dem dieser Begriff stammt, wurde dafür kritisiert, dass seine Konzeptualisierung zu elitär und konsumorientiert sei. Denn eine Zwanglosigkeit stellt sich nicht ein, wo konsumiert (Gastronomie), Eintritt bezahlt (Nachtleben) werden muss oder wo nur bestimmten Personengruppen barrierefrei der Einlass ermöglicht wird.

Werden die geliebten Stamm-Orte regelmäßig wie auf einer festgelegten Route besucht, nennen wir das Korso. Meine Oma war eine Meisterin des Korsos und schleppte uns Kinder ständig mit. Jeden Samstag machten wir uns auf den Weg in die nahe gelegene Kleinstadt und folgten einem unveränderbaren, seit Jahrzehnten gleich gebliebenen Ablauf. Supermärkte mit befreundeten Kassiererinnen, Kaffeehäuser mit der richtigen Kaffeezubereitung (umhauend stark, Schlagsahne, Kakaopulver, zwei extra Kekse), Marktstände von verwandten oder befreundeten Bauernfamilien, Wirtshäuser, kurz vor der Schließzeit um 14 Uhr der Kiosk, in dem man schon ihre Zeitschriften- und Illustriertenauswahl zusammengepackt hatte. Von meiner Oma, die immer unterwegs, aber nie vermögend war, lernte ich einen wichtigen Trick: die Korso-Lüge.

Meine Freund*innen und ich machen auch Korso, nur weniger geordnet. In unserem Verständnis bedeutet Korso: hier ein Espresso, da ein Snack, da ein Wasser, dort ein Spritz, da ein Sandwich und so weiter. Korso ist gleichbedeutend mit in Bewegung sein, überall ein bisschen was konsumieren, niemals versacken, im Fluss bleiben und sich treiben lassen. Unser Korso ist die kongeniale Zusammenführung von Flanieren (aber es geht offenkundig auch mit dem Rad sehr gut) und Ablenkung durch Genuss. Zweifelsohne setzt das eine gewisse Liquidität voraus. Wenn man allerdings kein Geld hat oder keines dafür ausgeben möchte, macht man es wie meine Oma, und deshalb sind die Regelmäßigkeit und die Route entscheidend: Bei jedem zweiten oder dritten Ort erzählen, was man nicht schon alles zuvor konsumiert hat, und das als Begründung verwenden, warum man jetzt hier wirklich mit einem Glas Leitungswasser mehr als glücklich und zufrieden ist. Dann beim nächsten Mal die Reihenfolge des Konsums ändern, sodass sich niemand ausgenutzt fühlt. Man darf schließlich nichts überstrapazieren. Vor allem nicht die Gastfreundschaft.

Die Unterfangen mit der Oma dauerten unermesslich lange (halbe Tage) und waren angereichert mit Floskeln und geübten Choreografien. Eine jede Konversation begann mit: »Wie geht's?«, woraufhin sich ein Katalog an Möglichkeiten eröffnete: »Danke, schlecht.« Dann lachen alle. »Haha, der ist gut.« »Haha, ja.« Oder: »Muss ja!« »Passt schon!« »Zu alt, um noch was Gescheites zu werden!« »Zu jung, um schon zu sterben!« »Gut! Wie soll es schon gehen?« »Der Herrgott im Himmel straft immer die falschen Leute.« »Schlechten Menschen geht es immer gut.« »Unkraut vergeht nicht.« »Vergelt's Gott.« Aber die schlimmstmögliche Antwort auf die Splitterbombe »Wie geht's?« ist immer noch: »Geradeaus.«

Der Korso von meinen Freund*innen und mir ist wesentlich lustiger und genussvoller als der mit der Oma. Hier einen Eisbecher teilen (im La Grappa), hier ein Çiğ Köfte Baguette (im Gel Gör), dort einen weißen Spritzer (im Café Kotti), ein Spumante (im Spumante). Dazwischen hier und da Kaffee in den Buchläden. Oder: hier ein Frühstück (im Tabula Rasa), dort wieder ein Eis (im DoMori), da einen Spritz (im Pini), hier noch einen (im Baader), dazwischen in der Isar baden. Oft treffen wir uns direkt zu fünft, zu sechst, zu siebt und behaupten überzeugend, keine Verpflichtungen zu haben. Wenn nur alle Tage Korsotage sein könnten.

Kaufhaus

It's Marant or Laurent
It's McQueen or Celine
Got these bitches so jealous
I hope they look good in green
Brooke Candy, Opulence

Mein verheerendstes Beziehungsgespräch fand im KaDeWe statt. Sechste Etage: Kaffee und rosa Törtchen. Zwischen Internationalität und Luxus, zwischen tatsächlich überdurchschnittlichen und lediglich hochtrabend beschriebenen Produkten. Das Objekt meiner Begierde lag dieses Mal nicht auf dem Teller, sondern saß mir gegenüber und blickte mir eine-schöne-Zukunft-verheißend-lieb ins Gesicht. Der Mann, dem ich mich seit Monaten bedingungslos hingab, den ich so sehr von mir zu überzeugen versuchte, dass ich bereit war, auf sämtlichen Selbstrespekt zu verzichten, und jede noch so anstrengende Unsicherheit weglächelte, als würde ich im Anschluss eine Auszeichnung erhalten, schmachtete, und ich schmolz. Um uns herum andere Paare, manche dreist glücklich mit großen Tüten neben sich. Andernfalls wäre ich neidisch gewesen, auf ihre schönen, neuen Produkte, aber in diesem Moment wollte ich nur ihn.

Das KaDeWe gilt als eines der luxuriösesten Warenhäuser in Europa, wer es betritt, den soll das Gefühl von Distinguiertheit ereilen, das KaDeWe enthemmt und befriedigt. So zumindest das Versprechen. Wir saßen da also, auf plüschigen Sesselchen und guckten uns verliebt an, wir streichelten sogar unsere Hände, schön und für alle sichtbar auf dem Tisch platziert. Um uns herum Konsum- oder Champagnerbesoffene, leuchtende Gesichter. Es war perfekt. Das Umfeld, die Stimmung, das Ergebnis.

Denn wir entschieden uns füreinander. Das bedeutet: Wir entschieden, es jetzt ernsthaft miteinander versuchen zu wollen. Keine Situationship mehr, keine hemmungslos wilde Affäre, keine merkwürdig ungeklärten Transitzustände, nein, rein in die Paarbeziehung. Keine Zurückhaltung, keine Unrast, sondern klare Verhältnisse. Dieser Beschluss wird hier gefeiert. Dazu erst einmal eine Gabel vom Törtchen, ein Schluck vom Cappuccino mit Hafermilch. Was soll der Geiz, ich bestelle Sprudel. KaDeWe, du bist ja selbst so eine noble Perle, alteingesessen, sagenumwoben, popkulturell vereinnahmt, geschichtsträchtig und längst nicht mehr in deinem Glanz, man spottet, ein Schatten deiner selbst, aber nun hast du meine Liebe besiegelt. Nein. *Wir* haben unsere Liebe besiegelt, in dir, einem Laden, in dem wir uns kaum etwas *einfach so* leisten können, außer den Kleinigkeiten, man aber so gut von einem anderen Leben träumen kann (eins mit Designereinrichtung und ausschließlich in Designerkleidung). Dann ging auch noch die Sonne unter, und man eilte der guten Fotosituation wegen zum Panoramafenster, so als wäre allen die schlagartige Erkenntnis gekommen, dass der größte Luxus immer noch der Reichtum der Natur ist.

Die Liebe nahm allerdings direkt eine enttäuschende Wendung. Unser Beschluss wurde nach knapp vier Wochen wieder gekippt. Die Tragik, die sich erst in der Retrospektive herauskristallisierte und die man vermutlich schon bei der Besiegelung hätte ahnen können, konnte erschütternder nicht sein. Das Kaliber der Versprechen war zu groß, so wie der Ort an sich, oder, um richtig weit zu gehen, ich war zu groß. »Ich kann dir nicht bieten, was du verdienst«, sagte er mir mit Schlussmach-Miene. Autsch. Was ich verdiene? Alles. Da bleibt wirklich wenig für die Liebespraxis übrig, wenn das zur Grundannahme wird. Wenn es dabei um Einkommen, um Akkumulation von Geld, Luxus und ostentativen Reichtum geht. Vielleicht hätten wir es uns in einem Sozialkaufhaus gemütlich machen sollen, was unserer beider Herkunftsmilieu angemessener gewesen wäre, die Liebesbeziehung lieber an der Würstelbude statt im Nobelkaufhaus beschließen, spazieren statt einkehren sollen und dann nicht in Berlin-Charlottenburg, sondern in München-Giesing. Vielleicht wäre dann alles anders gekommen, das große Happy End, entgegen den Unsicherheiten und der lähmenden Angst vor Minderwertigkeit aufgrund mangelnder Reserven und Jobaussichten und gewinnbringender Zukunftsperspektiven. Es war meine Schuld. Ich habe dem Mann nicht nur das *Kaufhaus Des Westens* gezeigt, sondern auch meine favorisierten Spots der sechsten Etage. Diese meine Selbstoffenbarung hat ihn in den Abgrund geführt.

Das rosa Törtchen schmeckte an dem Abend besonders exzellent. Der Mann verneinte die zweite Gabel, ihm seien solche Süßspeisen suspekt, nuschelte er, und ich genoss alleine weiter, was meiner Freude keinen Abbruch tat. Über Geschmack lässt sich der Floskel nach bekanntlich streiten. Über Demütigungserfahrungen wegen der Herkunft eher weniger. Seine Reaktion darauf – zwangsläufige Enthaltsamkeit – war das Gegenteil von meinem Pleasurebedürfnis, er wollte meckern, ich wollte Törtchen. Da hätte ich es bereits wissen müssen, dass ich diesen Mann nicht dauerhaft von mir überzeugen kann. *Im Nachhinein ist man immer schlauer.* Der Mann, den ich in diesen Monaten so allumfassend zu lieben meinte, stand nicht auf Opulenz. Wollte keine kostbaren Geschenke, keine feingeistigen Gerichte, keine bedeutsam inszenierten Fotos. Was er wollte, war ein schönes Gleichgewicht und eine konsumarme Lebensführung, ganz seinem Portemonnaie entsprechend.

Im Zuge der Recherche zu ihrem Buch *Vom Tellerwäscher zum Tellerwäscher* fand die Journalistin Ciani-Sophia Hoeder heraus, dass Leute, die kein Geld haben, das Wort »Geld« auffällig wenig benutzten, Geld aber eine maximal große Rolle in ihren Beziehungen spielt:

»Doch es war omnipräsent. Versteckt in einer hedonistischen Erklärung. Mit ihrer Beziehungsperson wollen sie etwas erleben. Reisen, essen gehen, Konzerte besuchen. Einfach genießen und frei sein. All das hängt von den Scheinen ab. Früher heirateten wir zur Kapitalübertragung, heute, um gemeinsam zu konsumieren. Wir suchen keinen *soulmate*, wir suchen einen *shopping* und *lifestyle buddy*. Die meisten Menschen möchten, dass Geld keine Rolle spielt, deshalb vermeiden sie es, indem sie mit einem Menschen ausgehen, der ähnlich viel verdient. (...) Klasseninzest zur Konfliktvermeidung. Erst dann kann Geld bedeutungslos sein – zumindest in ihrer Zweisamkeit.«[41] Ich würde diesen Umstand gerne durch Jennifer Lopez' Worte abwimmeln, aber glaube selbst nicht daran, dass ihr Ausspruch stimmt: »Even if you were broke, my love don't cost a thing.«

Meine Liebe kostet durchaus. Sie kostet die kleinen und die großen Gesten, die Anstrengung. Der Mann, von dem ich dachte, wir würden unser Leben zusammen verbringen, sprach nie über Geld, aber viel über meine materialistische Verdorbenheit. Es war sicherlich nicht gelogen, dass sich mein Lifestyle für ihn vollkommen falsch anfühlte, noch falscher aber schien für ihn die Tatsache, dass ich nicht nur mehr ausgab als er, sondern dass ich auch mehr verdiente.

Die Erkenntnis, dass das der hauptsächliche Grund für seine Kritik an meinem Pleasurebedürfnis war, kam mir erst später, als er sich irgendwann über die vermeintliche Chancenlosigkeit der heutigen Männer echauffierte, die in Beförderungs- und Einstellungsprozessen aufgrund ihres Ge-

---

41 Ciani-Sophia Hoeder: *Vom Tellerwäscher zum Tellerwäscher*, München 2024, S. 171.

schlechts benachteiligt werden würden (gähn). »Ich kann dir nicht bieten, was du verdienst« versteht sich so gleich noch mal anders.

Ein paar Wochen später schleppe ich mich wieder in die sechste Etage, um bloß keine negativen Assoziationen mit diesem Kaufhaus entstehen zu lassen, bestelle exakt das gleiche Törtchen und notiere die erhebendsten Kaufhausmomente meines Lebens.

I. Die Oma fächerte sich in regelmäßigen Abständen mit den Sonderpreisaktionsgutscheinen aus der Werbung Luft zu, um gegen die Schnappatmung anzukommen. »Wir fahren ins Möbelhaus!«, befahl sie dann, denn »So billig kann man nicht einmal selbst kochen«. Rein in den roten Peugeot und ab in die Hauptstadt des angrenzenden Bezirks. Dass für die Strecke, die im Hin- und Rückweg mehr als eine Stunde verschlang, faktisch auch Kosten fällig wurden, Benzin etwa, unterschlug meine Oma ebenso geflissentlich wie die Tatsache, dass das Kaufhausschnitzel nicht so lecker war wie das Vaterschnitzel. Aber ich verstand sie schon damals intuitiv, es ging nämlich um das Erlebnis. »Man muss auch einmal rauskommen«, war ihre Devise, und mit den Supersparpreisen war das mit dem kleinen Geldbörserl möglich. Nie durften wir durch die Möbelausstellung gehen und betraten stattdessen immer sofort über die Abkürzung das Restaurant, das nichts mit dem gemein hatte, was ich heute unter diesem Begriff verstehe. Es gab eine Salatinsel, verschiedene Dressings zum Drübergießen, Mitarbeiter*innen hinter den Theken, bei denen man sich die Hauptgerichte aussuchen sollte, mehrere Kaffeevollautomaten und daneben eine Kühltheke mit Nachspeisen. Die ausgesuchten Speisen bekam man auf schlichten weißen Tellern gereicht, um sie dann auf grauen einfachen Tabletts zu den unprätentiösen Tischen mit künstlichem Blumendekor zu tragen. Wir nannten Restaurant, was in meiner heutigen Erfahrung eigentlich eine schlechte Kantine war.

Dieser semantische Verbesserungsreflex scheint typisch für meine Klasse zu sein, auch Ilija Matusko beschreibt ihn: »Wenn ich nach meinen Eltern gefragt wurde, sagte ich oft, sie hätten ein ›Restaurant‹, nicht ›Wirtschaft‹.«[42] Je älter ich werde, umso mehr bestehe ich wieder darauf, dass meine Eltern ein *Wirtshaus* besaßen, als ich klein war, oft ergänze ich auch zur besonders drastischen Darstellung *am Land*. Damit rufe ich die Einöde und die radikale Trostlosigkeit auf, die bereits tausendmal in der österreichischen Kunst porträtiert wurde und die in einem schönen Kontrast steht zu der Auffassung, Österreich sei ein *Genussland*.

2. Einmal rannte der Crush im Europa-Center in einen billigen Ramschladen, kaufte, ohne zu zögern, einen weißen Plüschteddybär, der ein rotes Herz in Händen hielt, auf dem *I Love You* stand, und fiel vor mir auf die Knie. Neben uns übte ein älteres Paar Standardtänze, ein Mann mit einem großen iPad stand daneben, spielte die Musik ab und kontrollierte die Schrittabfolge der Lernenden. Da saß der Crush also vor mir, auf dem dreckigen Kaufhausboden, streckte mir diesen Bär entgegen und sagte überzeugend: Ich liebe dich. Ich rannte los und kaufte im gleichen Shop eine Erdbeerduftkerze, auf deren Glas in Strasssteinchen *Love* stand, und erwiderte den Liebesschwur. Wir umarmten uns und gingen weiter, rüber ins KaDeWe. Zählt das als ein beziehungsdefinierender Moment? Oder lediglich als Beweis unserer Impulsivität? Unserer ausdrucksvollen Romantik? Egal was es war, es war cute. Seit die Meldungen über das scheinbar unaufhaltbare Kaufhaussterben die Medien fluten, spüre ich es noch dringlicher als zuvor: Jeder Besuch könnte der letzte sein.

---

42 Ilija Matusko: *Verdunstung in der Randzone*, S. 174.

3. Galeria Kaufhof am Marienplatz München beherbergt zwei Schätze im Untergeschoss: ein chinesisches Nudelrestaurant und eine Champagnerbar, in der es immer viel zu kühl ist. Einmal saß ich an dieser Bar, trug ein orangefarbenes Kleid und feierte meinen 34. Geburtstag. Ein tattriger Mann neben mir zitierte Goethe, aber zahlte im Anschluss nicht mein Getränk, was ich wesentlich passender gefunden hätte. Ein ehemaliger Modedesigner wollte seinen Namen nicht verraten, meinte allerdings, dass mein Kleid mehr Brust zeigen sollte. Eine Frau erzählte von ihren lustigsten Tattoos, ein Schmetterling im Intimbereich, eine Schleife im Nacken, ein Teddybär auf dem Oberarm, und ihren letzten Schönheitsoperationen und Eingriffen, Schlupflidkorrektur, Botox im Stirnbereich und eine Verbesserungsmaßnahme am Po. Die Frau hinter der Bar, die abwechselnd Renate, Petra oder Doris genannt wurde, hörte sich die Gespräche an, ergänzte hie und da um eine Anekdote und schenkte dezent, aber kontinuierlich nach. Es war Sommer, Nachmittag, draußen hatte es mehr als dreißig Grad, wir saßen da im Keller und froren, und schöner hätte es nicht sein können. Einer fragte: »Was machen wir, wenn es das hier nicht mehr gibt?« Niemand gab Antwort. Es gibt auch keine angemessene. Monate später saß ich erneut an der Bar und trank ein schnelles Glas mit meinem neuen Verleger. Wir mussten den Vertragsabschluss besiegeln, zelebrieren, wahr werden lassen.

4. Oberpollinger am Stachus München, vierte Etage. Blick nach hinten, ich saß mit dem Lover beim Kaffee und schaute aus den Panoramafenstern der Stadt zu, wie sie von der Dunkelheit verschluckt wurde. Ich sagte ihm, dass wir uns vorerst nicht mehr sehen können, weil ich ein neues Buch schreiben will. Vielleicht sogar nie wieder so, wie wir es gewohnt sind, ergänzte ich. Der Lover nahm es gelassen. Es sind immer die gleichen Abläufe: Ich beginne einen neuen Text, beende Ro-

manzen, entsage jeglichen Formen von Ablenkung, verzichte auf Partys, Alkohol und Drogen, löse mich im Schreibprozess auf, werde unglücklich, kann nicht schreiben und gebe mich dann dem Leben doch vollends wieder hin, beende überraschend den Text, ohne zu wissen, wie das passieren konnte.

Der Lover wünscht mir Kraft im Schreibprozess, und wir verabschieden uns herzlich vor dem Kaufhaus. Eine Umarmung, kein Kuss. Alles fühlt sich nach Neuanfang, groß und existenziell notwendig an. Ich bin wieder allein. Vierzehn Wochen später werde ich tagelang weinend den Text anstarren, frustriert ausgehen, heftig knutschen, alles löschen, den Text neu beginnen. Sapir wird mich daran erinnern, dass es bisher immer so gewesen ist. Ich werde den Lover anrufen, er wird schon gewartet haben, lachen, mich zum Essen einladen.

5. Letztens stürzten der Crush und ich in der Champagnerbar im KaDeWe ab, eigentlich konnten wir uns das gar nicht so recht leisten, wollten es aber trotzdem. An diesem Abend sprachen wir so miteinander, als würden wir längst vögeln. Da saßen wir auf den roten Sitzlandschaften, lebten weit über unsere Verhältnisse und flirteten beide aus reflexhafter Lust mit dem Kellner.

Können wir uns die Beziehung, die wir miteinander haben, langfristig leisten? Wir bestellten eine neue Flasche, sagten »the cheapest one«, der Kellner korrigierte: »the least expensive one«. Alles eine Frage der Perspektive. Am Nebentisch saß eine Frau, deren Gesicht knallrot war. Um den Mutmaßungen zuvorzukommen, sagte sie laut »Schönheitschirurg!«, und die Sache war erledigt.

6. Der Crush und ich betreten das Europa-Center, es ist Freitagnachmittag. Wir beginnen an der Info und fragen die Angestellte nach einem gastronomischen Tipp. Wir sollen im

Kartoffel-Eck das Eisbein bestellen. Eisbein, das muss ich erst einmal nachlesen (lange gegarter Teil eines Schweinebeins, vorzugsweise mit Sauerkraut, Kartoffel- oder Erbsenpüree oder in Essig eingelegtem Gemüse serviert). Wir tun, wie uns geraten, zumindest in der Wahl der Lokalität. Allerdings verlangen wir ein veganes Kartoffelgericht zum Teilen und jeweils ein Glas grünen Veltliner. Als der Crush auf die Toilette verschwindet, betrachte ich die Inneneinrichtung, die ungeschickt versucht, ein Wirtshaus zu imitieren. Helles Holz, viele Tische und an den Wänden Schilder von den absurdesten Brauereien, inklusive jener aus Österreich, die auch wir im Wirtshaus führten, und einigen kleinen bayerischen.

Der Kellner kommt süffisant lächelnd an den Tisch. »So«, sagt er, »hier die zwei Essiggurken.« Pünktlich dazu steht auch der Crush wieder vor mir und schaut mich dreist herausfordernd an. Natürlich weiß er längst vom Gurkenkapitel, das ich geschrieben habe. Ist das ein Zeichen seines Beziehungswillens, ein Geständnis seiner Liebe, ein fieses Spiel, ein gemeiner Trick? Ich sage nichts, nehme eine Gurke und beiße ab. Jetzt kommt auch der Zwetschgenschnaps. Na, das kann ja heiter werden. Wichtige Orte im Europa-Center sind das chinesische Restaurant und die Eisdiele *Tiffany* mit dem Wasserbecken. Wir werfen gemeinsam eine Münze rein, mir fällt kein guter Wunsch ein. Traditionsbewusst aber fragt der Crush nicht nach, was ich mir wünsche, sodass ich nicht lügen muss. Ich kaufe ein T-Shirt, das mir einen heftig durchtrainierten männlichen Oberkörper verleiht, ziehe es sofort an und bekomme zwei Gänge entlang Komplimente. Bei unserem letzten Stopp, bei *bit-Stop*, bestelle ich einen Cuba Libre, weil ich dieses unglaubliche Getränk alle paar Monate auf seine Geschmacksintensität überprüfen muss. Wir verbringen laut Parkschein vier Stunden und vierundvierzig Minuten zusammen im Europa-Center. Ein Erlebnisausflug. Wie mit der Oma. Wir steigen ins Auto und fahren zu einer

Vernissage, weil wir nicht aufhören können mit unserer Ereignisgeilheit, und treffen auf den Lover.

7. Die Kunstwelt sucht ständig nach versteckten, geheimen, aufsehenerregenden, ultracoolen Locations. Auch sie hat das Kaufhaus längst als geeigneten Hort für Pleasure und Business erkannt. Ich erinnere mich an eine Party in einem schon beinahe leer geräumten Kaufhaus irgendwo in Charlottenburg. Alle aus der Szene waren da, meine Entourage, aber schon völlig besoffen von Whiskey Sour. Ich weiß nur noch, dass wir als Gruppe auf den Treppenstufen saßen, schlagartig ultra high waren und dieses Leben das lustigste von allen war. Irgendwelche berühmten Künstler*innen tauchten auf und verschwanden wieder, und ein jedes Mal führte das eine oder das andere zu einem Moment der Aufregung. »Hast du gesehen?« »Ja!« »Wow!« »Finde ich überschätzt!« »Ja, ja klar, trotzdem wichtig.« Und so weiter. Über allem dröhnte die Musik, und die Drinks waren vermutlich nicht gratis, aber ich kann mich an keinen einzigen Bezahlvorgang erinnern. Irgendwann meinte jemand, dass es sich um das mieseste Koks oder Ketamin *ever* gehandelt haben müsse, denn einer von uns bekam Nasenbluten, und alle waren komplett weggeklatscht. Ich kicherte, weil ich nichts anderes konnte, und hielt eine Hand fest. Wer saß damals neben mir? Tagelang versuche ich herauszufinden, wann und wo dieses Event stattgefunden hat. Die Recherche ergab, dass es entweder 2015 oder 2017 gewesen sein muss, Gallery Weekend, Art Week oder etwas anderes mit »Art«. Wir waren entweder eingeladen oder nicht. Vielleicht waren wir gern gesehen, vielleicht ärgerte man sich über uns. Egal! Hauptsache, dabei gewesen. Im Grunde kann ich mich nur noch an die Treppensituation erinnern und an den phänomenalen Spaß dieser Nacht.

8. 2018 gewinne ich einen Literaturpreis, der mich ein Jahr später nach Peking bringt. In dem sechswöchigen Besuch wird meine Beziehung zu Kaufhäusern noch einmal intensiviert. Denn in Peking fand ständig alles in der *Mall* statt. Zu Verabredungen, selbst zu geheimen, wurde ich in Einkaufszentren bestellt, zu denen ich oftmals mehr als eineinhalb Stunden hinfahren musste. Dates fanden beim gemeinsamen Mallbesuch statt (darin herumspazieren, was snacken, Sachen angucken, Spielautomaten), und zwischenzeitlich wohnte ich direkt neben einer (in einem Tower im 25. Stock) und besuchte sie mehrfach täglich. Manchmal um etwas zu kaufen, manchmal um meine Zeit zu vertrödeln, um noch schnell einen Bubble Tea zu bestellen oder um nicht allein zu sein. Ich verstehe den Sozialraum Kaufhaus intuitiv, egal in welchem Land. Er gibt mir Geborgenheit.

Ein Kaufhaus aber hatte es mir in Peking besonders angetan: das Hochzeitskaufhaus. Ein komplett monothematisches Warenhaus, über sieben Stockwerke vollgestopft mit Dingen für den *wichtigsten Tag im Leben*. Das Hochzeitskaufhaus wurde zu meinem liebsten Tempel des romantischen Konsums, es lag nur einen Spaziergang von knapp fünfzig Minuten von meiner Unterkunft entfernt. Outfits, Geschenke, Dekoration, alles im Zeichen der Liebe und in zigtausendfachen Varianten und Ausführungen. Im Hochzeitskaufhaus verstand ich erst, wie cool und Understatement meine Trauung gewesen war. Ich war insgesamt vier Mal dort und kaufte nie etwas. Aber ich schrieb dort eine Kurzgeschichte über eine Frau in einer Penthouse-Wohnung im 30. Stock und in einer unglücklichen Beziehung.

9. Wieder sitzen der Crush und ich in der sechsten Etage im KaDeWe und essen ein grünes Törtchen. Wir haben uns wochenlang nicht gesehen und wissen, dass wir uns heute Nacht für längere Zeit verabschieden werden. Das Törtchen überzeugt nicht. Ich erzähle ihm von einem Film, der teilweise im Kaufhaus spielt und diese Melancholie thematisiert, die mich soeben erschleicht. Ich erzähle von Kaufhäusern in Peking, München, Osnabrück, Kassel, Salzburg und dass ich irgendwann einen Film über eine Frau machen muss, die ständig ziellos durch die Gänge spaziert, aus Langeweile und Zeit im Überfluss. Der Crush verweist auf eine ähnliche Szene in *Bildnis einer Trinkerin* von Ulrike Ottinger. Wir entschließen uns, ins Kino zu gehen. Um im Kino später nicht zu viel Geld auszugeben, suchen wir den angrenzenden Supermarkt auf und kaufen Gin Tonic in der Dose und kleine Flaschen Kessler Sekt. Mit der letzten Gabel Törtchen haben wir nämlich feierlich beschlossen, ab jetzt zu sparen – wir sind zum Scheitern verurteilt. Beschlüsse aus dem sechsten Stock? Halten sowieso nicht.

Wirtshaus I

Ich bin mir sicher, meine Kindheit im Wirtshaus hat meine spätere Liebe für das gastronomische Überangebot bedingt. Weil die kulinarische Neugierde in mich eingepflanzt wurde wie Kräuter im Garten.

Die Theke im *Traditionswirtshaus Reisinger* war riesengroß, füllte beinah den ganzen Raum aus, überall standen Pflanzen, oder war das nur bei der Auflösung der Fall, kurz vor der Renovierung? Die Palmen, Kakteen, Aloe vera und Sukkulenten haben es unmöglich gemacht, ordentlich zu arbeiten. Es gab diesen kleinen freien Bereich, dort, bei den Zapfhähnen, der das Zentrum bildete. Die vorherrschende Farbe: Braun. Die Einrichtung aus hellem Holz und der Boden ockerfarben gefliest. Die Barhocker standen gut verteilt und als massive Elemente herum. Auf denen saß ich als Kind und trank Almdudler ausschließlich aus der Glasflasche. Die Oma hat mir den immer automatisch hingestellt, den gab es damals nicht in Deutschland. Oder nur ganz selten. »Almdudler ist schon was besonders Feines«, sagte sie dann, die Kracherl-Tante, wie sie genannt wurde. Die Limonaden-Tante. Auch die Qualität des Essens sei in Österreich immer besser. Darüber war man sich einig, es stand überhaupt nicht zur Debatte. Stundenlang wurde über die Auswahl in österreichischen und in deutschen Supermärkten gesprochen. Im Vergleich würden österreichische Produkte stets gewinnen.

Bei meiner Oma gab es Toast. Entweder mit Schinken und Käse oder mit Käse und Zwiebeln. Ich wollte immer die Käse-Zwiebel-Variante und konnte davon unendlich viele essen. Am besten fand ich das Gewürzketchup aus der ganz großen

Flasche. In meiner Erinnerung gab es im Wirtshaus meiner Oma nichts anderes zu essen, was vermutlich nicht stimmt. Bei meiner Oma wurde viel geraucht, viel getrunken und viel gelacht. In meiner Erinnerung war alles ungeordnet, chaotisch und unmöglich lukrativ. Es schien immer die Sonne. *Blessed and highly favored.* Die Oma hat nie woanders als in diesem Haus gelebt. Bis zum Schluss, bis zum Altersheim halt. Ihre Geschwister bauten nebenan. Alle drei nebeneinander. Jetzt sind alle tot. Es wurde nichts an mich vererbt. Selbst das Wirtshaus ist weg.

Wirtshaus 2

Die Theke im Wirtshaus meiner Eltern war klein, in der Mitte der Gaststube, nirgends standen Pflanzen, dafür wesentlich mehr Tische, nach manchen von ihnen wurde lange gesucht, mit möglichst vielen Holzwurmspuren, für die Urigkeit, die Einzigartigkeit, die Gemütlichkeit. Für das Zugehörigkeitsgefühl im Dorfgefüge waren zwei sehr große Tische entscheidend, der eine für den Stammtisch, der andere für die Vereine oder Gruppen, Geburtstage, Hochzeiten, Firmen. Der Sparverein wurde rausgeschmissen, das sorgte für miese Stimmung im Dorf. Niemand schmeißt den Sparverein raus, der mit den kleinen festinstallierten Kästchen mit den noch kleineren Schubladen und den Minischlitzen, bei dem Geld eingezahlt wird und am Ende die Person gewinnt, die am meisten sparte. Zum Sparen trifft man sich im Wirtshaus, dann macht's freilich mehr Spaß. So ein Wirtshaus macht ohnehin nur mit Leuten Spaß. Am anstrengendsten war nicht das Tellertragen, das Nettsein, das Eiligsein, sondern das Warten und das Hoffen auf die Leute. So eine tote Stube ist völlig zweckentfremdet und einsamer als Schreibtischarbeit. »Die kalte Stille am Morgen, der Wald der hochgestellten Stühle, die leeren Tische, der Geruch von Zigaretten – nichts konnte so einsam und verlassen wirken wie eine Wirtschaft, die am Abend zuvor voll mit Menschen gewesen war«[43], schreibt Ilija Matusko.

Um die Leute anzulocken, setzten meine Eltern, als maximales Kontrastprogramm zur Führung meiner Großmutter,

43 Ilija Matusko: *Verdunstung in der Randzone*, S. 183.

auf eine umfangreiche Speisekarte, die sich durch die Kombination aus gehobener und einfacher Küche auszeichnete. Dazu noch saisonale Highlights: Wildwochen, Fischwochen, Spanferkel. Es gab immer unfassbar viel zu tun. Nie enden wollende Arbeit, nie enden wollende Vorräte. Kühlhäuser, Lieferungen, Rechnungen, Reste.

Backhendlsalat, Lende, Schnitzel mit Pommes, Hirschragout, Knödel, Blaukraut, Krautsalat, Kartoffelsalat, Speckbrot, Wurstsalat, Schweizer Wurstsalat, Sülze. Die Schwingtür zur Küche. Ein ewiges Gerenne. Dazu noch der Biergarten mit den großen Nussbäumen. In so einem Dorfwirtshaus geht's um was. Da wird sich getroffen, verhandelt, debattiert, sich vertragen, sich gemocht und Machtspielen nachgegangen. Dabei wird gesoffen und gegessen. Einer lachte laut und sagte, dass er sich als Jugendlicher unterm Tisch vor der Gendarmerie versteckte und dass ihn die Oma nicht verraten hatte – sondern ihm noch einen weißen Spritzer brachte. Als die Gendarmerie in Polizei umbenannt wurde, hat sich die Oma wochenlang aufgeregt. Bildungshochdeutsch gilt als Unerträglichkeit. *Paradeiser, Erdäpfel, Jause, Sackerl, Haberer, Hackeln. Es wird sich schon ausgehen. Vielleicht wird's zach. Geh, schleich di, das Gspusi, schmusen.*

Die Niedlichkeit der Austriazismen, die mir ein merkwürdiges Gefühl von zu Hause aufdrängen. In den letzten zwanzig Jahren war ich selten im Ort meiner Kindheit. Zwei nahe Todesfälle in enger Abfolge bringen mich zurück. Zwischen den Beerdigungen liegen nur wenige Wochen. Das Prozedere der zweiten Beerdigung ist eine exakte Kopie des Prozederes der ersten Beerdigung. Dieselben Redner, dieselbe Art von Vortrag, dasselbe Wirtshaus für denselben Leichenschmaus, ich sitze sogar beide Male am selben Tisch. Man nimmt mich auf, als wäre ich nie weg gewesen. Einmal sagt der Pastor »Wir gedenken der Verdorbenen« statt der Verstorbenen. Ich muss lachen, meine Mutter schaut gespielt entsetzt, ich denke an österreichische Filme und an meinen oft entschuldigenden Reflex, der zustimmend erklärt, dass es hier wirklich ganz genauso ist, wie der Film es behauptet. Im Wirtshaus der ehemaligen Konkurrenz erkennt man uns. Wir werden mit Handschlag begrüßt. Meine Eltern und ich gehen sofort in die Beurteilung. Service, Garnitur, Qualität, Deko und Einrichtung. Geschulte Augen, geschulte Gaumen. Ein Automatismus, der nie schläft. Wir schauen einander an, wissen, was gemeint ist, sagen nichts, so etwas besprechen wir später, unter uns, wir sind Profis.

Generell sagt man nichts, als Wirt oder Wirtin im Wirtshaus. Man reißt sich vor den Gäst*innen zusammen. Man muss das eigene Leben zurücknehmen, zurückhalten, darf sich nicht (zu stark) exponieren – während man dauerhaft präsent ist. In einer Dorfstruktur ist das Wirtshaus existenziell. So wie Supermärkte, Poststellen, Bäckereien, Turnhallen. Wenn ein Ausrutscher passiert, wissen das sofort alle. Die Bestrafung erfolgt durch Abwesenheit. Das kann sich aber eine Wirtsfamilie nicht leisten. Einmal kam kurz vor der Sperrstunde der Feuerwehrverein, und jedes Feuerwehrvereinsmitglied bestellte einzeln und nachträglich ein Getränk. Meine Mutter brachte also immer nur ein Bier, und beim Abstellen entschied sich der Nächste von ihnen, doch auch eins zu bestellen. So ging das zwanzig Mal. Die Männer zeigten ihr, dass sie die wichtigsten Mitglieder des Dorfkörpers sind. Dass sie Wichtigeres zu tun haben, als eine Bestellung angenehm zu koordinieren. Ich kenne diese Geschichte nur aus Erzählungen, lag längst schlafend im Bett. Es tut mir leid um meine Mutter. Als die Burschen es noch einmal auf diese Art versuchten, sperrte mein Vater der Legende nach die Wirtshaustür ab und zwang sie zu saufen, bis er entschieden hatte, dass es genug war.

Am Montag war Ruhetag. Am Montag fehlte ich häufig in der Schule. Der Direktor kam dann zum Essen zu uns, erklärte, dass das nicht geht. Ein paar Wochen hielten wir uns daran. Der Direktor war auch schon der Lehrer meines Vaters gewesen. Man kennt sich, versteht sich, lässt mal was durchgehen. Am Montag machten wir manchmal einen Ausflug. Respektive: Wenn wir je einen Ausflug machten, abseits von Geschäftsterminen, zu denen wir Kinder mitgeschleppt wurden, dann an Montagen. Das war die Methode meiner Eltern, sich zu entschuldigen. Für Stress, für Wut, für Abwesenheit, für Eskalation. Bayernpark, Haus der Natur Salzburg, Bergwerk, Kino. Montag war also der Tag, an dem Dinge zwischen uns verhandelt und geklärt werden konnten. An keinem anderen Tag war dies möglich. »Nicht vor den Gästen!« – der ewig gleiche Satz. Dabei konnte es sich um Streitereien zwischen den Eltern, Frust über unerledigte Hausaufgaben, unbezahlbare Rechnungen, Raufereien zwischen uns Kindern oder alles andere zwischen Banalität und existenziell erschütternd handeln. Die Gäst*innen mussten vor einem selbst geschützt werden, vor dem eigenen Kummer, der Wut, der Trauer, der Erschöpfung. Manchmal, so schien es mir, lebten meine Eltern eine permanente Verfügbarkeit für andere aus. Immer aufmerksam, aber nicht aufdringlich, niemals störend, aber im richtigen Moment am Tisch. Wie zermürbend muss es also gewesen sein, wenn die anderen nicht (mehr) kamen? Wenn es nichts (mehr) zu tun gab? *Wer nichts wird, wird Wirt.* Darüber haben wir dann gelacht. Wer für alle alles sein will, wird auch Wirt*in.

Man wird geliebt, das ist es vermutlich, was einen hält. Wie sie einen anschauen, wenn man dieses perfekte Essen serviert. Das ersehnte Getränk. Wenn man zuhört, den Raum bietet, der benötigt und eingefordert wird. Wenn man ihnen die nötige Ablenkung vom eigenen Leben erlaubt. In so einem Wirtshaus passiert immer was – wenn genügend Leute anwesend sind. Wenn die Leute alle Zeit ihres Lebens im gleichen (kleinen) Ort lebten, im gleichen Landstrich Oberösterreichs, erst recht. Die Hemmschwellen sind niedrig, die Angst voreinander gering, der Respekt nicht vorhanden.

Ich würde uns nicht als ungeduldig beschreiben, aber das Warten genießt keinen guten Stand in meiner Familie. Wir warten nicht gern auf Bestelltes, auch wenn ich sehe, dass überdurchschnittlich viel los ist im Etablissement, und tolerant sein will. Wir warten nicht gern auf Antworten, auf Besuch, auf Entscheidungen.

Als wir zurück nach Deutschland gingen, warteten wir. Auf den Neuanfang. Auf die Erlösung. Auf die Lösung. Auf Sachen. Auf Optionen. Auf Möglichkeiten. Auf Hilfe. Auf Vergebung. Auf Unterstützung. Auf Vergeltung. Das war die schlimmste Wartezeit. Wir waren abhängig, es zermürbte uns. Das Wirtshaus war weg, nach Deutschland hatten wir ein paar Umzugskisten und einen Haufen Schulden mitgebracht.

Lange Jahre danach las ich *Die Dinge* von Georges Perec, und ich meinte darin nachträglich zu erkennen, dass unsere Grundfrage in dieser Zeit diejenige nach der Möglichkeit des Aufstiegs war.

> »Wie wird man reich? Es war ein unlösbares Problem. Und doch hatte es tagtäglich den Anschein, als ob es vereinzelten Individuen gelänge, dieses Problem für sich selbst in vollkommener Weise zu lösen. Und diese Vorbilder, ewige Granaten der geistigen und moralischen Kraft (...) mit lächelndem und besonnenem Antlitz, diese gewitzten, willensstarken, vor Gesundheit strotzenden, entschlussfreudigen, zurückhaltenden Leute waren überaus fromme Ideale für Geduld und für Verhaltensregeln der anderen, die nicht vorwärtskommen, die auf der Stelle treten, die ihren Ärger hinunterschlucken, deren Hoffnungen zugrunde gehen.«[44]

44 Georges Perec: *Die Dinge*, Zürich 2016, S. 73.

Vor Kurzem schaute ich bei meinen Eltern Fotoalben durch. Ich fand eins, das ausschließlich Fotografien von Buffetarrangements und Servierplatten beinhaltet. Platten der kalten Küche. Wurst, Käse, Gemüse, Fisch, Fleisch. Manches davon geformt zu Rosen, zu Tieren. Aufwendig und handwerklich ausgefeilt. Schöne Farben. Ich verstehe immer mehr, was mein Vater damit meint, wenn er von der eigenen Kunstform spricht. Häppchen als Happening. Stundenlanges Vorbereiten, und dann werden sie unwiederbringlich in kürzester Zeit zerstört. Das hat auch was Schönes. Etwas Fragiles. Bei meinen Eltern gibt es Tischuntersetzer, auf denen steht: »Kochen macht glücklich, essen noch mehr.« Mein Vater hatte nie sichtlichen Spaß beim Essen. Außer wir waren woanders. Manchmal aß er gar nicht mit uns, sagte, er habe das Essen doch jetzt schon so lange verarbeitet und angeschaut, das reiche. Die Lust sei ihm vergangen.

Ich blätterte mich durch Fotografien von Skulpturen, die das Buffet zieren. Meterlange Aufbauten. Schier unendliche Arrangements. So viel Mühe, so viel Wissen. Die Fotos sind so toll, weil sie nichts anderes zeigen, ein ganzes Album voll, zig Seiten. Wir hätten viel häufiger das Essen meines Vaters fotografieren müssen, die Arrangements meiner Mutter. Ich liebe Beispielbilder. Ob im Imbiss oder, wie nur noch selten, in älteren Delikatessenläden. Ich frage einen Koch nach der entsprechenden Bezeichnung dieser skulpturalen Türmchen. Er kann mir keine nennen. Wir reden aneinander vorbei. Ich sage, dass ich so etwas meine wie ein mit Käse, Trauben oder anderweitig dekoriertes Centerpiece. Er nennt es *Schnittchenzylinder*. Wir lachen, weil es so nett klingt.

In der gleichen Kiste mit dem Fotoalbum fand ich eine Postkarte. Darauf unser Wirtshaus und die Wirtsfamilie Reisinger. Die Karte ist von 1903. Ich will Ähnlichkeiten zwischen ihnen und mir ausmachen, aber sie sind viel zu klein abgebildet, meine mir unbekannten Ahnen. Das Haus sieht auch anders aus, es ist dazwischen einmal abgebrannt. So ein Wirtshaus ist ein Erbe. Nicht nur materiell. So viele Geschichten, die sich an diesem Ort zugetragen haben, und ich kenne doch nur so wenige. Meine Eltern haben irgendwann T-Shirts bedrucken lassen. *Beim Spitzwirt: da isst's guad.* Essen und Sein.

Wenn mich jemand fragt, wo ich herkomme, sage ich abwechselnd Österreich oder Deutschland. Sage ich abwechselnd aus einem Wirtshaus oder aus einem Arbeiter*innenhaushalt oder *von nichts*. Was stimmt? So ein Dorfwirtshaus ist ein Treffpunkt. In unserem saßen viele Frauen, die Maria und Elisabeth hießen, und viele Männer namens Hans, Franz und Peter. Es gab auch einige Georgs. Bei uns traten manchmal Musikanten auf, die spielten dann lokaltypische Musik, das fanden alle schön. Wenn ich an das Wirtshaus meiner Kindheit denke, denke ich an den Kitsch der Begriffe Heimat, Idylle, Tradition. An ganz schöne Lampen, die mit einem Pendel in der Höhe verstellt werden konnten, an das Gerede von Erwachsenen, daran, wie mir stundenlang der Rücken gekratzt wurde, während ich zusammengerollt auf dem Schoß einer Frau lag, die ich anerkennend Tante nannte. Meine Eltern lieben Austropop, noch immer. Auch in mir kommt dabei das ganz große Gefühl hoch. Dabei habe ich dort nur einen marginalen Teil meines Lebens verbracht.

»Von nichts« ist der schwierigste zu beschreibende Zustand. Nichts stimmt ja nie. Da waren die Sozialbauwohnung und die Hollywoodschaukel und die Takkofashion und die Sozialleistungen und die Tante und der Onkel, bei denen man dann Ferien machen durfte im Sommer am schönen Bergsee. Aber da war die größte Verzweiflung und Angst und die immanente Frage, was eigentlich geschieht, wenn nichts mehr geht. Da waren die Sanktionen und das Scheitern, alles davon lag offen, sah man uns an. Da waren die Gerüche, die Haut, die Augenringe, die Trostlosigkeit, die Wut.

Auch in so einem Dorfwirtshaus kann wenig verheimlicht werden. Emotionen liegen auf dem Tisch wie Speisekarten, wie Aschenbecher, wie Bierdeckel. Unseres stand oben auf dem Hügel, unten gab es noch mal zwei. Der eine Wirt berühmt für Speck, die andere Wirtin für Wein. Wir waren für mehrere Dinge berühmt. Die Oma, die irgendwie jahrzehntelang tat, was sie wollte, und wie eine Matriarchin verehrt wurde, die Küche meines Vaters, die völlig anders war, als was es sonst so gab, die Mama, die so stilsicher und vehement Abläufe verändern wollte – und außerdem Deutsche ist. Wir Kinder irgendwo dazwischen, auch dabei. Wenn man aus so einem Wirtshaus kommt, dann wissen das die anderen. Man riecht danach, man schaut danach aus. Wie? Nach Küche. Nach Gastro. Nach Fett, nach Fritteuse, nach Rauch, nach Alkohol. Verrät der Geruch die eigene soziale Herkunft? Man wird den Geruch nicht los. Man arrangiert sich mit ihm.

Spätestens mit der Finanzkrise 2008 setzte auch das große Wirtshaussterben ein. Jetzt fehlen diese Orte, die alles sein konnten. Eine kam einmal hereingelaufen und suchte ihren verschwundenen Mann, dabei wurde vorher noch berichtet, der sei mit einer anderen (heimlich) in den Urlaub gefahren. Niemand hat es ihr gesagt. Sie hat sich dann an einen Tisch dazugesetzt und Schnaps bestellt. Am Ende hat sie Tränen gelacht und über ihren Mann geschimpft. Weil er ein Trottel ist, und alle stimmten zu. Von einer Vermisstenanzeige wurde abgeraten, der Polizist saß selbst mit am Tisch. Der taucht schon wieder auf. Tat er auch, dann waren sie wieder zusammen, wie zuvor auch.

Was sind die Marias, Georgs, Hans, Franz und Peters ohne unser Wirtshaus? Was ist meine Familie ohne das Wirtshaus? Ich finde noch mehr Alben. Dieses Mal mit Fotografien meiner Eltern, meiner Oma, ihrer Geschwister, Fotos von uns Kindern und vom Wirtshaus, als wäre es ein weiteres Mitglied der Familie.

Wirtshaus 3

Kürzlich wurde bei einem Wine Tasting der neue Jahrgang von *nature's calling* präsentiert. Dargeboten wurden außerdem die selbst gemachte Dosenwurst, Käse, Bauernbrot und die deliziöse Misobutter. Alles schmeckte köstlich, und weil ich voll des Lobes war, sprach der Koch gern mit mir.

Ich gab mich so kennerisch, wie ich es nun mal bin, und wir stellten fest, dass wir beide schon auffällig lange keine Neuigkeiten mehr über die Molekularküche gehört haben. Auch für die Sterneküche scheint sich derzeit niemand außerordentlich zu interessieren. Kriege, Inflation und unsichere Zeiten. Wo ist sie denn bitte hin, die Dekadenz? Der Austernkeller in München ging auch wegen der Verdreifachung der Hummerpreise bankrott. Wir schließen, dass das mangelnde Interesse dennoch nicht an Lieferengpässen liegt, sondern daran, dass die Ober-Oberschicht insgesamt einfach gar nicht mehr isst.

Extreme Fastenpraktiken und Ozempic, ein plötzlich aufgekommenes Diabetesmedikament, das ganz beiläufig das Gewicht reduzieren soll, sind so populär geworden, dass sie die *Fine-Dining*-Kultur komplett verändern könnten. Diese Trends sind Teil einer breiteren Kultur des Perfektionismus, der akribischen Selbstoptimierung, des Strebens nach Schönheit und nach einem dringend benötigten neuen Distinktionsmerkmal in wohlhabenden Kreisen. Die Enthaltsamkeit. Aber eben nicht die erzwungene, die alternativlose, sondern die selbst gewählte, die obsessive. Seit Monaten werden Stars beim akuten Gewichtsverlust öffentlich beobachtet.

Im Magazin *Dazed & Confused* schreibt Serena Smith, dass

es sich bei diesen Diäten um die neueste Methode der (Super-) Reichen handelt, um ihren Wohlstand zu signalisieren:

> »Der Mitbegründer von X, Jack Dorsey, gab einmal zu, 22 Stunden am Tag zu fasten, während der Multimillionär und Biohacker Bryan Johnson behauptete, täglich 23 Stunden zu fasten. Viele andere Silicon-Valley-Mitarbeiter schwören auf Mahlzeitenersatz-Shakes wie Soylent und Huel unter dem Deckmantel des ›Biohacking‹. Aber extremes Fasten ist nicht nur auf Tech-Bro's beschränkt: Bella Hadids Video über ihre Morgenroutine zeigte über 20 verschiedene Nahrungsergänzungsmittel und Vitamine und nur einen Bissen eines traurig aussehenden Croissants. Das offensichtlichste Beispiel ist natürlich Ozempic, das unter den Eliten angesagte Mittel zum Abnehmen, das den Hunger unterdrückt. Die Wirkung von Ozempic war so seismisch, dass Analysten damit rechneten, dass das Medikament einen noch nie da gewesenen Einfluss auf den Lebensmittelkonsum haben könnte.«[45]

Während vor Jahrhunderten dicke, wohlgenährte Körper für Reichtum standen, stehen sie heute vielmehr für die sich schlecht ernährende Arbeiter*innenschaft, die auf ultraverarbeitete Lebensmittel zurückgreifen müssen. Die *gute Ernährung* setzt Zugang, Wissen, Zeit und Verfügbarkeit voraus. Alles Ressourcen, über die jene Mega-Reichen offenkundig verfügen. Ozempic wird mehrheitlich von der Elite konsumiert. Es ist nicht mehr das Edelaufgebot und die kompliziert ausstaffierte Speise, die den eigenen Reichtum symbolisieren,

45 Serena Smith: »Why don't rich people eat anymore?«, 11. 04. 2024, in: dazeddigital.de, https://www.dazeddigital.com/beauty/article/62371/1/why-dont-rich-people-eat-anymore-ozempic-extreme-fasting-supplements (letzter Zugriff: 07. 08. 2024).

sondern der Verzicht. Der absolute Luxusbeweis: Nichts mehr zu brauchen. Allen materiellen Dingen zu entsagen – obgleich man sie sich leisten kann. Folglich geht die Entsagung noch einen Schritt weiter: den eigenen Körper und die (überlebensnotwendigen) Bedürfnisse zu bezwingen und damit die gesteigerte Fähigkeit der Selbstbeherrschung zu demonstrieren. Nahrungsergänzungsmittel, Supplements, Powershakes. Das ist der Versuch, geistige Transzendenz, die durch (religiöses) Fasten versprochen wird, auf einen Lebensstil zu übertragen, ihn als besonders gesund und erstrebenswert zu vermarkten. Aber nicht nur ein schlanker, sondern auch ein leistungs- und arbeitsfähiger Körper gehört zu diesem propagierten Ideal.

Wird es bald in den Reichenvierteln dieser Welt keine gehobene Küche mehr geben? Verkommen die Michelin-Sterne zu wertlosen Reminiszenzen, zu Erinnerungen an die einst noch so genussvoll dahinlebende Elite? Einerseits fasziniert mich die selbst erzwungene Enthaltsamkeit, andererseits wirkt sie wie ein Verrat an der Kochkunst.

Ciani-Sophia Hoeder schreibt:

> »Die eine Klasse experimentiert an sich herum. Sie wollen produktiver, besser, schneller, klüger und gesünder werden. Sie wollen ewig leben. Etwas, das sich die prekäre Klasse gar nicht leisten könnte. Ihre Methoden sind teuer und kompliziert. Das stellt die Ernährungsmoral auf eine ganz andere Ebene.«[46]

Dem entgegen steht das große Comeback der Hausmannskost. Allerdings nicht im Sinne eines Wirtshauses wie dem, dem ich entkam, sondern die Übersetzung in ein neues, modernes, zeitgemäßes Setting. Schaut man sich die Speise-

---

46 Ciani-Sophia Hoeder: *Vom Tellerwäscher zum Tellerwäscher*, S. 178.

karten der neu eröffneten Restaurants in Berlin, München oder Frankfurt so an, dann wird deutlich: Knödel sind wieder en vogue, das Brot kommt selbstverständlich aus der Manufaktur. Oder wenn man was auf sich und seine Bildung hält, backt man es mit dem gezüchteten Sauerteig gleich selbst. Die Marmelade wird daheim eingekocht sowie die Essiggurken eingelegt. Gutes Geschirr, edles Besteck, schöne Glaswaren.

Manchmal stelle ich mir vor, wie mein Leben als Wirtin verlaufen wäre. Das älteste Kind übernimmt traditionellerweise den Familienbetrieb, das bin ich. Dann sehe ich mich zwischen Soda Zitron und Selbstgebranntem. Ich gehe gern ins Wirtshaus, auch gern in alles, was unter Beisl (Österreich) und Boazn (Bayern) zusammengefasst wird. Dunkle, kitschig eingerichtete, durch minimale Auswahl bestechende (oftmals Raucher*innen-)Kneipen. Von mir aus mit Dart und Spielautomaten. Auch dort fühle ich mich sicher. Kenne die Gespräche, die Typen, die Bedingungen. Während die alteingesessenen, die abgenutzten, die notwendigen Institutionen nach und nach schließen, ob aufgrund von Mieterhöhungen, fehlender Übernahme durch eine neue Generation, Beschwerden durch gentrifizierte Nachbarschaften oder Privatinsolvenzen, eröffnen ihre Kopien anderswo. Szenepartys, die in Bars wie *Bei Otto, Inges Karotte, Beim Onkel, Bei Dagmar,* in Eckkneipen mit dem Wort *Eck* im Namen stattfinden und zwischen Spott, Abscheu und Sehnsucht oszillieren. Die Konfrontation der Kulturelite mit den Stammgäst*innen – niemand interessiert sich wirklich füreinander, trotzdem beäugen sich alle distanziert, amüsiert.

Nun also neue Gasthäuser. Sie sagen: Schaut her, hier sind sie noch, die guten, einfachen Speisen. Was sie aber bieten, ist die Überführung der bodenständigen Küche in ein schickes Setting. Edle Wandfarben, Bodenbeläge, Tische, Lampen und Kaffeemaschinen im Wert einer günstigeren Birkin Bag.

Bayerisch Creme, zwei Salzgurken mit bisschen Dill, Königsberger Klopse, Schweinsbraten isst man hier, und schlagartig sind Wirtshäuser wieder populär – allerdings in einem durchgestylten Ambiente mit *gesalzenen Preisen.* Ist das die neue Hingabe an die Bodenständigkeit? Oder wollen jetzt alle wieder ein *home cooked meal,* weil sie sich während der Corona-Pandemie so daran gewöhnt haben? Sehnt man sich nach unkomplizierteren Zeiten?

Manche Gerichte, Aromen, Gerüche können das. Uns in Situationen, Lebensumstände und Emotionen zurückbringen (ob positive oder negative). Speisen, die von geliebten (verhassten) Personen zubereitet wurden, Gerichte der Kindheit, der Liebe und so weiter. Auf sie zurückzugreifen, kann verständlicherweise beruhigend wirken (oder Stress auslösen). Sicherlich ist das neue Interesse an traditionellen Gerichten auch darin begründet, dass während der Pandemie wieder vermehrt zu Hause und miteinander gekocht wurde. Aber ich erkenne mehr darin. Die Art der Gerichte wirkt wie ein Versprechen: Sicherheit, Vertrautheit, unverfälschte Authentizität.

In genau so einem Restaurant sitze ich. Auf der Speisekarte finde ich nicht nur die Gerichte, sondern auch die Vornamen von Erzeuger*innen, so als wären sie gute, alte Bekannte. Das Biorind vom Lukas, der Käse von der Johanna, der Wein von der Miri. Das soll Vertrauen herstellen. Man kennt sich, die Qualität ist somit doppelt geprüft. Ich kenne das. Das Begehren nach sozialer Verbindlichkeit ist dasselbe wie damals im Wirtshaus. Nur die Vorzeichen waren andere, ob man wollte oder nicht, man kannte sich eben wirklich. Der Direktor meiner Volksschule war zugleich Dorfjäger und Dorfförster. Ich musste ihn selbstverständlich siezen, aber manchmal wurden nach der Schule ein Hirsch, ein Reh oder die Hasen angeliefert, und mein Vater sagte: »Danke, Werner!«, oder Peter, oder Karl. Das gesamte Angebot an Wild wurde von dem Mann angekarrt, der am Vormittag versuchte, mir Mathe beizubringen. Die Eier kamen vom Hof der Nachbarin, einer Maria, und die Himbeeren und Kräuter auch. Den Hollersirup stellte meine Oma, auch eine Maria, gemeinsam mit ihrer Schwester her. Es gab diese stumme Übereinkunft, dass man einander hilft und immer etwas für die anderen rausspringt. Irgendwo müssen die Hirsche, die Eier, die Kräuter und der Holler (Holunder) ja hin. Wenn in einem modernen Restaurant in Berlin, in München, Frankfurt oder in irgendeiner anderen Stadt mit einer finanzstarken Genussklientel nun die ordinärsten Gerichte als verloren geglaubte Spezialitäten dargeboten werden, die Vornamen der Hersteller*innen genannt, die Bescheidenheit gefeiert und die regionalen Zutaten als Besonderheit angepriesen werden, ist das die gewinnbringende Imitation dieser dörflichen Sozialstruktur. Die Imitation von Heimeligkeit. Von Nähe. Während am Land die Wirtsstuben und Kneipen mittlerweile mehrheitlich fehlen, diese ehemaligen Räume des sozialen Miteinanders leer stehen und funktionslos geworden sind, gönnt man sich in der Stadt die Nostalgie.

Auf Veranstaltungen bin ich immer besonders gespannt auf das Buffet. Ob *flying* (das heißt, das Servicepersonal trägt Tabletts durch die Gegend) oder stationär, plötzlich gibt es überall wieder Kartoffelbrei, Pflanzerl, Gurkerl und Würsterl. Alles hochwertig hergestellt, versteht sich, Bioqualität, und mit einem Augenzwinkern. Schließlich befinden wir uns in Bayern, in Deutschland, in Österreich, und das ist unsere Kost. Edel, gehoben und doch ordinär, bekannt und vertraut. Eben nicht hochtrabend und prunkvoll, sondern ehrlich und mit Bodenhaftung. Auf einem größeren Literaturempfang wurden kürzlich vier verschiedene Sorten Würste angeboten – keine davon war vegetarisch oder vegan. Auch wenn es hier nur die Vegetarier*innen sind, die nicht mitessen dürfen: In jedem Rückgriff, und sei er noch so ironisch, auf den Heimatbegriff schwingt eben auch mit, was Heimat ganz unironisch erzeugt: Ausgrenzung. Heimat ist die Illusion der heilen Welt, der abgeschlossenen Welt, der engen und ordentlichen Verhältnisse. So war es auch bei uns. So ein Dorfwirtshaus ist ein abgeschlossener Kosmos, es dürfen nicht zu viele Fremde hereinplatzen. Am Wochenende, wenn manche weit angereist kamen, um die Fähigkeiten meiner Eltern zu bewundern, wurde das beunruhigt von den Einheimischen zur Kenntnis genommen. Manche setzten sich für eineinhalb Stunden ins Auto, bloß um zu essen. Da fühlten sich manche verunsichert, die nur über die Straße, den Hügel hinauf, das Feld entlang gehen mussten. Was wollen die hier?

> »Als Fremde werden wir nicht arglistig beäugt, sondern herzlich begrüßt. Das ist der große Unterschied zu Österreich, wo traditionell das ganze Wirtshaus in Stille verfällt und sie die Augen boshaft verengen, wenn ein Unbekannter das Lokal betritt, als würde schon die Planung eines Meuchelmordes in allen Schädeln rattern.«[47]

Stefanie Sargnagel beschreibt in *Iowa* diese spezifische schlagartige Ungemütlichkeit, wenn sich alle umdrehen und niemand was sagt. Man muss dann direkt lautstark den vollständigen Raum begrüßen. Zeigen, dass man keine Angst hat, die Chefin ist. So hat es mir jedenfalls meine Oma erklärt. Ein jedes Mal, wenn ich in so ein Wirtshaus am Land gehe, mach ich, wie mir geraten: Mit einer entschiedenen Autorität in den Laden reinrufen. Dann passiert schon nichts.

Hier ist es allerdings nicht so, niemand interessiert sich für mein Eintreten, zumindest nicht auf feindliche Weise. Ein modernes, gut eingerichtetes, hochpreisiges, angesagtes Wirtshaus in München, aber nicht das eine im Lehel, auf das

---

47 Stefanie Sargnagel: *Iowa*, Hamburg 2023, S. 39.

wir alle so stehen, weil es tatsächlich köstlich, traditionell und uralt ist, sondern ein anderes. Ich esse drei Königsberger Klopse mit Zitronen-Kapern-Soße und irgendeiner Kartoffelart, die ich nicht kenne, für 22 €. Dazu ein halber Liter hausgemachte Ingwerlimonade für 4,50 €. Spitzengastronomie wirkt in Zeiten der Krisen abgehoben und schamlos. Zumindest für uns noch abgehobener und schamloser als sonst. Kaviar, Hummer, seltene Tiere, Miniportiönchen und dampfende, rauchende, qualmende, brennende Gerichte mit Showeffekt. So ein Schnitzel hingegen, klassisch, traditionell und genügsam sättigend.

Einer am Tisch fragt, ob ich denn nicht wisse, dass ich solche Klopse auch bei IKEA essen könne. Ich verneine ehrlich und denke sofort darüber nach, dass das hier angebotene Fleisch ja wohl besser sein muss als das in einem Möbelhaus. Aber wie komme ich darauf? Natürlich wegen der gut designten Erzählung. Die Kellnerin ist aufmerksam, höflich, zugewandt und berät diejenigen, die sich nicht entscheiden können. Im Möbelhaus wurde ich selbst mit meiner weit bekannten Oma nicht so gut behandelt. Neben mir isst Steffen ein blutiges Steak (29 €) mit Kartoffeln und Rote-Zwiebeln-Chutney, Sapir eine Süßkartoffel (19 €), alle anderen am Tisch haben sich für die vier Scheiben Entenbrust auf Artischockenpüree (24 €) entschieden. Mein Vater würde mich auslachen, wenn er mich so sehen könnte, so über Klasse, Preise, vermeintliche Zugehörigkeiten schwadronierend und dabei die Klopse sezierend, als seien sie eine extravagante Seltenheit.

Der Imbiss

In derselben Nacht, in der ich mich endlich und allumfassend vom Crush entliebe, bekommt meine sehr teure Handtasche einen Fleck. Was mich wesentlich härter trifft und beschäftigt als die kürzlich mir gegenüber geäußerte Einschätzung eines Literaturkritikers, aber dazu gleich mehr.

Frühjahr 2024. Der Crush und ich stehen an einem Würstelstand und essen Pommes. Die dritte Nacht in Folge, weil wir die dritte Nacht in Folge ausgehen. Ich trinke eine Cola ohne Zucker, wir küssen uns für zwei Sekunden. Die Nacht ist jung, wir sind es auch, wobei er noch jünger ist als ich, was mir gut gefällt. Ich finde es zeitgemäß und habe das Gefühl, jüngere Männer haben nicht so viel Angst. Der Lover verkündet ab und an ein nicht näher definiertes Unwohlsein, eine sich anbahnende Midlife-Crisis. In diesen Phasen mag er die Minderwertigkeitskomplexe lieber als mich, und ich konkurriere nicht mit ihnen. Dann fragt mich der Crush, was ich eigentlich will. Ich schlucke.

Erst letzten Monat fragte mich ein neugieriger Mann, was ich eigentlich vorhätte. Der Typ, später stellte er sich als Literaturkritiker heraus, wollte allerdings nicht wissen, wie ich mich zu ihm in Beziehung setzen, sondern, was ich mit meinem kommenden Buch bezwecken will. Das Setting für diese Frage war ausgesprochen banal: ein Stehempfang nach einer Filmpremiere. Da lehnt er lässig an seinem Stehtischchen und wartet keine Sekunde auf meine Antwort, sondern es schießt nur so aus ihm heraus. Der Literaturkommissar hat einen Fall gewittert. Ob ich etwa die Welle mitnehmen wolle, die Aufmerksamkeit, die sich gerade auf das Thema richte?

Ich frage: »Welches Thema? Schließlich habe ich drei.« »Na, Arbeiterkinder, Unterschicht, Prekariat. Alles gerade cool und modern. Gegenwärtig, angesagt.« »Ach so. Ja ja, klar«, lache ich. »Irgendwie muss man die eigene Herkunft ja zu Geld machen. Meine Miete zahle ich schließlich nicht damit, dass ich auf diesen Feiern rumstehe.«

Er verengt die Augen. Ich tue es ihm gleich. Jetzt ist nämlich Schichtwechsel im Hochbetrieb. Und zwar perspektivisch. Mag ja sein, dass es die Oberschicht nicht so gerne hat, wenn über sie, über die Kulturelite, das Bildungsbürgertum geschrieben wird, also aus der Unterschicht heraus, versteht sich, aber damit muss sie sich jetzt abfinden. Das weiß auch Anke Stelling, die mit *Schäfchen im Trockenen* einen Roman über eine nörgelnde, das Bürgertum entlarvende und damit ordentlich verärgernde Protagonistin veröffentlichte. Aus der Sicht ihrer Hauptfigur heißt das:

> »Echte Literatur hat Personal. Leute, die sich dafür hergeben, erzählt zu werden – und einem damit das eigene Erzähltwerden vom Leibe halten. Dienstleister sind das, Handlanger, während ich schon wieder alles selbst machen möchte. Nicht nur Protagonistin meines eigenes Lebens, sondern auch Mittelpunkt meiner Gedanken sein. Man kann sich an Personal gewöhnen. Wo Neureiche noch vor ihren Putzfrauen herputzen und sich vor den Blicken ihrer Au-pair-Mädchen genieren, sind für Adlige die Butler ein Teil ihrer selbst. Vielleicht ist das die Kluft? Auf der einen Seite die Freiheit, die Kunst nicht zu brauchen. Weil es nichts zu werden, zu erreichen und zu verstehen gibt. (...) Auf der anderen Seite die Mühe, das Sammeln und Wuseln, Abwägen und Aufnehmen. Um zu verstehen, zu werden, zu überleben.«[48]

---

48 Anke Stelling: *Schäfchen im Trockenen*, Berlin 2019, S. 182 f.

Die Oberschicht hätte es wohl gerne geordneter. Arbeiten, also unterhalten, ist das eine, aber die Sujetwahl was anderes. Dazwischen befinden wir uns, wir, die ihre *Identität* zu Material verwursten, als befänden wir uns allesamt in der Metzgerei der großen Erzählungen. Die eigene Geschichte wird zerlegt und in brauchbare Einzelteile sortiert. Man muss systematisch vorgehen und maximal vieles verwerten, bis kaum etwas übrig bleibt, nur das, was man nicht preisgeben will. Durch den Ausverkauf der eigenen Geschichte stellen wir uns in den Dienst der gutbürgerlichen Leser*innenschaft und Kulturinteressierten, des Feuilletons, die uns so gerne mit Distanz sezieren. Aber wir tun es bestmöglich selbstbestimmt. Der Kritikerkommissar hat natürlich recht, es liegt ein Fokus auf dem Schlagwort Identität. Erzählungen aus trans, queerer, postmigrantischer, prekärer Aufsteiger*innen-Perspektive, ein Trend, der wieder vorübergehen, aber sich niemals wieder auflösen wird. Lebenswege, die eigentlich klein bleiben sollen, werden plötzlich groß. Schamlos deklarieren sie sich zur Kunst, und wenn die Kunst eines ist, dann eine Heiligkeit an sich. Deshalb der Vorwurf der Kommerzialisierung: Künstler*innen wie ich nutzen den Kapitalismus und verkaufen das, was ihnen als die größtmöglichen Brocken ins Leben geschmissen wurde, und reißen die Erzählhegemonie an sich. Und weil ihnen das noch nicht reicht, setzen sie sich auch noch in Beziehung mit denen da oben. Dabei beißt man bekanntlich nicht in die Hand, die einen füttert. Die Journalistin, Autorin und Podcasterin Alice Hasters schreibt in *Identitätskrise*:

> »Identität ist eine Geschichte, die man über sich selbst erzählt. Eine Geschichte betont manches, lässt anderes weg, nutzt manche Stränge als Plot, anderes als nebensächliche Anekdote. In Uneinigkeiten über Identität ist meistens unklar, wie eine Geschichte genau gehen soll, was an ihr

> wichtig und was unwichtig ist. Deshalb wird in gesellschaftspolitischen Identitätsdiskussionen so oft der Begriff ›Narrativ‹ genutzt.«[49]

Meine Adoleszenz wurde vom großen Wunsch, die eigenen Zeichen abzulegen, beherrscht. Die Scham loszuwerden. Meine Zwanziger vergingen im fein säuberlichen Vertuschen der eigenen sozialen Herkunft, nur um sie jetzt, in den Dreißigern, wieder stolz vor mir herzutragen. Schon klar, dass das nicht jedem gefällt.

Der Crush will nicht länger auf meine Antwort warten, sondern gehen. Ich trinke die Cola aus, und mich beschleicht die Gewissheit, dass ich ihn nicht will. Da bleibt eigentlich nur die Auflösung der Geschichte. Statt ihm das zu sagen, bedanke ich mich für den guten Service bei dem Typ, der im Imbiss steht, er nickt, ohne mich anzusehen. Der Gastroblick.

Der Lover schickt mir eine Nachricht, wünscht mir eine schöne Nacht. Um die Konversation wieder in Gang zu bringen, frage ich den Crush, wie er eigentlich die Pommes findet, schließlich steht der Imbiss in jedem szenigen Tourist*innenführer. Der seufzt. »Lecker. Du?« »Auch.« Ich mag ja die dünnen lieber als die dicken Pommes, bevorzuge vegane Mayo und Pfeffersoße, manchmal brauch ich sie aber mit Chili und Käse oder mit rohen Zwiebeln. »Leckerst«, sage ich dann, »wirklich leckerst!« Als absolute Steigerung des Prollbegriffs. Der Crush, der nun keiner mehr ist, hätte es auch ohne meine kulinarische Offenbarung begriffen. Wir gehen im zügigen Tempo, weil wir noch was erleben wollen.

---

49 Alice Hasters: *Identitätskrise*, Berlin 2023, S. 6.

Einfache Küche, einfache Sprache

Wie geht die Sprache des Genusses? In Sprache zeigt sich Sozialisation, Milieuzugehörigkeit, Klassenherkunft, so heißt es. Straßensprache, Akademiker*innensprache, Unterschichtensprache. Assimilationsvorgänge wie das Verwenden von Fachbegriffen, Fremdwörtern, hochtrabenden Bezeichnungen. Gut geübt im Dauereinsatz der Täuschungsperformance. Dann wieder genau das Gegenteil davon. Wörter, die scheinbar alles offenbaren, schamlos in die Welt rausplappern. Christina Maria Ruederer schreibt:

> »Schlemmen, Spachteln, Mampfen und Schlingen wurde lange Kindern und ärmeren Menschen zugeschrieben und mit rümpfender Nase von Privilegierteren getadelt. Auch heute noch ist in vielen Ritualen des Essens soziale Herkunft ablesbar. Auch meine ich, in Restaurants laute Äußerungen über Genuss weniger zu hören, sie fallen unter den Tisch, sind kontrollierter und versachlicht, während ich in Imbissen, ob beim Mittagstisch der Arbeiter*innen oder am nächtlichen Essensstand bei Kebap, Pommes, Pizza oder Samosa die Vorfreude auf das Essen, Äußerungen des Hungergefühls sowie Genussausrufe wie ›lecker‹ ungebremst vernehmen kann.«[50]

Lecker war auch ein Reizwort meiner österreichischen Familie. Man war der Überzeugung, die eingewanderten Deutschen

50 Christina Maria Ruederer: »Imbiss«, in: *Das Wetter – Magazin für Text und Musik*, Nr. 33 (2023), S. 55.

müssten es sich dringend abgewöhnen. Als ich mit neunzehn, zwanzig einmal während meines ersten Studiums die Eltern besuchte, hatten sie das Wirtshaus schon länger abgegeben, wurden entweder von Sozialhilfe unterstützt oder hatten gerade irgendeinen Job ergattert. Woran ich mich sehr gut erinnere, ist, dass es immer darum ging, wieder Boden unter die Füße zu bekommen. Ich finanzierte mich durch BAföG und drei Schichten pro Woche in einem Kaffeehaus für romantische Nostalgiker*innen mit Hang zu Plüsch und Edelkitsch, schlecht gemachten Sandwiches und Cocktails. Nach Ladenschluss blieben wir häufig so lange, bis das Reinigungsteam frühmorgens kam, tranken, hörten laut Musik, diskutierten über Texte, über Kunst und über Liebe, über die ganz großen Themen, über das ganz große Leben.

Das dominante Gefühl dieser Jahre war die permanente gewollte Bewegung nach vorn. Oder nach oben. Hauptsache, Bewegung. Um meine damals recht neue Existenzberechtigung im Kreis der Gebildeten zu demonstrieren, griff ich beim Besuch meiner Verwandtschaft und Kernfamilie auf meine neu erlernte Sprache zurück. Die unsichere, unkorrekte Verwendung würde dort nicht auffallen, wo sie ohnehin keine Verwendung findet. Die Erste der Familie, die studierte – das musste etwas bedeuten. Die Erste, die zumindest ein Fachabitur erlangte. Abschlüsse als Beweise für Klugheit, als Grundlage für den Ausbruch, für ein anderes Leben. Mein Leben, so dachte ich, sollte besser sein als das meiner Eltern, und dementsprechend würde automatisch auch ich besser sein. Doch worin war ich besser, wobei wollte ich besser sein? Das war nebensächlich. Es ging ums Grundsätzliche. Um Status, Titel, Position und messbaren Erfolg. Ich beurteilte sie nach dem Absturz. Das imaginierte Ich war das einer Gewinnerin. Elaboriert, wortgewandt und eloquent plapperte ich dementsprechend relativ zusammenhangslos über alles, war mich in dieser Zeit am Leben hielt. Es ging weniger darum, mich auszudrücken, verstanden oder gehört zu werden, sondern darum, Distanz zu markieren.

Die neue Sprache sollte meiner Herkunftsscham entgegenwirken, verstärkte sie jedoch. Die Erkenntnis, dass ich aus einem Haushalt kam, über den ich vielleicht lieber nicht sprechen sollte, kam in Studienwoche drei. Später gesellte sich die Beobachtung dazu, dass die meisten meiner Kommiliton*innen aus gutbürgerlichen Familien stammten und ohnehin gut erben würden (in allen drei Studiengängen, die ich studierte, verhielt sich das ähnlich). Meine konstante Sorge, dass ich nicht mehr im neuen Umfeld willkommen sein würde, würde ich meine Herkunftsverhältnisse offenbaren, sekundierte meine Ahnung, dass sich meine neue Identität niemals dauerhaft und wirklich überzeugend aufrechterhalten lassen würde.

Bei einem der Besuche bei denen, von denen ich mich so dringend absondern wollte, realisierte ich, dass meine Eltern und ich in der Tat längst zu entfernten Bekannten geworden waren. Unsere Gespräche, mit Floskeln und Phrasen gefüllt, liefen regelmäßig ins Nichts. Leere Fragen, hohle Antworten. Sie verstanden mich nicht, ich sie nicht. Dazwischen mein hochtrabendes Gesäusel und lange Pausen, in denen ich eine Reaktion erzwingen wollte. Es war feindlich zwischen uns, ohne dass wir konkret benennen konnten, warum. Dann bekam ich endlich, was ich wollte. Meine Mutter hielt es nicht mehr aus, sie platzte, entlud sich und spie giftige Wörter auf mich. Sie schrie: »Du sprichst in einer Sprache mit uns, die wir nicht verstehen!« Sie war verzweifelt und genervt, furios wütend. Sie starrte mir ins Gesicht, nichts geschah, ich erwiderte nichts und ließ sie ungehindert den Raum verlassen. Zwar erschrak ich innerlich, wurde aber direkt vom Gefühl der Erhabenheit ergriffen. Ich lächelte und trank genüsslich ein Glas Wasser. Es hatte funktioniert. Ich war eine andere geworden. Auch sie hatte es verstanden. Ich gehörte nicht mehr dazu. Ich spiele jetzt in einer anderen Liga. Tschüss, Mutti!

Was erst nur Distinktionsmerkmal sein sollte, wurde später zu meiner Arbeitsgrundlage. Die Sprache, die meine Mutter nicht versteht. Die sie alle nicht verstehen. Die Sprache, in der ich mich heimisch und sicher fühle, trennt mich von zu Hause. Die Sprache, mit der ich mich täglich befasse, ist und war nie die meiner Mutter oder meines Vaters, nie die meiner Tanten und Onkel, meiner Großmütter oder ihrer Geschwister.

Es gab eine Zeit, da rangen mein Vater und meine Mutter darum, wer besser Geschichten erzählen konnte. Kleine Streitereien brachen aus, wenn jemand die Pointe versaute. Eine unverzeihliche Tat. Mein Vater erzählte und erzählte und erzählte die immer gleichen Geschichten mit den perfekten Witzen. Offenkundig gab es Auslassungen, Übertreibungen, kleinere Schwindeleien. Die gehören dazu, die Geschichten müssen gelingen, auch das kommt mir im Nachhinein recht österreichisch vor. Weil zum Gelingen die Selbstironie dazugehört sowie dieses besondere Gespür, Situationen sofort nach den Mikroinhalten zu analysieren, Blicke oder Gesten herauszuklauben, wie reife Früchte zu verarbeiten, sich alles zunutze zu machen. Meine Eltern jedenfalls waren geborene Entertainer, wie geschaffen für ein Lokal.

Auch ich will ordentlich unterhalten. Einmal fragte mich jemand aus dem Finanzamt, wie es um meine Hobbys stehe. Ein Bankberater meinte, er verstehe nicht, warum Leute Geld bezahlen sollten, damit ich aus Büchern vorlese und dann auch noch aus meinen eigenen. Verwandte rieten mir, noch bis Anfang dreißig, endlich einen *richtigen Job* zu suchen und dieses Luftschloss der Kunst aufzugeben (sie meinten es gut, damit ich auch mal Urlaub habe und geregelte Arbeitszeiten und ein regelmäßiges Einkommen). Aber jedes Boss Babe, mit dem ich mich unterhalte, rät mir: durchziehen, dranbleiben, immer weitermachen.

Auf einer Bühne verliere ich einmal den Faden, verstehe die Fragen nicht, werde nervös. Greife einzelne Worte auf, um wieder Fokus zu bekommen. Es hat lange gebraucht, bis ich verstanden habe, dass man unverständliche oder schlechte Fragen nicht beantworten muss und stattdessen einfach im selbst gewählten Thema glänzen kann. Auf einer anderen Bühne bin ich im Gespräch mit einer sogenannten Intellektuellen. Ich frage mich, ob sie wegen mir absichtlich einfach und verständlich spricht – aus Höflichkeit heraus oder um mich *abzuholen*. Das Gefühl, keinen kohärenten und verständlichen Satz spontan herauszubringen. Der tief sitzende Respekt für geübte Redner*innen, die *wie gedruckt* sprechen können.

Ich soll eine Vorlesung an einer Universität halten in einer Stadt, in der ich niemanden kenne. Der Crush ist angereist und sitzt in der ersten Reihe. Die Mehrheit der Zuhörenden im Hörsaal hat eine Anwesenheitspflicht zu erfüllen, wenige kommen freiwillig und meinetwegen. Im Versuch, herauszufinden, wer zu welcher Gruppe gehört, schaue ich in mal höflich lächelnde, mal leere Gesichter. Ich komme mir deplatziert und unpassend vor, suche nach Thesen, die ich gekonnt vortragen kann. Zur Markierung meiner unbekümmerten Persönlichkeit lege ich gut sichtbar für alle meine Clutch mitten aufs Pult. So viel Luxus hat diese Universität noch nie gesehen.

Ich halte einen Vortrag über die Tussi im Kulturbetrieb. Mein Outfit ist kuratiert. Ein dunkelblauer Nadelstreifen-Anzug von Escada, pinke Schuhe von Camper, rosa Ohrringe. Am nächsten Tag erreichen mich die Reflexionstexte der Studierenden. Einige erwähnen das Zusammenspiel von meinem Text und meinem Auftritt, das *Performative*, wie sie es nennen. Ich bin erleichtert, dass meine Anstrengung nicht umsonst war. Die fotzige Professorin muss vielleicht gar nicht den beeindruckend umfangreichen Wortschatz beherrschen, sondern nur mit entsprechend heißen Looks auffahren.

Jede Performance kann unter Umständen entlarvt werden, ein falsches Wort kann genügen, wie Ilija Matusko es beschreibt:

> »Ein falsches Wort genügt. Ich kann 20 Jahre lang mit Büchern, Notizen und Lederschuhen herumlaufen, ins Theater gehen etc. und muss dann nur einmal ›Kohle‹, ›Alter‹ oder ›bescheuert‹ sagen, und schon bin ich enttarnt. Jemand, der mir jederzeit von hinten auf die Schulter tippen kann und flüstert: ›Ich glaube, du bist hier falsch.‹ Fehler, die ich häufig mache: Tempuswechsel: Ich sah hin, um zu gucken, ob das Papier brennt. Umgangssprache: Die Kids haben mich gesehen, dann hauten sie ab. Nominativ statt Akkusativ: Ich geb ihnen mein Text. Was ich schnell erlernte, schon als Kind, war die Sprache der Scham. Eine einfache Grammatik, drei Fälle: sich falsch ausdrücken, sich falsch kleiden, sich falsch verhalten.«[51]

Wenn ich meine Eltern besuche, wird gekocht. Egal wie krank die Körper meiner Eltern sind, wir essen zusammen, sitzen da, an ihrem großen, schönen Esstisch. Es ist in diesem Fall also nicht die Sprache für Genuss, die uns zusammenhält, sondern der Genuss als Sprache.

Der Crush hält mir ein Glas Prosecco hin. »Auf uns!« »Welches uns?«, entgegne ich. »Das, das es geschafft hat.« Ich nehme einen Schluck und weiß gar nicht so genau, wie Es-Schaffen schmeckt. Aber wie so oft mittlerweile reden wir aneinander vorbei. Der Crush meint das Ankommen bei der Party. Ich meine eine höhere Ordnung.

---

51 Ilija Matusko: *Verdunstung in der Randzone*, S. 151 f.

Die Sprache der Lust

Der Lover und ich stehen vor einem Kunstverein rum. Ich ärgere mich über den schlechten Wein, nörgele kunstvoll, trinke lieber Mineralwasser als diesen Kopfschmerzgarant. Da geht der einfach, verschwindet eben kurz, sucht einen Späti. »Hier, Schatz, hab ich dir gekauft.« Er hält mir die Flasche Champagner hin. Der Lover hat manchmal diese völlig übertriebene, aber extrem gut inszenierte Art. Die Geste ist natürlich gut, denn sie ist total bescheuert, also übertrieben. Eine Flasche Schampus, Freitagabend, irgendwo auf der Straße in Mitte. Als hätten wir es. In diesem Moment haben wir dann eben alles. Ich lache darüber, dass alles so kaputt und gleichermaßen perfekt ist. Wir trinken die Flasche und gehen aus. In die Bar, in den Club, in die andere Bar, zu mir in die Wohnung, auf die ich aufpasse. Haben Sex, immer wieder, weil wir eigentlich zu müde sind, weil wir eigentlich auch einfach mal ruhen müssen, einschlafen, dösen, fassen uns dann doch wieder an, müssen dabei kichern, weil die ganze Nacht schon wieder eskaliert ist, obwohl wir doch beide arbeiten müssen, dann schlafen wir wieder miteinander. Obwohl doch alle immerzu arbeiten müssen, wollen. Die Euphorie zwischen Drogen, Flirts und Unausgesprochenem kippt ständig in den Druck der Deadlines, dann wieder zurück. Wir nehmen Drogen, weil wir Druck rauslassen wollen, weil wir uns frei fühlen wollen, weil wir loslassen müssen. Der legitime Wunsch, high zu sein, woanders, leicht. Wir geben uns gierig hin, zwar selten nur, aber doch immer wieder.

Der Lover geht vormittags, damit ich schreiben kann. Das ist unsere Vereinbarung, die Abmachung der Liebe. Wir respektieren die Arbeitszeiten der anderen Person. Bevor er geht, küsst er noch einmal ausgiebig meinen Körper. Er sagt, ich sei der köstlichste Snack. Kann man sich eigentlich dauerhaft von Snacks ernähren? (Ja.) Will man es? (Vermutlich nicht.)

Im italienischen Restaurant in der Nebenstraße verführt der Besitzer regelmäßig seine Dates, und zwar immer nach dem gleichen Skript. Der Laden ist bereits geschlossen, aufgeräumt und leer. Er bereitet eine schnelle Pasta zu, öffnet einen Wein, und es wird exakt eine Kerze angezündet. Die eine Kerze sorgt für die Romantik, aber ist auch nicht zu verschwenderisch oder der Beweis großer Mühe. Der Sex findet auf der Kommode statt. Ich liebe es, dass es so kitschig ist, so ordinär einfach und dass die Verbindung von Erotik und Essen immer, wirklich immer funktioniert.

Die Sprache der Liebe

Ta-Som, Kokutekeleza und ich sitzen in einem Restaurant in Berlin-Mitte, das sich auf Meeresfrüchte spezialisiert hat. Wir bestellen Austern für alle, dazu Bratkartoffeln und einen Salat, eine Flasche Crémant, Wasser. Dieses Abendessen ist das Ende einer exzessiven, viertägigen Reichenperformance von Somi und mir. Es waren Feiertage, wir nahmen uns frei und wollten uns etwas gönnen. Also bestellten wir tagelang alles, worauf wir Lust hatten. Offensichtlich ist in meinem Leben *sich etwas gönnen* ziemlich gleichbedeutend mit Essen. Sich wider alle Vernunft der Gier auf etwas, das als besonders gilt, hinzugeben. Dieser Laden, Somi und ich besuchten ihn also vier Tage am Stück, ist ein ideales Beispiel für gegenwärtige Nobelrestaurants. Hier gilt der vollständige Verzicht auf Prunk. Einfache Tische, Klappstühle, weiße Tischdecken darüber, unterschiedliche Teller auf jedem Tisch, kleine Vasen mit bisschen Blumen, ein einfaches Setting, das andernorts als kläglich empfunden werden würde. Das Erstaunlichste: Um zur Toilette zu gelangen, geht man durch die Schank, also die Bar. Der heiligste Ort neben der Küche. Hinter die Schank durfte bei uns niemand, außer die Wirtsleut'. Hier ist alles offen, Volksnähe wird demonstriert. Als wir am vierten Tag in Folge das Restaurant betraten, wurden wir herzlich begrüßt, so schnell geht das. Für einen kleinen Fehler des Service bekommen wir Schaumwein und obendrauf eine übrig gebliebene Portion Salat geschenkt. Im Eingangsbereich steht ein runder Tisch, so hoch wie ein Couchtisch, der völlig funktionslos Fläche blockiert. Auf ihm unterschiedliche schöne Kerzen und eine Blumenvase. Darin ein Strauß, bestehend aus roten Blumen, umwickelt von rotem Zellophan. Das ist mein absolutes Lieblingsteil. Es ist so nutzlos, so sperrig und das Dekor so billig und kitschig, so romantisch.

Solche Orte eignen sich nur bedingt für erste Dates. Um uns herum jedes Mal aufs Neue sich passiv-aggressiv anfauchende Pärchen, die sich über die Reihenfolge der Speisen, die zu bestellenden Mengen oder die Rechnung uneinig sind. Es ist bemerkenswert. Orte wie diese, hochpreisig, dadurch exklusiv, schick und auf statusreiche Gerichte spezialisiert, sind so grundsätzlich romantisch aufgeladen, dass die Umsetzung in wirkliche Romantik nicht mehr funktioniert.

Am 14. Februar 2024, dem internationalen Tag der bedingungslosen, romantischen Liebe und der Pralinen und der Ringe und der Blumensträuße und der Liebesbekenntnisse, gingen Somi und ich in ein Charlottenburger Edelrestaurant, um unser Single-Leben gebührend zu feiern. Wie zu erwarten, war dieses Etablissement voller Paare. Am 14. Februar braucht man, wenn man traurig über den singulären Zustand ist, starke Nerven oder eine gute Ablenkungsstrategie. Wir hingegen brauchten nur einander, weil wir sowieso nichts von diesem Tag halten, aber es lieben, ihn dennoch zu zelebrieren. Ich trug ein tief ausgeschnittenes, sehr kurzes Fiorucci-Kleid, glitzernden Schmuck, ein Herrensakko, eine weiße Strumpfhose und weiße Plateaupumps. Somi trug ein elegantes rotes Kleid und den perfekt passenden Lippenstift. Wir gaben ein schönes Paar ab und wurden an einem der nicht ganz so guten Tische direkt an der Bar positioniert, der sich auf den zweiten Blick als guter Tisch herausstellte, weil wir dem Personal beim Plaudern zuhören konnten. Als ich die Tür zum Restaurant öffnete, kam mir ein für seinen Sexismus bekannter Filmstar entgegen. Im Laufe des Abends wurden wir von mehreren älteren Männern entweder angegafft oder angesprochen, während wir außerdem ein Getränk serviert bekamen, das wir nie bestellt hatten. Ich kam mir vor wie in einer Serie aus den 1990ern oder anfänglichen 2000ern und verhielt mich meinem Outfit gemäß: Ich frotzelte prächtig, auch über die Anstalten machenden Herren. Das Wichtigste an dem Abend waren eben nicht die gut geübten Flirtversuche, die wir allesamt ins Leere laufen ließen, sondern die sich inzwischen bei uns etablierte Tradition, Tage der Einsamkeit wie den Valentinstag miteinander zu verbringen. Die schönsten Feiern der Liebe habe ich mit Freund*innen erlebt.

An meinem letzten Hochzeitstag, also dem letzten vor der Scheidung, wollte ich mir ebenfalls etwas gönnen. Ich dachte, ich könnte diesem längst zur Lächerlichkeit verkommenen Tag nur mit einer großen Geste entgegentreten, eine bis dahin unbekannte Sentimentalität hatte mich erfasst. So standen Sapir und ich mittags vor *Dallmayr*, einem Feinkostgeschäft in München, und stellten fest, dass Fine Dining hier leider doch außerhalb unserer Preisklasse lag. Aufrecht gingen wir weiter ins Kaufhaus und aßen dort zu Mittag, um im Anschluss wieder an unsere Schreibtische zurückzukehren. Retrospektiv bin ich froh, dass ich den Tag nicht mit einem hilflosen und kostspieligen Ritual aufzuladen versuchte, sondern mich so ordinär verhielt wie meistens. Das Besondere, das Schöne, muss man sich für die Menschen aufheben, mit denen man es feiern kann. Nicht um sich über jemanden hinwegzutrösten.

Wirtshaus 4

Der Gesundheitszustand meines Vaters hat sich verschlechtert, ich fahre zu meinen Eltern. Er entlässt sich auf eigene Gefahr aus dem Krankenhaus, und obwohl ich ihm anderes geraten hatte, muss ich anerkennen, dass er zu Hause einen guten Eindruck macht. Da sitzen wir also, am elterlichen Esstisch, die beiden und ich. Ich frage, ob ich in meinem Buch über sie schreiben darf. Meine Eltern sind unbeeindruckt, meine Mutter verlässt ständig den Tisch, eine Katze will durch die Terrassentür rein, ein Hund muss raus, dann beide Hunde, es läutet an der Tür, das Telefon klingelt, aber es ist nur eine Umfrage, die abgewimmelt wird, dann will mein Vater doch schon essen, und auch ich habe Hunger, also geht sie direkt in die Küche und bereitet das Abendessen vor. Mein Vater und ich bleiben stumm sitzen. Die Mutter kommt ständig zurück, setzt sich kurz, fragt unwillig: »Wo sind wir stehen geblieben?« Sie will nicht. Später wird sie einige Korrekturen haben.

Der Jäger hat uns nie das Wild geliefert. Das ist schon mal das erste von vielen Dingen, die nicht stimmen. Der hat überhaupt nie auch nur ein totes Tier zu uns gebracht. Warum sehe ich ihn dann so deutlich vor mir, Pfeife rauchend, über irgendwelche Viecher gebeugt? Was noch alles nicht stimmt: zeitliche Abläufe. Die Oma hatte eigentlich nur am Wochenende offen, und es gab tatsächlich nichts zu essen. Also, nichts außer Toast und Würstel mit Senf und Kren. Das war dann im Grunde gar kein Wirtshaus, sondern irgendwas anderes ohne Namen. Sie wollen es mir ganz genau erklären, aber ich möchte es gar nicht so genau wissen, weil ich es nicht für meinen Text brauche. »Deine Leserinnen und Leser möchten es vielleicht ganz genau wissen?«, fragt meine Mutter. Ich verneine. Ich behaupte, dass es in Ordnung ist, wenn in Büchern verheimlicht und gelogen wird. Beide sind skeptisch. Dann wird die Familiengeschichte wieder neu aufgerollt. Wir essen Pommes und Käsekrainer, das sind mit Käse gefüllte Würste. Ich trinke einen Liter Wasser. Im Fernsehen führt ein Paar einen Energydrink-Wettbewerb durch. Mit verbundenen Augen soll sie erschmecken, von welchem Hersteller die Energydrinks stammen, er führt eine Strichliste. Ich denke über unsere Vergangenheit nach, meine Eltern konzentrieren sich auf die Gegenwart (auf das Abendessen).

Meine Mutter findet, alles war nur halb so schlimm, wie ich es darstelle. Ich würde nicht unbedingt übertreiben, aber definitiv falsche Schlüsse aus allem ziehen. Ich erinnere mich daran, wie Emily mich spätnachts im *Schwarzen Café* fragte, ob ich denn überhaupt ein richtiges Arbeiter*innenkind sei bei all dem Unternehmertum meiner Eltern. Mama fragt mich, wie es mir eigentlich insgesamt so geht. Mir geht es gut, beteure ich. »Dir geht es doch gut!«, sagt Mutter nachdrücklich. »Also!« Und räumt den Tisch ab. Wie geht es wohl meiner Mutter? Vater sagt, er ist stolz auf mich, und tätschelt mir die Hand. Seine Augen werden nass.

Dana von Suffrin schreibt in ihrem Roman *Nochmal von vorne*: »Es ist in jeder Kindheitsbiografie das Größte, den Vater beim Weinen zu erwischen: Finger, die zittern, statt zu strafen, und Augen, die nässen, statt zu tadeln. Der Vater wird so klein wie eine Erdbeere, so süß und weich und nass. Man hat Lust, den Vater mit der Fingerspitze anzustupsen, und ist neugierig, ob er sofort zerbirst oder sich in eine rote Lache verwandelt. Die Welt ist nicht mehr die gleiche nach dem Weinen: Es ist eine Geburt, es ist der erste Sieg, es ist die traurigste Sache, die je passiert ist, es ist eine Hochzeit auf einer

Beerdigung und ein Geburtstagsfest inmitten einer Feuersbrunst, und wie jeder Sieg tut dieser Sieg weh.«[52]

Es heißt immer, die Verletzlichkeit der Eltern sei eine erschütternde Erkenntnis. Ich finde sie faszinierend. Mein Vater weint übrigens nicht, sondern schnäuzt sich ein wenig und reibt die feuchten Augen. Meine Mutter merkt an, dass ich die lustigsten Geschichten nicht aufgeschrieben habe. Sie erinnert mich an die Bezeichnungen für die letzten Getränke, bevor alle nach Hause gehen: erst das *Reiseachterl*, dann das *Fluchtachterl*.

Oder daran, dass sie damit drohte, diejenigen, die nicht zahlen wollten, auf eine Tafel am Eingang zu schreiben. Oder daran, wie sie dem einen, der ihr an den Po griff, eine schmierte, woraufhin ihn alle anstarrten und er nur sagte: »Du bist Wirtin, du musst dich angreifen lassen!«, sie aber danach nie wieder belästigt wurde.

Ich packe meine Tasche und verlasse das Elternhaus, in dem ich nie lebte, aber die Eltern seit mehr als einem Jahrzehnt. Beide stehen in der Tür und winken hinterher. Die Hunde sitzen artig daneben. Die Nacht ist mild, es ist so still hier, dass ich mich jedes Mal frage, warum ich in der Stadt lebe. In der Sekunde, in der ich in den Regiozug einsteige, ruft der Lover an, gutes Timing.

In meiner Heimkehr-Tasche: Eingefrorenes. Wirtshausbewährte Rezepturen. Apfelessig aus Österreich. Ordentlicher Kren. Scharfer Senf. Die Erdnuss- und Haselnussriegel. Reminiszenzen. Ich rufe den Lover später zurück. Für einen kurzen Moment möchte ich noch hier sein, in der alten Welt.

Zwei Monate später stirbt mein Vater. Ich hätte ihn gern wissen lassen, was ich zu spät begriff: Wie sehr meine eigene kulinarische Genussfähigkeit die seine war.

---

52 Dana von Suffrin: *Nochmal von vorne*, Köln 2024, S. 93.

Und im Anschluss schlafe ich.

Das eigene Bett

An jedem einzelnen Morgen freue ich mich auf den Moment, wenn ich mich abends wieder ins Bett legen darf. Kleidung und Essen mögen die luxuriösesten Elemente meiner Pleasure-Triade sein, Schlaf ist das Wichtigste in meinem Leben.

Ich besitze ein japanisches Holzbett. Es ist niedrig, lediglich 140 × 200 cm groß und hat ein Kopfteil, mit einer Buchstütze auf der Rückseite. So sieht es auch aus, also das Bett als Ganzes, wie eine einzige Buchablage, zu der man sich legen darf. Meine ganze Wohnung ist voller Bücher. Wenn ich Besuch bekomme, ist das immer das Erste, was bemerkt wird. Manchmal wird anerkennend genickt, erstaunt die Masse begutachtet oder einer der immer gleichen Sprüche gerissen: »Wow, hier hat es Bücher!«, »Da fühle ich mich gänzlich unbelesen«, »Braucht man hier einen Bib-Ausweis?«. Die einzige Frage, die ich zu meiner Bibliothek gelten lasse, ist: »Kannst du mir was empfehlen?« Manche entschuldigen sich direkt, weil sie nicht so gerne lesen. Seit mein Ex-Mann ausgezogen ist, gibt es kein Bücherregal mehr. Die Bücher stapeln sich überall, aber mehrheitlich auf einem Schreibtisch, der ihm gehört und den er, sagen wir, beim Gehen vergaß. Seit der Ex-Mann ausgezogen ist, befindet sich die Wohnung in einem Übergangszustand. Ich vermute ständig, dass ich ohnehin bald selbst ausziehen werde, sodass sich eine Renovierung nicht mehr lohnt, also bleibt alles chaotisch und undurchdacht und unpraktisch, eine Zwischenlösung eben.

Beinah drei Jahre sind seit der Trennung vergangen. Ich liebe diese Wohnung. Ich liebe die Böden (Parkett), die Fenster (mittelgroß), das Haus an sich (alt) und meine Nachbar*innen (funny), das Viertel (Arbeiter*innen natürlich). Ich liebe den Geruch der Küche (alt und komisch). Ich liebe mein Gefühl beim Betreten der Wohnung. Es ist eine kleine Wohnung (45 Quadratmeter), man hat sie schnell durchquert (nicht mal 2 Minuten, sie ist auch schlecht geschnitten), aber am weitesten entfernt von der Wohnungstür befindet sich das Bett. Durch den Flur, durch das Wohnzimmer, hinter der Schlafzimmertür, da, neben dem alten Kasten mit der Marmortischplatte, in dem Bikinis, Strumpfhosen, Sextoys und Handtaschen aufbewahrt werden. Da steht es und sieht direkt unbeschreiblich verführerisch, gemütlich aus. Direkt davor habe ich irgendwann eine Palme platziert, weil ich nicht wusste, wohin sonst mit ihr. Seit sie da steht, wächst sie unentwegt und ragt mit großen Blättern über das Bett. Wenn ich aufwache, sehe ich zuerst die tropische Pflanze und dann die jadesalbeimatchagrünen Vorhänge dahinter. Ich träume häufig vom Regenwald, der Lover glaubt, es liegt an dieser Konstellation. Der Lover hat sie, hat das Bett, hat meine Wohnung noch nie in echt gesehen. Warum ich ihn nicht reinlasse? Weil er nie in den Zug nach München steigt. Weil ich ihn nie einlade. Weil ich ihn nie darum bitte. Weil ich lieber ihn besuche.

Das Bett ist nicht nur der beste Ort in der Wohnung, es ist mein bevorzugter Ort ganz allgemein in dieser Welt. Ich mache alles in diesem Bett. Ich schlafe, träume, masturbiere, lese, arbeite, verhandle, entscheide, telefoniere, debattiere, chatte, konzipiere, schreibe, glotze, denke, esse und trinke darin. Ich lebe in diesem Bett. Nirgends sonst schlafe ich so tief, so wohltuend, so gut und so fantastisch träumend wie hier. Nirgends entstanden so viele Texte, Konzepte oder Ideen. Ich mach meine Steuern im Bett, meine Buchhaltung, erstelle dort meine Rechnungen. Ich frühstücke im Bett, schlüpfe mit dem Kaffee noch einmal unter die noch warme Decke. Ich höre so gern Radio in diesem Bett, Hörspiele, Sendungen,

Konzerte, Musik. Das war schon in meiner Kindheit so. Die österreichische Oma hatte das Radio direkt im weich gepolsterten Kopfteil eingebaut, und so lagen wir da, in der Dunkelheit, und hörten zu. Man durfte wirklich kein Wort sagen, die Fenster waren geöffnet, der Einzige, der stören durfte, war der Uhu. Einschlafen wollte ich als Kind nur mit Kassette, und auch heute noch höre ich Hörspiele, wenn mich die Erschöpfung nicht umgehend in das tiefe, dunkle Loch hinunterreißt. Als Teenager bekam ich irgendwann einen Radiowecker mit CD-Deck und hörte besonders gerne spätabends die Liebessendung auf FM4. Jetzt steht das Radio mit Bluetoothfunktion auf dem Kasten daneben, mit einer schönen Lampe, Souvenirs aus irgendwelchen Ländern: eine Porzellanfigur, die aussieht, als wäre sie eine Wintergöttin, ebenso eine vergoldete Nelke in einer orangenen Box mit rosa Samtauskleidung, die einem Sarg nicht unähnlich scheint, aus China, ein Mineralienset vom Vesuv in einer rot-schwarz gesprenkelten Schachtel und mit einem Foto des speienden Vulkans in der Innenseite des Deckels, eine Porzellan-Quitte aus Rijeka, eine Kristallglasschale aus Dänemark, ein Lavendelkissenspray, ein Körperöl, die gute Handcreme, hübsche Kerzen und ein schön anzusehender Glasdildo. Selbst unter dem Bett liegen Bücher, wie mir jedes Mal beim Putzen auffällt.

Obwohl dieses Bett seit Jahren mein Lebensmittelpunkt ist, hatte ich erst mit einer Person darin Sex. Dieser einen Person ist nicht einmal bewusst, welchen Sonderstatus sie hat. In diesem Bett bin ich in jedem Zustand: Ich bin darin nüchtern, glücklich, aufgelöst, traurig, verzweifelt, high, müde, wach, aufgeregt, erschöpft, liebend, besoffen, konzentriert, effizient, langsam, vor allem jedoch unbeobachtet und allein. Manchmal nenne ich es mein Büro, meine innigste Beziehung oder meinen Sehnsuchtsort. Ich vermisse es, wenn ich zu lange in anderen Betten liege. Mein Bett ist der Ort, der mich am sorgfältigsten vor der Welt schützt.

Mein Bett ist auch mein Bettzeug. Eine 220 × 240 cm große Daunendecke, drei unterschiedlich große Daunenkissen, eine Wärmflasche und eine äußerst schön verarbeitete Wolldecke, die mein Ex-Mann und ich zur Hochzeit bekamen und die in meinem Besitz geblieben ist. Zur Hochzeit bekommt man schließlich Haushaltswaren. Eine farblich zu den Vorhängen passende, salbeigrüne Tagesdecke, und dann liegt da noch die jadegrüne Seidenschlafmaske. *Wie man sich bettet, so liegt man.* Ich liege bequem.

Das Ehebett war das Erste, was ich entsorgt habe. Ich verschenkte es einen Tag nach der Trennung auf eBay Kleinanzeigen. Selbstabbau und Selbstabholung. Es dauerte keine Stunde, dann stand die zukünftige Besitzerin vor mir, motiviert, tatkräftig und mit bester Laune. An diesem Tag war sie meine Rettung. Wir plauderten kurz über Lebensverhältnisse, Geldsorgen und Armut in der Großstadt. Als die neue Bettbesitzerin mich fragte, warum ich das Bett verschenken würde, haderte ich mit einer Antwort. Es sollte kein schlechtes Omen für sie werden. Das Bett wurde für mich zum Beweis für die gescheiterte Beziehung, die ruinierte Ehe, das neue, singuläre Leben, das, oh nein, bestimmt schrecklich sein würde. Es wurde zum Symbol. Da schau, da liegst du jetzt alleine drin, weil er dich nicht mehr will. Weil du nicht mehr geliebt wirst. Verliebt, verlobt, verheiratet, Versagerin. Nicht der Esstisch, die Teekanne, der Ehering, der Teppich oder das groß ausgedruckte Hochzeitsfoto oder die Waschmaschine. Es war das Bett, das umgehend verschwinden musste.

Der Rest ist immer noch da, in ständiger Verwendung (Teekanne, Teppich), im Keller (Esstisch), irgendwo verlegt (Ehering) oder lagernd (Bild). Da der Zweifel einen nur aufhält, wie ich auf einer Webseite für aufstrebende Managerinnen las, und es für ein erfolgreiches Leben einen optimistischen Blick in die Zukunft braucht und ich durch die Arbeit als Autorin lernte, dass die angemessene Informationsverteilung alles ist, sagte ich: »Es gefällt mir nicht mehr«, und das war keine Lüge. Das Bett war weder schön noch hochwertig noch teuer. Wir hatten es selbst günstig und gebraucht gekauft. Damals, 2015, als wir in meine winzige Wohnung zogen, über die andere lachend sagten, dies sei der größte Liebesbeweis. Es passte auf rührende Art zu uns. Kein Ding für die Ewigkeit.

Am liebsten hätte ich die Abholerin allein gelassen, ihr die Schlüssel gegeben und gesagt: »Mach ganz in Ruhe, ich gehe inzwischen einen Kaffee trinken.« Aber ich wollte doch sehen, wie es abgebaut wird, wie es stückchenweise aus meiner Wohnung, meinem Leben verschwindet. Zusammen hantierten wir, als wären wir ein eingespieltes Team, das vor einer verflucht mühsamen Aufgabe steht. An manchen Stellen waren wir ratlos, für andere zu schwach. Die Seitenteile des Himmelbettes waren zu schwer, das Kopfteil massiv. Wir mussten ständig den Nachbarn um andere Schraubenzieher, einen Akkubohrer oder Hilfe bitten. Es war anstrengend und zeitintensiv, aber ich wollte das Bett bezwingen und mit ihm das Gefühl des Scheiterns.

Ich hasste dieses Bett, so wie ich diese Trennung hasste. Wenn so eine große Idee schlagartig nichts anderes mehr ist als eine winzige Erinnerung. Wenn ein so großes Versprechen sich plötzlich wie ein anderes Leben anfühlt. Genau dann, in diesen ultra-offenen Momenten, in denen die Gegenwart realer als hyperreal zu sein scheint, neige ich dazu, Dinge aufzuladen. Objekte mit Erinnerungen zu behaften, um mich an sie zu klammern. Da ist der Zitronenbaum, den ich an meinem 30. Geburtstag aus einem Kern zog und daher immer weiß, wie alt er ist. Und die Escada Baguette Bag, die mir Linda zum Geburtstag schenkte, in einem Jahr der Niederlagen. Die Uhr, die ich von meinem Ex-Mann bekam, von der ich mich nicht lösen will, weil sie das erste wirklich teure

Accessoire in meinem Leben war. Die Kristallgläser meiner Eltern, die so kostbar sind, weil sie für einen Lebensabschnitt stehen, in dem sie wirklich glücklich waren. Das Besteck aus unserem Wirtshaus.

Es gibt diese Menschen (auch in meinem Leben), denen sind Dinge egal. Sie machen sich weder was aus hübschen Sachen, noch, scheint sie deren Verlust besonders zu bewegen. In Neapel verlor ich einst die Goldkette meiner Großmutter. Als ich es bemerkte, war ich so aufgeregt, dass ich erst kein Wort herausbrachte, sondern unentwegt meinen Körper abtastete. Dann sagte ich, um dem fragenden Gesicht von Chrissi etwas entgegenzusetzen: »Warum fällt es mir hier auf?«, bog um die Hausecke, die wir soeben passiert hatten, und sah, wie eine Frau auf einem Roller etwas Glänzendes vom Boden aufhob. Ich rannte hin, riss ihr die Kette aus der Hand und betrachtete das wiedergefundene Stück Oma. Ich war mir sicher, dass der Verlust mein Untergang gewesen wäre. Die Frau auf dem Roller schmiss Worte auf mich, die ich sowieso nicht verstand, und rauschte davon.

Besonders gut, so scheint es mir, lassen sich Gegenstände in Extremsituationen (Liebe, Trauer, Verlust, Wut) bis zur abergläubischen Überhöhung aufladen. Ich kenne jemanden, der felsenfest davon überzeugt ist, bestimmte Schmuckstücke nicht ablegen zu können, weil sonst persönliche Katastrophen eintreten. Wer sich nicht an Dingen festhalten möchte, hat meiner Meinung nach ein ernsthaftes Problem damit, sich seinen Erinnerungen zu stellen. Die Schriftstellerin Dorothy Gallagher beschreibt in *Und was ich dir noch erzählen wollte* den emotionalen Wert von (Gebrauchs-)Gegenständen und wehrt den Vorwurf der Oberflächlichkeit, des Materialismus ab:

> »So oft stelle ich heutzutage fest, dass ich über Dinge nachdenke. Keine hochtrabenden Dinge, einfach nur Dinge – Gegenstände, Zeug. Dinge, die ich habe, Dinge, die ich

> hatte, Dinge, die mal anderen gehört haben und irgendwie in meinen Besitz übergegangen sind. Früh in meinem Leben erkannte meine Mutter, dass ich die Güter dieser Welt begehrte. Sie sah darin einen Charakterfehler. ›Das sind nur Dinge, Liebling‹, sagte sie. ›Sie sind nicht wichtig.‹ Damals dachte ich, dass ihre Sichtweise bestimmt die richtige, erhabene ist. Heute würde ich ihr antworten: Stimmt nicht, Mama, Dinge sind Zeugnisse; das Leben setzt sich darauf ab, so wie der Schnee, der fällt, während man schläft.«[53]

Gallagher hat ihr Buch *Und was ich dir noch erzählen wollte* ihrem verstorbenen Mann gewidmet, was mich besonders berührt, weil es zeigt, wie sehr das Festhalten an Dingen auch mit einem realen oder befürchteten Verlust zusammenhängen kann.

Aber eines musste ich verlieren, musste es rigoros abstoßen. Das Ehebett, Insignium meiner gescheiterten Ehe. Die letzte Nacht darin schlief ich ruhig, lang und tief. Ich wusste nicht, dass es die letzte sein würde. Am nächsten Morgen wachte ich auf, fotografierte es, stellte es online, und weg war es. Das unglaubwürdige Konzept des *für immer und ewig* nahm seinen Lauf. Als die Abholerin das letzte Teil ins Auto räumte, sich verschwitzt, aber dankbar verabschiedete und ich in einem halb eingerichteten Schlafzimmer stand, fühlte ich eine enorme Erleichterung. Ich wusste, dass er, der Ehemann, jetzt weg war. Er würde nie wieder zurückkommen.

Wochenlang gab es kein Bett bei mir, ich schlief auf einer Matratze auf dem Boden. Dabei mache ich mich gerne lustig über Männer ohne Möbel und vor allem über solche ohne Bettgestell. Ich werte das als Zeichen der Bindungsunfähigkeit. Der Lustverneinung. Wer erwachsen ist und über die

53 Dorothy Gallagher: *Und was ich dir noch erzählen wollte*, Zürich 2021, S. 30.

finanziellen Mittel verfügt, sich aber freiwillig dazu entschließt, kein Bett anzuschaffen, ist mir suspekt. Einmal ging ich direkt wieder nach Hause, als ich von einem Mittvierziger in sein Schlafzimmer ohne Bettgestell geführt wurde. Er besitzt eine Kaffeemaschine und ein Sofa, die zusammen so viel kosten wie zwei Mal mein neues Bett und die gute Matratze. Der Mann dachte, ich mache einen Scherz, als ich sagte, dass wir keinen Sex haben können, da es hier keinen Lattenrost gibt. Am Anfang kicherte er noch, dann schaute er konsterniert, als ich meine Gucci-Slingbacks wieder anzog, den Trenchcoat überstreifte und die Wohnung verließ. Er rief mich an, als ich gerade sein Treppenhaus hinunterstieg, und wir telefonierten den gesamten Nachhauseweg. Als ich ihn neulich wiedersah, erzählte er mir, dass er immer noch kein Bett habe, aber eine neue Freundin. Ich hoffe, sie bekommt niemals Rückenschmerzen.

Bevor ich heute mit jemandem nach Hause gehe, erkundige ich mich nach der Bettsituation. Ich meine das ernst. Schlaf ist eine ernst zu nehmende Angelegenheit. Sex auch. Ich habe ungern das Gefühl, meine Zeit auf diese Art zu vergeuden. Als Teil einer Berufsjugendlichenfantasie.

Dabei liege ich so gerne in der Gegend herum, und das nicht ohne Erfolg. Meine Scheidungsanwältin lernte ich im Berliner Prinzenbad im Liegen kennen. Da lag ich nach dem Schwimmen auf der Wiese, unterhielt mich mit einem zukünftigen Staatsanwalt, sie kam auf uns zu. Der zukünftige Staatsanwalt und die Scheidungsanwältin hatten sich im Studium kennengelernt. Ein paar Monate zuvor hatte sie ihre Kanzlei eröffnet. Am Abend gingen wir aus. Eine Woche später fragte ich sie, ob sie meine Scheidung machen würde. Eine Woche danach wiederum erklärte mir der zukünftige Staatsanwalt, dass er mich lieber nicht daten wolle. Das eine hat nichts mit dem anderen zu tun, passt aber gut in die Geschichte.

Auch den Crush lernte ich in der horizontalen Position auf einer Poolparty kennen. Ich döste in der Nähe des Wassers vor mich hin, wir begutachteten uns zwar eindringlich, aber führten kein Gespräch miteinander, was der Fantasy den Weg ebnete, denn mir gefiel seine kokette, draufgängerische, übertrieben dumm-männliche Art. Was soll ich sagen? Hin und wieder beeindrucken mich eben diejenigen, die ein bisschen zu selbstbewusst auftreten. Monate später, als wir zum ersten Mal wirklich miteinander sprachen, erinnerte er mich an das Bild, das ich abgegeben haben muss.

Die sorgenlos Herumliegende. Nicht nur wirkt sie luxuriös extravagant, denn sie muss offensichtlich nichts schaffen, sondern so erotisch entspannt. Nun, die Erotik war nicht intendiert, sondern ein zufälliges Nebenprodukt. Ich wollte der Erschöpfung wegen nichts an diesem Tag. Hätte ich etwas begehrt, hätte ich mich bewegen müssen, um es zu bekommen. Alles, was ich an diesem Nachmittag brauchte, war schon da oder wurde mir von Freund*innen serviert: Wasser, Sonne, eine bequeme Unterlage, ein Kissen und Drinks.

Als der Crush mir später meine wohl hochgradig erotische Außenwirkung offenbarte, konnte er mich damit umgehend um den Finger wickeln, denn nichts ist mir lieber, als durch bloße Anwesenheit und ohne jegliche Anstrengung glänzen zu können. Der Schweiß rann mir an diesem Tag unermüdlich den Körper hinunter, es war fantastisch. Zu allem Überfluss sprühte ich mich zusätzlich mit dem goldschimmernden Bodyöl ein. Obwohl ich mir selbst wie eine billige Variante eines Softpornos vorkam, schien ich durch diese übertriebene Nonchalance Eindruck geschunden zu haben. Er erzählte aber noch mehr. Nicht mein Bikini, meine vom Wasser gelockten Haare, meine Designer-Sonnenbrille oder das Buch, das ich aufgeschlagen hatte, haben mich letztendlich in seinem Hirn implementiert. Nein, es war viel banaler. Die so friedvoll liegende Schriftstellerin hat dem Crush direkt ein winziges bisschen den Kopf verdreht, weil sie irgendwann so lieb einschlief, während die anderen flirteten, plapperten, feierten. Meine Müdigkeit hat mir also diesen Mann beschert. Na, wenn das nichts ist.

Auch jetzt liege ich. Sogar im japanischen Holzbett. Meinem emotional wertvollsten Gebrauchsgegenstand. Liegen ist zwar mit Erholung gleichgesetzt – aber entspannt ist hier gerade nichts. Unkontrollierbar fühlt sich mein Leben derzeit an, und ich gebe es gerne zu: Ich liebe diese Gegenwart. Ich bitte nur darum, mich hier noch etwas liegen zu lassen. Ein kleines Stündchen. Oh, wie gemütlich das ist. Ah, da ruft die Scheidungsanwältin an, was für ein Timing.

Die Ex-Frau

Seit der Ex-Mann ausgezogen ist, schlafe ich die meiste Zeit des Jahres allein und betrachte diese Tatsache als eine der besten in meinem singulären Leben. Mehr Platz, mehr Ruhe, mehr von allem, was geil ist – außer den Küssen fehlt mir nichts. In den Monaten nach der Trennung beschlich mich eine diffuse Angst. »Hoffentlich«, so forderte ich stoßgebetartig die neue Mann-entleerte Realität auf, »werde ich aufgrund meines neuen Status fortan nicht links liegen gelassen.«

Die Ex-Frau genießt keinen guten Ruf. Sie ist die nervige, anstrengende, Geld abziehende, nörgelnde, Rosenkrieg führende, hysterische, übertreibende, psychopathische, kaputte Belastung. Also völlig lustbefreit und desolat. Die, über die gelästert wird, über die sich erhoben wird, das verkörperte Unglück, Unheil bringend und wie ein Fluch an einem haftend.

Das *crazy ex girlfriend.* Wenn das einer sagt, sollte man genauso schnell verschwinden wie bei der Matratze auf dem Boden. Sprechen Affären, Partner*innen, Freund*innen ausschließlich negativ über ihre Ex-Partner*innen, sagt das vor allem Schlechtes über sie selbst aus. Wie oft ich das schon gehört habe, aber seien wir uns immer sicher: Nicht alle diese Frauen können verrückt, manipulativ und ungehemmt gewesen sein. Trennungen, Scheidungen, Wohnungsauflösungen sind zermürbend. Aber es muss doch möglich sein, das auf respektvolle, wertschätzende Weise zu bewältigen. Ohne den Ruf, das Ansehen, die psychische und physische Gesundheit der anderen Person zu zerstören oder zumindest dermaßen auf die Probe zu stellen. *Ex-Frau* ist auch nur ein weiteres unnützes Label, eine Zustandsbeschreibung, um Unabhängigkeit und Selbstständigkeit abzusprechen, um sie kleinzuhalten und zu verurteilen. Um ihre Position zu schwächen. So gelang es jahrhundertelang erfolgreich, Ehefrauen in ungünstigen, gewaltvollen, traurigen Ehen zu halten. Ihre Prioritäten, Bedürfnisse und Kapazitäten ihren angetrauten Männern, ihren Kindern unterzuordnen. Vergewaltigungen in der Ehe sind in Deutschland übrigens erst seit 1997 strafbar.

Einmal drehte ich mit Katharina einen Film über aphrodisierende Speisen. Wir waren erschöpft, gingen in ein Wirtshaus in der Nähe meiner Münchner Wohnung. Unweit von uns saß eine Gruppe älterer Frauen, die gnadenlos und ungeniert über ihre längst erwachsenen Söhne und deren Freundinnen und Ex-Freundinnen lästerten. Anfänglich waren wir amüsiert, mochten die übertriebene Entrüstung (»Sie weigerte sich zu kochen!«) und die gespielte Verzweiflung (»Er hat sie doch so geliebt, jetzt ist er ganz allein in der großen Wohnung«) und die guten Ratschläge (»Sie muss das jetzt einfach hinnehmen und so machen, wie er das eben verlangt«). Dann wurde es unangenehm. Die Frauen nahmen sich selbst als Vorbilder und als lebende Zeichen der guten, pflichtbewussten Ehefrau. Die Gespräche und die Urteile wurden schärfer. »Die jungen Frauen«, so ereiferte sich eine von ihnen, »geben sofort auf, wenn es hart wird.« Die anderen stimmten ihr zu. Die eigentliche Enttäuschung, das sind die jungen Frauen, die raus aus den Beziehungen wollten. Die nicht aushalten wollten. Die sich nicht mit ihrem Schicksal abfinden wollten. Sie hätten das alle schließlich auch nicht getan. Sie blieben bei ihren Männern. 30 Jahre! 35 Jahre! 40 Jahre! Nach jeder Verkündung wurde angestoßen. Die fehlerfreien Söhne wurden bemuttert und bemitleidet, die schadhaften Ex-Frauen verurteilt.

Katharina und ich versuchten, trotz der donnernden, grölenden Stimmen ein eigenes Gespräch zu führen. Wir waren nach dem Drehtag aber so müde und leer, dass die Frauenstimmen immer wieder zu uns durchdrangen. Die Erkenntnis meiner eigenen gescheiterten Ehe ist, dass eben nicht jede Verbindung für immer ist – selbst wenn wir sie so dringend als solche sehen wollen. Selbst wenn wir es uns versprechen, uns Ringe anstecken, einen neuen Namen annehmen. Die Erkenntnis, dass wir perfekt füreinander waren, aber nicht mehr sind, erfordert Mut, Unterstützung und Solidarität. Das Bewusstsein, dass wir uns nicht zwingen müssen, dieses oder irgendein vergleichbares Konstrukt aufrechtzuerhalten. Für wen, wenn nicht für uns? Eben. Ich liebe ihn nicht mehr. Er liebt mich nicht mehr. Das Leben geht weiter. Die Geschichte hört hier auf. Das Bett ist verkauft. Der Ehering verräumt. Ich kenne nicht einmal seine aktuelle Adresse. Das Kapitel ist beendet.

Die Geschichte aber hört nicht auf. Die Single-Frau wirkt gefährlich. Ihr wird unterstellt, dass sie, in ihrer Freiheit, die sie nun einmal besitzt, unkontrolliert mit allen und jedem flirtet. Besonders gern mit den vergebenen Männern, als wären exakt diese, besonders prächtige Eroberungen. Man muss sie im Auge behalten, denn, willig und durchtrieben und frustriert, wie sie ist, kennt sie keine Grenzen. Außerdem, so eine Vermutung, wird sie einsam und alleine sterben, des Weiteren kann sie keinesfalls glücklich in ihrem singulären Zustand sein, denn das ist keine Option in einer Welt, in der die Ehe das größte Glück darstellt.

Ständig die Frage der Verwandten, ob es jemanden in meinem Leben gibt. »Es gibt viele«, sage ich, »aber niemanden so, wie du es dir wünschst.« »Ach du«, wird dann gesagt, »du bist ja auch Künstlerin, da ist ja eh alles ein bisschen verrückter.« So verrückt ist es eigentlich gar nicht. Vielleicht ist das Problem auch weniger der Umstand, dass ich Künstlerin bin, sondern erfolgreich. Ehen gehen oft in die Brüche, wenn die Frau beruflich erfolgreich sein will, wenn sie unabhängig ist.

Wie oft wurde ich nun schon mit einer solchen Begründung verlassen? Ich vermute, sechs oder sieben Mal, vielleicht auch häufiger. Im Grunde ist es immer der gleiche Ablauf. Erst beschwören die Männer feierlich, dass sie exakt *so eine Frau* suchen, so eine unabhängige, *starke*, erfolgreiche, und dann beschweren sie sich, wenn sie als *der Mann/Freund von* bezeichnet werden. Die Typen gleichen einander in ihren lächerlich identischen Minderwertigkeitskomplexen.

Dabei werde ich doch so häufig gewarnt. Liebevoll, spöttisch, angestrengt wird mir nahegelegt: Männer mögen keine Karrieristinnen, keine Überfliegerinnen, keine, die wissen, was sie wollen. Keine, die sie womöglich abhängen oder, oh nein, nicht als Priorität betrachten. Erfolgreiche Single-Frauen sind auch deshalb auf dem Liebes- und Heiratsmarkt extrem unbeliebt, weil man ihnen unterstellt, sie seien zu wählerisch, seien es gewöhnt, dass alles funktioniert, und daher weniger bereit zum Kompromiss. Der Mann als der Mehrverdiener und Versorger, als der dominantere, der entscheidende Teil einer Beziehung fällt da aus dem Konzept. Und er fällt tief.

Die Frau als die fürsorgliche und dankbare Empfängerin, die wirtschaftlich, sozial, ökonomisch abhängig ist, mag nicht mehr in ihrer Rolle verbleiben. Googelt man nach den Gründen für die Unpopularität der erfolgreichen Single-Frau, taucht in mehreren Artikeln eine Art Zusatz auf. Eine zusätzliche – oder nennen wir es ergänzende -Schuldzuweisung: Handelt es sich um eine beruflich erfolgreiche Frau, die auch noch schön ist, so heißt es, sinkt die Wahrscheinlichkeit für eine dauerhaft funktionierende Paarbeziehung noch weiter. Wie tief kann die heterosexuelle Liebe eigentlich noch sinken? Die schöne Karrieristin ist also noch weniger gefragt als die hässliche.

Angesichts der Tatsache, dass heute kaum noch jemand alleine eine Familie ernähren kann, ist diese Ablehnung nicht nur dumm, sondern auch bar jeder Logik. Weiterhin, so erzählt man mir, ist es so, dass Männer schon gerne die schönen Karrieristinnen erobern, nur eben nicht mit ihnen zusammen sein wollen. Eine Beziehung mit diesen Frauen sei unverhältnismäßig schwer und dauerhaft mühselig. Allein schon wegen des Konkurrenzprinzips: Denn wenn er selbst als absoluter Topmann auf die Karrieristin steht, dann werden das natürlich auch die anderen Topmänner tun, was bedeutet, dass das Liebesleben der Karrieristin zum exorbitanten, nicht enden wollenden Buffet wird – und wer soll bei so einer Auswahl schon monogam bleiben? Die auf die erfolgreiche Frau projizierte Angst vor Ablehnung trifft auf die Sorge vor den Anstrengungen, *eine solche Frau* zu halten. Weswegen also die Karrierefrau allerhöchstens zum *Trophy Fuck* taugt.

Duygu, Baran und ich sitzen beim Frühstück. Uns fallen in einer unmöglich kurzen Zeit so viele Beispiele ein von Männern, die sich, anstatt die Herausforderung, die so eine *zu große Frau* darstellen soll (ich kann schon nicht einmal mehr darüber lachen), anzunehmen, für diejenige entscheiden, von der sichtbar keine Gefahr ausgeht. Entspricht das tatsächlich der Wahrheit, oder ist das unser desillusionierter, alles verachtender Blick auf die romantische Paarbeziehung? Schließlich wäre dieser Umstand eine völlig irrsinnige Ablehnungsstrategie. Die Männerlogik: Eine solche Frau ist zu gefragt, der Einsatz zu hoch, aber mal kurz bumsen wäre schon super, nur so fürs Gefühl, was man hat, hat man, und den Selbstwert oder das Image poliert die Alte auch noch auf.

Aber was kriegt die Trophäe eigentlich für einen Preis? Den Preis der Niederlage und hin und wieder eine Klatsche der Gesellschaft, wenn sie einem nahelegt, dass es jetzt wirklich Zeit wäre, sich zu binden oder sich in Reproduktionsangelegenheiten zu engagieren. Dafür gibt es doch all die Ratschläge und Tipps. Alles lässt sich optimieren, und die mangelnde Beziehung ist womöglich nichts anderes als mangelndes Engagement oder das komplett falsche Mindset.

Haare, Beine, Brüste, Po, Gesicht sowieso, Vulva, Wohnung, Karre – es gibt für jedes noch so kleine Problem die entsprechende Lösung. »Achten Sie auf Ihre Ausstrahlung!« »Befreien Sie sich von eventuellen Altlasten.« »Überlassen Sie nichts dem Zufall.« »Haben Sie Mut.« »Nutzen Sie das Internet.« »Such dir ein Hobby, das macht dich interessant und bietet Gesprächsstoff.« »Nutze Gassigehen zum Flirten.« »Gehe zum Sport.« »Sei sexy!« Die große Liebe findet man übrigens, so hat es ein Mathematiker angeblich ausgerechnet, im Alter zwischen 18 und 40 Jahren.

»Die meisten Künstler, das lernt man mit der Zeit, wollen keine erfolgreiche Künstlerin als Partnerin, sondern eine Frau, die in ihrem Schatten steht, zu ihnen aufschaut und die Organisation des Alltags übernimmt«[54], schreibt Stefanie Sargnagel in *Iowa*. Da ich bisher ausschließlich in den Künsten und den angrenzenden Berufsfeldern datete, kann ich diese Beobachtung nur bestätigen. Sie suchen jemanden, die ihnen (einige denken noch immer, es gäbe das isoliert agierende männliche Genie) die Arbeit erleichtert, nicht eine, die ihnen Konkurrenz macht. Bitte, bitte keine, die vielleicht besser, erfolgreicher oder klüger ist. Der Satz hat mich unangenehm getroffen. *It's funny because it's true.*

Wenn sich Männer Frauen suchen, denen sie beratend und helfend zur Seite stehen können, handelt es sich in der Regel um jüngere und unerfahrenere. Sie versuchen, sich durch ihre etwaige und latent übergriffige Lehrerrolle unentbehrlich, notwendig und relevant zu machen. Es ist der jämmerliche, aber häufig erfolgreiche Versuch, ihre Machtposition auf Dauer zu verankern. Der Mann, der Mentor. Es ist doch erstaunlich, dass so viele Männer angewiesen sind auf das Gefühl der Überlegenheit und sich keine egalitäre Verbindung, keine Beziehung auf Augenhöhe wünschen. Im hetero-

---

54 Stefanie Sargnagel: *Iowa*, S. 99.

sexuellen Dating ist es deutlich akzeptierter, wenn ein älterer Mann eine jüngere Partnerin hat, als andersherum. Der jüngeren Frau übrigens, für die der Mann seinerseits gelobt wird, unterstellt man gern einen unaufgearbeiteten Vaterkomplex oder meinetwegen finanzielles Kalkül. Wenn er richtig reich ist, nennt man sie dann die Erbschleicherin, »The Gold Digger«.

Die Frau mit dem jüngeren Liebhaber hingegen gilt als infantil und unreif, vor allem wird Beziehungen dieser Art keine lange Dauer zugetraut. Cher, Vivienne Westwood, Tilda Swinton, Heidi Klum, all diese berühmten Frauen mit ihren wesentlich jüngeren Liebhabern und Partnern haben bisher nichts daran ändern können, dass ältere Frauen mit jüngeren Männern ziemlich weit unten stehen in der Hierarchie anerkannter Verbindungen.

Einmal verließ mich ein (älterer) Mann mit dem Satz: »Du brauchst mich nicht mehr.« Das finde ich selbst Jahre später eine unterhaltsame Begründung. Er suchte sich im Anschluss eine zehn Jahre jüngere Frau. Vielleicht braucht die ihn ja. Männer, die sich für solche Sätze nicht schämen, fühlen sich von (erfolgreichen) Single-Frauen tatsächlich angegriffen und in ihrer Position geschwächt, nutzlos gemacht. Anstatt ihr dominantes Leitideal zu hinterfragen, verharren sie in einer hilflosen Bedürftigkeit. Wie soll man bitte damit umgehen, wenn man tatsächlich einfach keine Hilfe von einem Mann, mit dem man schläft, bekommen will? Ich will Männer weder generell anhimmeln noch ungefragt ihre Expertise aufgetischt bekommen. Ich kenne Frauen, die ihre Ablehnung nicht aussprechen – weil sie ahnen, dass unter Umständen eine so gekränkte Männlichkeit zu Gewalt neigt.

Zuhause, der sicherste Ort

Die Statistik des Bundeskriminalamts zu häuslicher Gewalt besagt, dass jeden Tag ein Mann in Deutschland versucht, (s) eine Frau zu ermorden, und dass es jeden dritten Tag gelingt.[55] In der Presse werden diese Taten häufig durch falsche Bezeichnungen verharmlost: *Beziehungs-* oder *Eifersuchtsdrama, Familientragödie, Mord aus Liebe.* Der Mord an der (Ex-) Frau oder Partnerin ist ein Femizid und keine romantisch verklärte Übersprungshandlung. Die Häufigkeit der Mordversuche und Tötungsdelikte verweist auf ein strukturelles Problem, zumindest auf die strukturellen Begünstigungen dieser Taten. Hier kommt die Vorsorge ins Spiel. So einer Eskalation gehen meist physische und psychische Gewalthandlungen oder erzwungene soziale Isolation voraus. Gewalt im eigenen Zuhause oder, anders formuliert, wenn das eigene Zuhause zum gefährlichsten Ort wird, wird oft nicht ernst genommen. Ein Ausrutscher. Ein Bagatelldelikt. Ein Gewaltkreislauf. Wer in so einer Beziehung lebt, sitzt nicht nur in der Klemme, sondern braucht enorme Kapazitäten, um da wieder herauszukommen. Es gibt durchaus (staatliche) Strategien zur Prävention partnerschaftlicher Gewalt: Hilfetelefone, Frauenhäuser oder das Recht, den Täter für einige Tage der Wohnung zu verweisen. Es gibt auch Täter*innenprogramme, die die Justiz verpflichtend auferlegen kann. Damit es zu so tatkräftiger Unterstützung kommt, ist das Opfer in der Beweispflicht,

55 *Bundeslagebilder Häusliche Gewalt*, https://www.bka.de/DE/AktuelleInformationen/StatistikenLagebilder/Lagebilder/HaeuslicheGewalt/haeuslicheGewalt_node.html (letzter Zugriff: 07. 08. 2024).

muss ärztliche Dokumentation liefern, Anzeigen oder detaillierte Notizen über die Taten.

Frauenhäuser sind prinzipiell unterfinanziert, und es gibt viel zu wenige. Manche Einrichtungen haben Altersgrenzen für Söhne. Wenn sie dann einen Platz bekommen haben, können Betroffene häufig das Frauenhaus nicht verlassen, weil sie keine Wohnung finden.

Wenn eine Frau sich die Trennung nicht leisten kann, wenn vielleicht Kinder im Spiel sind, wenn ökonomische Abhängigkeiten geschaffen wurden, ist es für viele unmöglich, sich aus so einer Partnerschaft zu befreien. Und dennoch wird nach den Fällen häuslicher Gewalt, nach den Morden so oft gefragt, wie die Betroffene in dieser schrecklichen Beziehung hat bleiben können.

Ganz entgegen dem Stereotyp gibt es diese Formen häuslicher Gewalt in allen Herkunftsschichten. Statistisch gesehen erlebt jede vierte Frau im Laufe ihres Lebens Gewalt durch den eigenen Partner.

Christina Clemm ist Rechtsanwältin und Fachanwältin für Straf- und Familienrecht. In *Gegen Frauenhass* schreibt sie:

> »Würden wir am Ende eines Jahres eine Schweigeminute für jede in Deutschland von ihrem (Ex-)Partner ermordete Frau halten, schweigen wir über zwei Stunden. Gedächten wir aller Frauen, die einen Tötungsversuch überlebt haben, wären es sechs Stunden. Und würden wir für jede frauenverachtende Tat, jede erlittene Körperverletzung, Bedrohung, Beleidigung, Herabwürdigung, sexuelle Nötigung und Belästigung den Mund halten, könnten wir das Reden langfristig einstellen. Aber Schweigen hilft nicht.«[56]

---

56 Christina Clemm: *Gegen Frauenhass*, Berlin 2023, S. 11.

Manchmal hilft es, sich darüber lustig zu machen. Humor hilft (zumindest kurzzeitig), über die schrecklichsten Dinge hinwegzukommen. Wenn der Humor nicht dazu da ist, um über etwas hinwegzukommen, dann um (schmerzvolle) Dinge zu bewältigen. »Jeder Mann, auf den ich mich einlasse, könnte der nächste Stalker werden.« Das ist so ein Witz. Haha, ja.

Es gibt unzählige Memes über prügelnde, übergriffige Männer. Die schicken wir uns dann im Gruppenchat. Ein müdes Schmunzeln, kurz bevor wir auf das nächste Date gehen. Wir etablieren Techniken der Sicherheit, geben uns untereinander die Nummer der Typen weiter, mit denen wir verabredet sind, teilen ihre Social-Media-Profile, aktivieren im Handy die genaue Angabe unseres Standorts.

Für manche ist der nächste Mann, den sie treffen, auf den sie sich einlassen, mit dem sie intim werden und zusammenkommen, die große Liebe. Eine aufregende Affäre. Der Partner fürs Leben, Vater der Kinder und so weiter. Für andere ist der nächste Mann, den sie treffen, ihr Mörder. Ich denke beim Dating das mögliche Gewaltpotenzial immer schon mit, lasse niemanden an mich ran, der nicht von mindestens einer (eng) befreundeten Person als harmlos und korrekt eingeschätzt wird. Die Gefahr potenziert sich, je mehr man datet. Die als promiskuitiv geltende Frau ist einer noch größeren Gefahr ausgesetzt, sie gilt als wertloser und leichter zugänglich. Die als promiskuitiv geltende Frau, die in der Öffentlichkeit steht, erst recht. Die Unsicherheit wird zum festen Bestandteil auf der Suche nach einer*m Partner*in. Wie oft wurde mein Vertrauen schon verletzt, gebrochen, missbraucht? Wie oft wurde ich in den letzten Jahren enttäuscht? Der Reigen der Demütigungen, Verletzungen und auch der körperlichen Übergriffe.

Die immer gleichen Aufzählungen, die unzähligen Artikel, die Essays, die Theaterstücke, die Filme und Serien über diese Form männlicher Gewalt sind keine *Befindlichkeits- oder Be-*

troffenheitskunst. Sie sind eine Überlebensstrategie. Das ist kein Witz, das ist unsere Realität. Wenn wir darüber lachen, tun wir es in dem hilflosen Versuch, wieder Herrin unserer Geschichte zu werden. Alle 12 Minuten wird weltweit eine Frau oder ein Mädchen vom Partner oder ihrer Familie getötet.[57] So lange dauerte es ungefähr, dieses Kapitel zu lesen.

57 *Statistisches Bundesamt*, https://www.destatis.de/DE/Themen/Laender-Regionen/Internationales/Thema/bevoelkerung-arbeit-soziales/soziales/_inhalt.html (letzter Zugriff: 07. 08. 2024).

Happy End

»Eine gesunde heterosexuelle Beziehung zu führen, ist ein feministisches Lebensprojekt, weil es eine Ambivalenz an sich darstellt, feministisch und hetero zu sein, und eigentlich auch eine Demütigung«,[58] schreibt Stefanie Sargnagel.

Das T-Shirt, das ich trage, ist hellblau. In orangefarbenen Buchstaben steht *Dump Him* darauf. Britney Spears wurde mit diesem T-Shirt direkt nach der Trennung von Justin Timberlake 2002 in London fotografiert. Wenn mich jemand nach einem Tipp in Liebesdingen fragt, sage ich stets: Verlasse ihn.

Ohne dass ich ihn sofort verstehe, zieht mich der Begriff »Heteropessimismus« an. Ich fühle mich direkt angesprochen, und ich assoziiere die übertriebenen Ablehnungsreaktionen meiner Single-Friends (»Nie wieder Dating!« »Ich gebe auf!« »Die spinnen!«), das obligatorische Erreichen einer Grenze (»Mir reicht es!« »Scheiß auf die Liebe!«), die Memes, die Witze, die Trostversuche.

Eine Facette des Heteropessimismus, so wie ihn der Literaturwissenschaftler Asa Seresin beschreibt, ist der Wunsch, nicht straight zu sein, also sich nicht gegengeschlechtlich zu verlieben. Ich lese Posts, in denen sich Frauen ernsthaft wünschen, sie wären lesbisch, bi- oder pansexuell – weil dann alles einfacher wäre. Haha, da kann ich nur lachen. Als wäre lesbisches Dating nicht auch frustrierend, unsicher und öde. Als wären alle homosexuellen Paare einfach immer und zu jeder Zeit glücklich. Als wäre queere Liebe per se die glamouröseste Utopie von allen – und so durchgehend fröhlich wie der bunte

58 Stefanie Sargnagel: *Iowa*, S. 100.

Regenbogen, der alljährlich im Sommer für einen ganzen Monat die Hausfassaden, Bahnhöfe und Schaufenster ziert.

Seresin beginnt seinen Essay »On Heteropessimism« mit einem reißerischen Maggie-Nelson-Zitat: *Heterosexualität ist mir immer peinlich.* Wie kann einem die als normal geltende sexuelle Präferenz unangenehm sein? Nelson nahm die Aussage in einem Gespräch mit Seresin zurück, korrigierte sich und sagte, sie sei lediglich von ihrer eigenen Heterosexualität peinlich berührt. Von den eigenen romantischen Vorstellungen. Liebe ist immer peinlich. Gleichzeitig ist nichts peinlich in der Liebe. Darin steckt aber schon das Potenzial für größtmögliches Chaos. Asa Seresin schreibt: »Es macht keinen Sinn, die eigene heterosexuelle Erfahrung von der Heterosexualität als Institution zu trennen – wenn man sich für das eine schämt, schämt man sich zwangsläufig auch für das andere. Heterosexualität ist kein persönliches Problem.«[59]

»Das größte Kompliment für einen cis-heterosexuellen Mann ist es, wenn sich eine bisexuelle Frau für ihn entscheidet«, der Kommentar unter irgendeinem Artikel verschwindet, als sich die Seite aktualisiert. Immer wieder sehe ich mir Videos an, in denen Frauen erklären, dass der Fakt, dass sie Männer begehren, der Beweis dafür ist, dass man sich die eigene Sexualität nicht aussucht oder sie einem anerzogen wird. Dass es das größte Dilemma der Erde ist, den Schwanz zu wollen. *Männer, lol.* Auf Instagram werden mir als Nachrichten getarnte Werbesprüche angezeigt: Immer mehr Frauen entscheiden sich für einen Hund statt für einen Mann (von einer Firma für Hundezubehör). Immer mehr Frauen machen, brauchen, kaufen, wollen usw. dieses und jenes statt einen Mann.

---

59 Asa Seresin, »On Heteropessimism«, 09. 10. 2019, in: thenewinquiry.com https://thenewinquiry.com/on-heteropessimism/ (letzter Zugriff: 07. 08. 2024).

Heteropessimismus ist die Distanzierungsstrategie von der eigenen Sexualität. Er ist ironisch, zynisch, witzig und beinhaltet diesen schmerzhaften, wahren Kern. Aber, und das ist entscheidend für eine gewisse Revolution auf dem Datingmarkt, Heteropessimismus als populäres Internetphänomen gibt den Anstoß, die normativen Grundlagen heterosexueller Paarbeziehung kritisch zu betrachten.

Allerdings ist längst die *Incel-Kultur* dem Heteropessimismus auf die Schliche gekommen und nutzt ihn für die eigene frauenfeindliche politische Agenda. Das Kofferwort Incel steht für *involuntary celibate*, unfreiwillig zölibatär, und bezieht sich auf heterosexuelle Männer, die sich vorwiegend im Internet treffen, misogyne Überzeugungen und hegemoniale Männlichkeitsfantasien teilen. Sie nutzen das Aufkommen des Heteropessimismus als Begründung für die Relevanz ihrer Männerrechtstheorien und schwanken dabei stets zwischen Selbstmitleid und Radikalität, wobei die Anhänger, die häufig in politisch rechten Netzwerken aktiv sind, alles andere als ungefährlich sind.

Asa Seresin:

> »Insbesondere für Frauen könnte eine radikale Veränderung der Heterosexualität damit beginnen, dass sie ehrlich darüber sprechen, welche Elemente der Heterosexualität tatsächlich attraktiv sind – das Haus steht eindeutig in Flammen, aber gibt es irgendetwas zu retten? Solche Überlegungen sind durch den performativen Heteropessimismus völlig ausgeschlossen und müssen daher aus Gesprächen und Erzählungen gewonnen werden, die – wenn auch nur vorübergehend – eine heteropessimistische Sichtweise überwinden.«[60]

60 Asa Seresin, »On Heteropessimism«, 09. 10. 2019, in: thenewinquiry.com.

Da ich mit einem Mann verheiratet war und mehrheitlich Männer date, bin ich *heteropassing*, was bedeutet, dass ich als heterosexuell gelesen werde. Ich bin dadurch weniger Anfeindungen und Diskriminierung ausgesetzt als andere. Wenn ich Frauen oder weiblich gelesene Personen date, ändert sich in mir alles. Ich bin entspannter, wohl aber unsicher. Date ich Männer, verspüre ich ein gewisses Überlegenheitsgefühl den Männern gegenüber, weil sie so häufig keine Ahnung von diesem Leben haben. Weil sie so dermaßen unbehelligt vor sich hin leben können. Weil sie das Herrenhemd tragen.

Die Entscheidung, nicht um jeden Preis in einer Paarbeziehung sein zu wollen, sich das singuläre Leben schönstmöglich zu gestalten (es ist wirklich fabelhaft), geht meiner Meinung nach schon einen Schritt weiter als die Pose, sich über das eigene sexuelle Begehren zu amüsieren. Single-Frauen als Gruppe stellen eine progressive Kraft dar, die sie nur erkennen und für sich zu nutzen wissen müssen. Vernetzt euch, bleibt allein, oder: *Trautes Heim, Glück allein.*

Der schöne Schlaf

Schlaf, so heißt es, sei die beste Medizin. Aber was ist die beste Medizin für guten Schlaf? Während Schlafen so luxuriös verschwenderisch ist, stehen die Produktionshallen der Welt nie still, um den Schlaf noch besser zu machen. Dabei braucht man vor allem eins: Zeit. Das Faulenzen ist die bequemste und feinste Verweigerungshaltung vor der Leistungsgesellschaft, die genialste Form des Widerstands. Wie bereits geschrieben: Liegend gefällt mir alles am besten, tun Sie es mir gleich.

Als das schönste Bett der Welt geliefert wurde, hatte ich gerade noch genug Zeit, es aufzubauen, bevor ich für eine Künstler*innen-Residenz die Stadt verließ. Als ich am Ort des Stipendiums ankam, wurde ich gefragt, wie ich die kommenden Wochen gestalten, welche Räume und Infrastruktur ich benötigen würde, um bestmöglich arbeiten zu können. »Ich brauche nichts außer der mir zugeteilten Wohnung und einem bequemen Bett«, erklärte ich mit entwaffnender Ehrlichkeit, denn ich hatte beschlossen, die mir geschenkte Zeit zum Schlafen zu nutzen. Damit der fassungslose Blick der Programmleitung sich wieder entschärfte, verkündete ich überzeugend: »All das hier ist Recherche!« Puh, da wurde aufgeatmet. Sie hat doch einen Plan.

Meine Recherche widmete ich also vollständig dem Ausschlafen, als allumfassende Tätigkeit und Praxis, als die einzige zu erfüllende Notwendigkeit. Keine Deadline, keine Meetings, keine andere Aufgabe fand sich in diesen Wochen in meinem Kalender, keine Calls, Zooms, Konzeptionstalks, kein Pitch, keine Ideenfindung. Es gelang mir so gut wie selten etwas. Tatsächlich schlief ich in den Hochzeiten dieses Aufenthalts fünf Mal am Tag und wachte nur für die Essensverabredungen auf: Frühstück, Kaffee, Mittagessen, Nachmittagskaffee, Abendessen. Während die anderen eingeladenen Künstler*innen an ihren Werken, Programmen und Stücken arbeiteten, erarbeitete ich mir eine bislang unbekannte Schlafroutine. Der Luxus des Herumliegens, des ungenierten Dösens und des Ratzens. Das erste Mal in meinem Leben, so schien es mir in diesem Frühsommer, schlief ich, ohne ein schlechtes Gewissen haben zu müssen, beinah drei Wochen durch. Ohne Drogen, Medikamente oder andere Betäubungsmaßnahmen. Es war mehr als nur Lust, es war Erschöpfung, es war zwanghaft.

Ich lag im Bett, auf der Wiese, auf Liegestühlen und träumte, träumte, träumte. Manchmal ging ich abends ins zugehörige Theater oder ein kleines Stück spazieren. Wie in einem Märchen traf ich auf meinen kurzen Routen durch die Gartenstadt auf fette Kröten und kleine Frösche. Zu weit ging ich allerdings nie, bereits nach wenigen Minuten ereilte mich die allumfassende Müdigkeit, sie ließ mich bereitwillig jede noch so schöne Aussicht gegen die Welt meiner Träume eintauschen.

Ich liege wirklich gerne in der Gegend herum. Als ich diesen Satz zum ersten Mal öffentlich aussprach, war es ausgerechnet bei einer Podcast-Aufzeichnung, und ich fragte mich hinterher, ob man das überhaupt *so* sagen darf. Schließlich bin ich fleißig, arbeitsam, diszipliniert und ambitioniert. Und das sollen gefälligst auch alle wissen. Ich bin weder faul noch langsam oder träge. Als der Podcast veröffentlicht wurde, hatte es mein Satz bis zur Überschrift geschafft. Ab dieser Sekunde wussten es alle: Reisinger ratzt gern.

Im Zuge meiner Lektüren fand ich einige Frauenfiguren, die es mir gleichtun und ebenfalls lustvoll lieber in der Gegend liegen, als herumzustehen. Joan Didion beschreibt in

Play It As It Lays, das Leben der Schauspielerin Maria, die sich, zwischen Desillusionierung und Oberflächlichkeit schwankend, durch das Hollywood der 1960er-Jahre bewegt. Marias Leben wird als glamourös, kaputt und von Langeweile durchdrungen geschildert, wobei der Text so fragmentarisch ist, dass man in den Auslassungen die ganz großen Dramen der Zwischenmenschlichkeit vermutet. In diesem Roman setzt sich ständig irgendjemand auf ein Bett, legt sich nieder, beschließt, die geplante Unternehmung abzusagen, und gesteht sich ein, schlichtweg keine Lust zu haben:

»›Ich dachte, du wärst in Vegas‹, sagte BZ, als Maria die Tür öffnete. (...) ›Du wusstest, dass ich nicht mitgehe.‹ Maria legte sich wieder aufs Bett. ›Okay, ich wusste es.‹ Er setzte sich auf die Bettkante und lockerte die Krawatte. ›Guck dir an, wie schick ich mich gemacht habe. Warum liegst du um neun im Bett?‹ ›Warum nicht?‹ ›Fabelhaft.‹«[61]

Fabelhaft lag auch ich in meiner Schlafresidenz herum und das völlig ohne schlechtes Gewissen. Die Hemmungslosigkeit, die ich in diesen drei Wochen auslebte, war ein bisher zu seltenes Geschenk. Sowohl von institutioneller Seite (danke für die Möglichkeit) als auch von mir selbst. Das Leben einer Selbstständigen ist ein fragiles Konstrukt. Immer, wirklich immer bin ich am Rande der Überbelastung.

Dass die ungehemmte Lust auf mehr Schlaf und die konsequente Umsetzung dieser Lust eine gesellschaftliche Ausnahme darstellen, beschreibt Schriftstellerin Theresia Enzensberger in *Schlafen*:

»Das Paradox des Schlafes ist nämlich, dass er, im Gegensatz zu anderen Grundbedürfnissen wie Essen und Sex,

61 Joan Didion: *Play It As It Lays*, Berlin 2023, S. 235.

zwar einerseits als Privatsache verstanden wird, andererseits innerhalb extrem enger normativer, von der Gesellschaft festgelegter Parameter stattfinden soll. Auch andere Grundbedürfnisse werden moralisiert und auf Übermaß hin kontrolliert, aber beim Sex und beim Essen erlaubt der gesellschaftliche Rahmen einiges an individualistischem Spielraum. (...) Nur der Schlaf soll heute genau sechs bis acht Stunden dauern, im eigenen oder im gemeinsamen Bett eines Paares zu den richtigen Zeiten stattfinden und am besten durchgehend sein. Alle Abweichungen werden pathologisiert oder zumindest verurteilt. Wer zu lang oder am Nachmittag schläft, gilt als faul und dekadent; auszuschlafen ist ein unerhörter Luxus, den man sich erarbeiten muss; und Frühaufsteher sind dementsprechend besonders vorbildlich und produktiv.«[62]

Manager, die von sich behaupten, sie würden ihre Firmen so erfolgreich leiten, nicht obwohl sie nur, sondern weil sie nur vier Stunden pro Nacht schlafen, sind die absolute Spitze des Eisbergs der Leistungsgeilheit. Schlafen könnt ihr, wenn ihr tot seid, liebe Arbeiter*innen. Dabei besteht etwa ein Drittel des menschlichen Lebens aus Schlaf. Kein Wunder ist es, dass die Varianz der Methoden zur Schlafoptimierung riesig ist. Schlaf, eigentlich eine natürliche Angelegenheit, ist nicht weniger in einen Konsumkreislauf eingebunden, als es Essen und Kleidung sind. Die meisten Produkte versprechen, den Schlaf noch tiefer, effizienter, ruhiger und optimaler zu gestalten. Vorhänge, Schlafmasken, Gewichtsdecken, Beruhigungstees, -tropfen, -sprays, -pillen, Aromadiffuser, Tageslichtlampen, Nachtwäsche, Geräusche-Apps, autogenes Training, speziell geformte Kissen, Beiß- und Kauschienen. Dann gibt es, immerhin kostenlos, die alten Weisheiten, die

62 Theresia Enzensberger: *Schlafen*, Berlin 2024, S. 15.

langweiligen Tipps für die richtige Schlafhygiene: Kein Alkohol vor dem Zubettgehen, lesen statt Serie schauen, das Handy weglegen, überhaupt alle Bildschirme weglegen, das Zimmer auf 17 Grad runterkühlen, frische Luft, Fenster auf, Meditation, Gedanken der Dankbarkeit an den vergehenden Tag, Atemübungen, warme Füße. In meinem Küchenregal stapeln sie sich, die Heilbringer: Gute-Nacht-Tee, Träum-süß-Tee, Schlaf-und-Nerven-Tee, Schlaf-schön-Tee, Abendfreund-Tee, Deine-Auszeit-Tee, Little-Dreamer-Tee, Durchschlafen-Tee. Geschenke meiner besorgten Freund*innen, die ich zur Sicherheit aufbewahre und vorsorglich trinke. Vielleicht schlafe ich ja tatsächlich deshalb so gut. Der Schlaf, so scheint es, hat viel mit dem Kopf zu tun und der richtigen Mixtur. Da ist es wieder, das richtige Mindset. An der Einstellung allein kann es nicht liegen. Schlafgesundheit hat was mit der sozialen Stellung zu tun: Die Schlaflosigkeit der Selbstständigen ist das eine. Aber man denke an den Schichtdienst und an die ausufernden Arbeitszeiten ausgerechnet jener Jobs, bei denen hohe Verantwortung an ein geringes Einkommen gekoppelt ist. Na dann, gute Nacht.

Neben all den angebotenen Waren und Produkten setzen die Wellness propagierenden Lifestyleverbesserer auf Biohacking. Mehr Daten bedeuteten mehr Infos. Laura Pitcher schreibt in *How deep sleep became a status symbol* über einen nicht uninteressanten Nebeneffekt der Analysevorgänge durch Schlaftracker: »Trotz der Kontroversen um die Schlafdaten geben Home-Tracker den Menschen das Gefühl, einen natürlichen körperlichen Prozess zu kontrollieren.«[63] Kontrolle gibt Sicherheit, und die ist anscheinend förderlich für die

63 Laura Pitcher, »How deep sleep became a status symbol«, 22. 04. 2024, in: dazeddigital.com, https://www.dazeddigital.com/beauty/article/62444/1/how-deep-sleep-became-a-status-symbol (letzter Zugriff: 07. 08. 2024).

Eindämmung der schlafraubenden Angst. »Anstatt zu beurteilen, wie gut wir geschlafen haben und wie ausgeruht wir uns fühlen, gibt es Apps, die uns entweder Pluspunkte geben oder uns sagen, dass wir alles falsch machen.«[64] Das ganze Leben eine zu überwachende, zu verbessernde Angelegenheit.

Der Lover schläft, wenn ungestört, stundenlang, so lang und so tief, dass er ganze Tage verschläft. Kleine Pausen dazwischen machen ihm nichts aus. Mal zur Toilette, auch mal ein bisschen Tee oder ein bisschen lesen. Er legt sich einfach wieder hin und pennt weiter. Der wacht nicht von selbst auf und hat irgendwann genug, der kann das tagelang. Ich finde das faszinierend. Was für mich während des Stipendiums eine Ausnahme war, eine Auszeit, ist für ihn die reguläre Regeneration. Wache ich in übertriebenen Arbeitsphasen um 3:30 auf (immer diese Uhrzeit), muss ich mich in den Schlaf zurückkämpfen, nachdem ich meine Gedanken notiert und meine Listen aktualisiert habe.

Einmal lag ich während eines unglaublichen Gewitters neben Elke. Ich wachte vom lauten Regen auf, das war kein Geprassel, das war ein Klatschen. Durch die vielen Fenster sah ich in einer hohen Frequenz Blitze und fand es so schön wie beängstigend. Dann kam der hellste Blitz, den ich jemals sah, gefolgt von einem so lauten Donner, dass ich erschrocken hochschnellte. Es schien, als hätte der Blitz in unser Haus eingeschlagen, als würde es wackeln, kurz zucken, bevor es zusammenbricht. Da saß ich mit meinen allergrößten Ängsten in meinem Bett herum, Elke schlief ungerührt weiter. Sie bewegte sich nicht einmal. Ihre Ruhe, ihre Unbekümmertheit ließen mich jedenfalls schnell wieder einschlafen. Sollte die Welt untergehen, dann möchte ich nicht arbeiten, sondern im

64 Laura Pitcher, »How deep sleep became a status symbol«, 22. 04. 2024, in: dazeddigital.com.

Bett liegen. An meiner Seite jemand wie Elke. Unbeirrt schlafend.

In meinem Leben griff ich bisher drei Mal zur Schlaftablette. Beim ersten Mal schlief ich aufgrund einer Trennung überhaupt nicht. Beim zweiten Mal lag ich nächtelang wach wegen einer Überbelastung mit nervöser Panik. Das letzte Mal schluckte ich eine Tablette nach dem Tod meines Vaters. Der Schlaf soll mir dann ein jedes Mal Erholung schenken, mich heilen. Wer heilt, ist schließlich immer im Recht.

Das Auskommen mit wenig Schlaf wird neuerdings zunehmend weniger als Beweis für strenge Disziplin und einen Leistungswillen verstanden. Zu wenig Schlaf gilt als krank machend. Die neue gesellschaftliche Anerkennung für die Freude am Schlaf hat allerdings genauso viel mit einem Leistungsethos zu tun. Denn längst wurde es erkannt, wer ausgeschlafen ist, ist leistungsfähiger – und das bringt den Unternehmen offensichtlich mehr als Mitarbeiter*innen, die vor Erschöpfung zusammenbrechen und dauerhaft arbeitsunfähig werden.

Ich will die Power aus dem Powernap nehmen, also aus dem, der von Businessmännern propagiert wird. Der einer Effizienzidee und Produktivitätssteigerung unterliegt. Entgegen der kurzen Schlafpause, die dazu dient, die Energie und die Wachsamkeit zu erhöhen, ohne dabei in den tiefen Schlafzyklus einzutreten. Die nur dazu da ist, um sich aufzufrischen, als schnelle Methode der Leistungssteigerung. So wie Koks, nur krasser. Was ich brauche, um meine Leistung zu steigern, ist Kohle. Auf die Frage des Staatsministers für Kunst und Wissenschaft, was ich denn mit dem mir erteilten Arbeitsstipendium für Schriftstellerinnen tun würde, antwortete ich: »Mehr schlafen.« Was im Saal für einen Witz gehalten wurde, war mein Ernst. Mehr Geld bedeutet, nicht alle Jobs annehmen zu müssen, bedeutet, nicht so viel schaffen zu müssen, bedeutet, mehr Freizeit zu haben.

Zu dieser Feierlichkeit trug ich übrigens ein rosafarbenes Vintage-Escada-Kostüm, schwarze, hohe Lederstiefel mit sieben Zentimeter Blockabsätzen, einen beigefarbenen Trench und eine Denim-Cap mit *Diva* als Strassschriftzug, dazu eine Prada-Handtasche mit goldener Kette. Vermutlich sah ich ihm zu frisch aus, er konnte mir meine Müdigkeit nicht abnehmen. Gutes Make-up halt, dabei stand mir damals das Wasser sprichwörtlich bis zum Hals. Auch dieses Stipendium kam wie eine Rettung. In dieser Zeit gab ich viel Geld für die Schlafhelferlein aus, das weiß ich noch. Ließ mich vom Zahnarzt sogar zu einer Entspannungsschiene überreden. Das Einzige, was aber half, war tatsächlich das: weniger arbeiten.

Eine Frau, die ebenfalls mehr Zeit zum Schlafen benötigt, ist die Protagonistin aus Ottessa Moshfeghs *Mein Jahr der Ruhe und Entspannung*. Mit einem wilden Medikamentencocktail versetzt sie sich in eine Art Betäubung, um möglichst ein Jahr lang alles zu verschlafen. Sie pennt, wie ich, beim Job ständig ein, bis es keinen Job mehr gibt, den sie aber ohnehin nicht braucht, denn Moshfegh beschreibt das Leben einer jungen Frau der Oberschicht, die sich diese unglaubliche Maßlosigkeit erlauben kann. Sie hat keine Geldprobleme, aber eine Eigentumswohnung, Aktien und keine familiären Verpflichtungen. In diesem Fall Jackpot. Als ich das Buch zum ersten Mal las, fand ich die Fuck-you-Geste dieser Frau an die Welt obszön und zugleich genial. Die ambitionslose Frau ist das Gegenteil vom Girlboss. Sie macht nichts, will nichts, verändert nichts. Weder verzehrt sie sich nach Liebe oder nach Fortpflanzung noch nach einer guten Position auf der Karriereleiter. Alles, was Moshfeghs Protagonistin will, ist, in Ruhe gelassen zu werden:

> »Süßer Schlaf! Nichts bereitete mir so viel Freude, schenkte mir so viel Freiheit und gab mir die Macht, geschützt vor

> dem Elend meines Bewusstseins, zu fühlen, zu denken, zu träumen. Ich litt nicht an Schlafsucht – ungewollt nickte ich nie ein. Ich schlief einfach für mein Leben gern. Ich war somnophil. Ich hatte schon immer gern geschlafen. Es war das, was meine Mutter und ich am liebsten zusammen machten, als ich noch klein war. (…) Schlummernd verstanden wir uns am besten.«[65]

Schlaf als die schönste Möglichkeit, sich zeitweise von der Welt abzuwenden, sich zu entziehen. Aber wirklich bahnbrechend rebellisch ist ausschlafen wohl in den seltensten Fällen. Während ich Didions Hollywood-Schauspielerin eine gewisse Exaltiertheit unterstelle, die sich aus einer arroganten Haltung speist und ebenfalls über genügend Kapital zu verfügen scheint, um sich ordentlich auszuruhen, lässt auch Moshfeghs Protagonistin nicht auf eine politisch motivierte Verweigerungshaltung schließen, zumal ihr Schlaf von einer Dauerbetäubung ausgelöst wird.

Ich bin der festen Überzeugung, dass meine dauerhafte Erschöpfung nicht nur mir gehört. Sie ist nicht nur das Ergebnis einer falschen, selbstständigen, freischaffenden Arbeitsweise oder Lebensführung, nein, sie ist Ausdruck des Gefühls, dass Stillstand Unsichtbarkeit bedeuten kann. Nein, meine Erschöpfung ist nicht nur der Beleg von Arbeitsgeilheit, sie ist auch systematisch. Dass Frauen aufgrund von strukturellen Ungleichheiten, etwa durch die Doppelbelastung von Familie und Beruf oder das Gender Pay Gap, in vielen Bereichen des Lebens zu viel tragen müssen, untersucht Franziska Schutzbach in ihrem Buch *Die Erschöpfung der Frauen*. Sie schließt:

65 Ottessa Moshfegh: *Mein Jahr der Ruhe und Entspannung*, München 2021, S. 55 f.

»Es dürfte deutlich geworden sein, mit welcher ›Front‹ Frauen konfrontiert sind, die eine Veränderung herbeiführen wollen. Und wie viel Kraft es bedarf, dieser bis heute tief verankerten Misogynie entgegenzutreten. Ebenfalls deutlich dürfte geworden sein, dass Misogynie eng verbunden ist mit bestimmten Männlichkeitskonzepten. (…) Denn die Überwindung von Geschlechterhierarchien und weiblicher Erschöpfung hängt nicht zuletzt davon ab, ob sich Männlichkeitsnormen verändern.«[66]

Weil Schlafentzug eine Folter- und Bestrafungsmethode ist, seit Jahrhunderten erprobt und durchgesetzt, haben sich politische Aktivist*innen immer mal wieder intensiver auch theoretisch mit dem Schlaf beschäftigt. Schlafentzug kann schwerwiegende physische sowie psychische Probleme verursachen. Konzentrations- und Erinnerungsschwierigkeiten. Emotionale Instabilität, Depressionen, Reizbarkeit, Angstzustände und Stimmungsschwankungen. Herz-Kreislauf-Probleme, aber auch Halluzinationen, gar der Zustand des Deliriums.

Die *Black Power Naps* ist eine Initiative, die von den Kunstschaffenden Navild Acosta und Fannie Sosa in New York ins Leben gerufen wurde und Schwarzen Menschen und PoC im MoMA, dem New Yorker Museum of Modern Art, einen Raum zur Erholung bietet. Die Künstler*innen verweisen damit darauf, dass es zwischen Schwarzen und weißen Amerikaner*innen einen eklatanten Unterschied hinsichtlich ihres Schlafvolumens gibt, was sich vornehmlich auf Arbeitsstellen und auch die Entfernung von Wohn- und Arbeitsort zurückführen lässt. Für diejenigen, die keinen legalen Aufenthaltsstatus haben, die behindert oder auf einem niedrigeren

66 Franziska Schutzbach: *Die Erschöpfung der Frauen*, München 2021, S. 124.

Einkommensniveau sind, wird die aufklaffende Lücke noch größer und verheerender. Acosta und Sosa fragen rhetorisch: »Wie können wir träumen, wenn wir nicht schlafen?«

Die *Black Power Naps* repolitisieren mit dem Schlaf einen Bereich, der in den letzten Jahren drohte zum Werbeslogan für Selbstfürsorge zu verkommen. Die Initiative setzt sich dafür ein, dass Schlaf und Erholung als grundlegende Menschenrechte anerkannt werden. Die Forderung nach mehr Schlaf ist für sie kein Lifestyle – sondern politischer Protest.

In ihrem Essayband *Ein strahlendes Licht* schreibt Audre Lorde im Epilog eines Textes über das Leben mit Krebs: »Der Weg hierher war steinig. (...) Mich zu verausgaben, ist nicht dasselbe, wie mich zu fordern. Ich musste akzeptieren, wie schwierig es ist, diesen Unterschied im Blick zu behalten. (...) Meine Selbstfürsorge ist keine Selbstgefälligkeit, sondern Selbsterhaltung, und das ist ein Akt politischer Kriegsführung.«[67] Obgleich dieses Zitat eine Krankheitsdiagnose als Grundlage hat, lässt es sich doch allgemeiner auf klassenspezifische Anforderungen an Körper und Geist übertragen. In *Unertrunken* verwebt Alexis Pauline Gumbs naturwissenschaftliche Beobachtungen aus der Welt der Meeressäugetiere mit Ansätzen und Praktiken des *Black Feminism*. Auch hier findet sich der Verweis auf eine politische Praxis, »Ruhe ist Widerstand, Schlaf ist politisch«,[68] schreibt sie und erwähnt an einer anderen Stelle die Möglichkeit, durch Ruhe und Entspannung Stress, Belastung und Kummer loszuwerden:

> »Ich wünsche dir das Heilige des Ausruhens, ein umfassendes, ausuferndes, ungestörtes Ausruhen. Ich liebe den Teil von dir, der unter allem zum Vorschein kommt. Du

67 Audre Lorde: *Ein strahlendes Licht*, Zürich 2021, S. 172.

68 Alexis Pauline Gumbs: *Unertrunken*, Zürich 2022, S. 96.

verdienst, lange genug auszuruhen, um was auch immer gehen lassen zu können.«[69]

Was möchte ich eigentlich gehen lassen, was ablegen? Erst mal nur mich selbst. Ich habe dieses Buch in 27 verschiedenen Betten geschrieben. Ich habe nachgezählt, aber vermutlich das eine oder das andere vergessen. In den meisten Betten war ich länger zu Hause als nur eine Nacht. In den meisten Betten richtete ich mich ein, als wären sie meine eigenen. In den meisten Betten schlief ich gut, erholsam. In einem hatte ich schlaflose Nächte. Aus einem kam ich morgens schwer raus.

69 Alexis Pauline Gumbs: *Unertrunken*, S. 155.

Hotel

Vor einiger Zeit habe ich herausgefunden: Am schönsten liebt es sich zwischen Anonymität und Luxus in Hotels, in der Bettwäsche, die einem nicht gehört und die man auch nicht waschen muss. Lieben und Liegen sind nah beieinander. Außerdem begriff ich, dass Hotelübernachtungen Teil meiner künstlerischen Praxis sind. Hotelübernachtungen sind mein Transitmoment, im Hotelbett werde ich eine andere.

Der Lover sagte bei unserer ersten Begegnung: »Jovana, ich nehme nie jemanden mit zu mir nach Hause, und ich gehe nie mit jemandem nach Hause.« Und ich schaute ihn ungläubig an, waren wir doch seit Stunden in einem verliebten Rauschzustand und hatten uns soeben darauf verständigt, die Nacht miteinander zu verbringen. Der Lover, der zu dem Zeitpunkt noch nicht mein Lover war, aber bald zu ebendiesem werden würde, schaute mich an, mit aller Ernsthaftigkeit, die er aufbringen konnte, und sagte: »Ich liebe Hotels.« Ich atmete erleichtert aus und antwortete: »Ich auch.« Das war der erste Moment, in dem ich glaubte, der Lover und ich seien füreinander bestimmt. Er nahm meine Hand, zog mich näher, küsste meinen Hals, schaute mir tief in die Augen, ich nickte, er griff nach seinen, nach meinen, nach unseren Sachen, und wir verließen die Odessa Bar und eilten durch den Regen zum nächsten Taxi, das bereitstand. Der Taxifahrer fragte höflich: »Wohin?« Ich antwortete: »Wissen wir noch nicht.« Und während der ziellosen Fahrt riefen wir die besten Hotels der Stadt an, fragten mit nüchterner, unaufgeregter Stimme nach einem Zimmer, waren bereit, mehrere Hundert Euro hinzulegen, nur damit wir uns endlich einander hingeben konnten. Niemand nahm uns auf, und das, obwohl wir so gut logen:

> »Wir sind hier gestrandet, beruflicher Natur, viel zu langer Arbeitstag, zu lange Meetings, aussichtslos, jetzt noch einen Zug zu bekommen, wo sollen wir nur hin wenn nicht in dieses Hotel, aber bitte, wie kann das denn sein, alles voll, es ist doch unter der Woche, ach so, ja genau, diese und jene Messe findet statt, aber wir würden nach dem Frühstück sowieso wieder gehen, es muss ja weitergehen, mit der Arbeit und dem Leben.«

Keine Chance. Es war ein gewöhnlicher Dienstag, kurz vor drei Uhr nachts. Der Fahrer fuhr und fuhr, wir baten ihn, bei jedem ansatzweise passenden Etablissement zu halten, und wurden doch ein jedes Mal abgewiesen. Die Situation war herrlich, weil sie zum Verzweifeln war. Zwei Liebende in einem Taxi, der prasselnde Regen, die kalte Nacht, die Sehnsucht nach einem Ort, um sich ungestört aufeinander einzulassen. Ich fand diesen Mann so schön, dass ich den Gedanken nicht ertrug, dass dieser wirklich perfekte Flirt sich jeden Moment in Luft auflösen, im Sande verlaufen würde. Also nannte ich dem Taxifahrer irgendwann entschlossen meine Adresse. Eine Entscheidung war gefallen. Sehr gut. Es handelte sich dabei natürlich nicht wirklich um meine Adresse, sondern um eine der vielen, auf die ich zu jener Zeit Zugriff hatte.

Als wir ankamen, erklärte ich, dass es sich um die Wohnung eines ehemaligen Liebhabers handele, mit dem ich nun sehr gut befreundet sei, dass wir das Bett frisch beziehen müssten, was sich dann ja gleich nach Hotel anfühlen würde, und ich mich in der Wohnung auch nicht so gut auskennen würde. Ein perfekter Kompromiss. Der Lover und ich betraten die Wohnung, ich gehe in solchen Momenten immer direkt ins Bad, entkleide mich, schminke mich ab, putze die Zähne. Ich mag es zu beobachten, wie die Männer darauf reagieren, dass ich eine Frau mit strengen Routinen bin. Er stand im Türrahmen und beobachtete mich, machte dann mit, wie ein eingespieltes Paar tänzelten wir im Bad herum, so war das von Anfang an zwischen uns. Dann saßen wir auf diesem Bett. Ich kann mich nicht mehr so ganz daran erinnern, in welcher Reihenfolge was geschah, aber wir küssten und streichelten uns, und ich weiß noch, dass ich mich richtig fallen ließ, also sowohl aufs Bett, aber auch in diese Lust, und dass er mich fragte, ob er mich auskosten dürfe, und ich mit »ja, gern« antwortete. Das Tempo war schlagartig ein anderes. Die Dringlichkeit des Rumkriegens wich einer Zärtlichkeit, die trotzdem gierig war. Wenn der erste Sex mit jemandem so gut ist, fällt es mir leicht, die Begegnung zu einer Sehnsucht hochzustilisieren, zu einer zukunftsträchtigen Idee, zu einer wahrhaftigen Möglichkeit. Ich lasse mich dann leicht überreden, mache die Verbindung zu etwas, was ich behalten möchte, wofür es sich zu kämpfen lohnt. Der Lover wurde zu meinem Lover. Der Lover blieb mein Lover. Der Sex, den wir in dieser Nacht miteinander hatten, war der schönste seit Langem. Wir waren hemmungslos und so sehr aufeinander fokussiert, dass wir auf die beste Art verschmolzen. Ab diesem Moment war mein Ziel, diesen Mann in ein Hotel zu bringen.

In den letzten Jahren habe ich in mehr als hundert verschiedenen Hotels übernachtet. Es waren meistens bessere Mittelklassehotels, selten die richtig guten, noch seltener die richtig miesen. Ich schätze Hotels. Ich genieße die Halböffentlichkeit, liebe die wabernden Grenzen zwischen Privatsphäre und Gemeinschaft. Die Irritationsmomente, die Unsicherheiten. Immer dann, wenn man auf die anderen trifft. Die verkrampften und verstockten Dialoge in der Lobby, im Aufzug, die aus nichts als Wortwiederholungen und gesenkten Blicken bestehen. »Hallo.« »Hallo.« »Guten Tag.« »Guten Tag.« »Schönen Abend.« »Schönen Abend.« Es geht doch nichts über den Versuch, einander aus dem Weg zu gehen.

Am allermeisten jedoch liebe ich an den Hotels, dass man sich um mich sorgt, dass andere für mich arbeiten. Vor allem dann, wenn ich nicht selbst dafür zahle. Mich überzeugt bereits die Tatsache, dass einem das Frühstück zubereitet wird. Dass man das Bett nicht machen muss, dass die Fenster geputzt sind und man tatsächlich rausschauen kann. Dass manchmal ein bisschen Obst hingestellt wird, einmal bekam ich sogar eine handgeschriebene Karte und ein paar exquisite Törtchen.

Hotels sind mehr als nur Orte zum Schlafen oder um die Sachen abzulegen, während man Strände, Highlights oder Termine besucht. Sie können Zuflucht bieten, eine temporäre Heimat fernab der Realität des Alltags, des tatsächlichen Lebens, der Zwänge und Strukturen sein. Glamouröse Fassaden (Häuser, Kleider, Einrichtung), halb verschluckte Geräusche, Spuren längst verschwundener Gäste. Gebäude, die so viele Mikrogeschichten vereinen, sind gleichzeitig Schauplätze existenziellster Dramen. Tränen, Betrug, Opulenz und Langeweile – diese ganze Gleichzeitigkeit, die jeder*m verborgen bleibt, die*der nicht gezielt hinschaut.

Hotels sind unweigerlich Orte der Transformation für mich. Ich verlasse selten ein Hotel so, wie ich es betreten habe. Die Schriftstellerin Vicki Baum widmete den *Menschen im Hotel*, und zwar im Berliner Grand Hotel der 1920er-Jahre, einen Roman:

> »Was im großen Hotel erlebt wird, das sind keine runden, vollen abgeschlossenen Schicksale. Es sind nur Bruchstücke, Fetzen, Teile; hinter den Türen wohnen Menschen, gleichgültige und merkwürdige, Menschen im Aufstieg, Menschen im Niedergang; Glückseligkeiten und Katastro-

> phen wohnen Wand an Wand. Die Drehtür dreht sich, und was zwischen Ankunft und Abreise erlebt wird, das ist nichts Ganzes. Vielleicht gibt es überhaupt keine ganzen Schicksale auf der Welt, nur das Ungefähre, Anfänge, die nicht fortgeführt werden, Schlusspunkte, denen nichts voranging.«[70]

Vicky Baums Roman ist beinahe einhundert Jahre alt, was für sie der soziokulturelle Raum des Edelhotels war, ist heute ein für mich unerreichbarer Standard. Vergleichbar dazu wäre wohl maximal ein Luxushotel auf den Malediven, das nur per Privatjet zu erreichen ist, oder so ähnlich.

Das Hotelwesen mag sich im letzten Jahrhundert stark verändert haben, der Prunk und die dienerischen Gesten der Angestellten sind gewichen. Aber daran, dass das Hotel der Ort sexueller Heimlichtuerei ist, wird sich nichts ändern. Der Lover hat seine Frauen gerne im Hotel. Er hat mich gern im Hotel. Der Lover ist, so wie ich, ständig in Hotels untergebracht. Der Lover weiß, wie man sich im Hotel benimmt.

Um Vicky Baum besser zu verstehen, buche ich für den Lover und mich einen Kurzurlaub in einem einstigen Grand Hotel, das inzwischen in die Mittelklasse abgerutscht ist. Ich hatte Lust auf die exaltierte, großzügige Architektur, auf gepolsterte Möbel, auf Tapeten in Eierschalengelb, auf den Wald drum herum, auf den Winter dort, die frische Luft, die heißen Quellen, auf die Zugfahrt und den Treffpunkt am fremden Bahnhof und auf den Geist von Vicki Baum.

Der exklusive Anspruch oder die historische Tradition, die diese Hotels am Stadtrand von Karlsbad einst so besonders machte, passt nicht mehr zum heutigen Massentourismus. Ein Indiz für den gesunkenen Standard des Hotels ist das Restaurant, das statt à la carte ein Buffet anbietet, mit einheit-

70 Vicki Baum: *Menschen im Hotel*, Köln 2021, S. 321 f.

lich beigen Speisen in generell reger Geschmacksarmut. Dabei haben wir uns beide so hübsch zurechtgemacht. Der Lover und ich sitzen also in diesem Restaurant und schauen leicht irritiert auf unsere Teller. Nichts von unserer Auswahl sieht wirklich appetitlich aus oder besonders ansprechend. Der Lover ist erstaunt, dass selbst das Salz geschmacklos ist. Aus Sorge, dass die Situation eskaliert, die Enttäuschung zu groß und seine Laune unerträglich wird, eile ich zum Frischobst. So einen hatte ich schon mal und wollte ihn nie wieder, so einen Macker, der sich über sämtliche Essensgepflogenheiten anderer Menschen aufregte, der ständig einen neuen Tisch, ein neues Gericht, einen anderen Laden verlangte, weil jemand zu laut sprach, zu laut kaute, zu laut schmatzte. Ich beobachte den Lover aus der Ferne, wie er missmutig den Teller anschaut und sich Hilfe suchend nach mir umdreht. Ich schlendere vom Frischobst zum Käse und stelle eine Auswahl zusammen. Dann gehe ich insgesamt vier Mal zum Salatbuffet, weil der Salat das Einzige ist, was genießbar scheint, und versuche, mir nichts anmerken zu lassen. Der Lover indessen schaut mir amüsiert dabei zu. Er hat sich längst mit der Situation abgefunden, die bedeutet, dass wir die nächsten Tage eben doch auswärts essen müssen, obwohl wir Lust hatten, das Hotel so selten wie möglich zu verlassen. Ich bringe ihm Käse und eine überbordende Auswahl an Salat und hoffe, dass er seine Ablehnung für sich behält. Die Angestellten wissen sicherlich selbst, dass die Speisenauswahl fürchterlich ist, die Köch*innen werden es wissen, auch die Hotelleitung wird sich dessen bewusst sein. Wer weiß es nicht? Die anderen Gäste, die sich, munter und vergnügt plaudernd, einen zu stark frittierten Fisch nach dem nächsten, haufenweise zerkochtes Gemüse, zig Schnitzel und die ödesten jemals irgendwo auf der Welt gekochten Kartoffeln gönnen, als wäre das ein einziges Festmahlangebot. Der Lover weiß, wann es sich lohnt, sich zu beschweren, und wann es um was anderes geht. Jetzt geht es um die Liebe oder zumindest um uns.

Wenn ich alleine im Hotel bin, geht es um mich. Auf Lesereise oder nach Vorträgen schätze ich ein gutes Hotel besonders. Nach intensiven Arbeitstagen oder öffentlichen Auftritten will ich nicht in mein eigenes Zuhause, das ich in der Regel unordentlich zurückgelassen habe. Ich möchte an einem neutralen Ort ankommen, um die Bühnenpersönlichkeit loszulassen, die Verantwortung abzuschütteln. Ich will den Fokus, der auf mir lag, nicht in mein Privates lassen, deshalb brauche ich diese Unverbindlichkeit des dritten Raums. Einen, in dem ich wieder zu mir kommen, die Aufregungen, die Erfahrungen, die Erwartungen, die Enttäuschungen verarbeiten kann.

Ich lege mich dann in diese bequemen Betten, unter diese unfassbar guten Decken, diese gestärkten Leinen und bin erleichtert, mich nicht mit meinen Aufgaben (Haushalt, Steuer, Einkäufe) befassen zu müssen. Bis morgen, bis nach dem Frühstück, darf ich noch in der neutralen Hotelwelt bleiben. Es ist zum Süchtigwerden. Ich erinnere mich daran, dass mir das schon mal jemand erzählte. Auch andere Künstler*innen brauchen das. Es lässt sich so verdammt gut einsam sein in so einem Hotel, am besten als Diva.

Das Hotelbett

Unsere Hochzeitsnacht verbrachten mein Ex-Mann und ich in einem Luxushotel in einer US-amerikanischen Großstadt, in der wir auch geheiratet hatten. In diesem Hotel, in dem einst ein Hitchcock-Film gedreht wurde, bestellte ich das erste Mal in meinem Leben Room Service, zur Feier des Tages und weil uns jemand eine Kreditkarte in die Hand drückte. Burger und Pommes. BLT-Sandwich. Cocktails.

In den kommenden Jahren folgten viele Nächte mit dem Lover in Frankfurt, in Berlin, in München, in Zürich, in Nürnberg, in Köln, in Wien, in Oberhausen, in Kassel, in Paris, in Rom, auf Capri.

In Frankfurt hatten wir beide keine Kondome dabei und mussten noch mal aus dem Zimmer, um welche zu besorgen, und da es keine an der Rezeption, aber welche im benachbarten Hotel gab, war die Unterbrechung glücklicherweise nicht lang. In Nürnberg nahm mich mal eine Frau nach der Veranstaltung mit in eine Bar, in der wir eine Flasche Prosecco kauften, mit der wir in mein Hotel gingen. Dort drückte uns der Rezeptionist diskret zwei Gläser in die Hand. Im Zimmer wollten wir eigentlich noch mehr Drogen nehmen, schliefen dann aber doch direkt miteinander. Ebenfalls in Frankfurt, aber ein paar Jahre zuvor, stritten sich zwei meiner besten Freundinnen entsetzlich, und wir mussten die Nacht zu dritt in meinem Zimmer verbringen. Ich schlief in der unbequemen Mitte. In Berlin ließ ich den Lover weiterschlafen, ging alleine frühstücken, brachte ihm höflich, wie ich bin, ein Croissant und einen Kaffee ans Bett. Weil er immer noch schlief, fuhr ich, ohne mich zu verabschieden, in den Sender für ein Radiointerview. Am selben Tag verliebte ich mich in jemand anderen. In München musste ich mal kurz raus, vermietete meine Wohnung spontan unter, nahm mir in der eigenen Stadt ein Hotel und schlief drei Tage durch. In Berlin, Osnabrück, Leipzig, Frankfurt und Danzig habe ich ins Laken menstruiert. In unzähligen Hotels habe ich das Frühstück verschlafen. Und noch mal und noch mal und noch mal und noch mal.

In der Lobby des Grand Hotels, das wirklich überhaupt nicht an die Beschreibung Vicki Baums herankommt, aber trotzdem nett ist, sitzen an jedem einzelnen Tisch vergnügte Rentner*innen, die große, bunte Cocktails trinken. Sahne, Kirschen, grelle Farben. Der Lover und ich interessieren uns nicht für Zucker und Alkohol, sondern nur noch für unser Superior-Zimmer, das mit der größten Terrasse, die ich jemals in einem Hotel sah. Das Abendessen hat uns lange genug zur Contenance aufgerufen. Sobald sich die Aufzugtüren schließen, pressen wir uns gegen die Wand und knutschen. Das Superior-Zimmer befindet sich am Ende eines langen Ganges, den wir nur schleppend vorankommen. In meiner Unterhose hat sich längst eine Lache gebildet, und auch der Lover ist nicht mehr zurückzuhalten.

Bereits am Nachmittag, als wir ankamen, hatten wir umgehend Sex auf dem Sofa, jetzt, endlich im Zimmer, manövriert mich der Lover quer durch den Raum, direkt hin zum Schreibtisch. Wie in einem Film fege ich die gestapelten Bücher auf den dunkelblauen Teppichboden, er setzt mich direkt auf die Arbeitsfläche, schiebt geübt den Rock hoch und fängt an, mich zu lecken. Mir gefällt dieses Bild: Wie er da vor mir kniet und ich mich zurücklehne, er seine Hände in meine Oberschenkel presst, ich mich abstütze. Es ist wie sein Traum. Er steht auf, küsst mich, wir schmecken beide nach mir. Er zieht seine Hose aus und sucht nackt das Kondom. Dann steht er wieder vor mir, einen kurzen Moment schauen wir uns einfach nur an. Dieses Aushalten-Wollen. Das Ausreizen. Man kann das nicht zu lange machen, sonst vergeht irgendwas, der Funke. Er zieht mich ein Stück nach vorne, an die Tischkante, und dringt in mich ein, ich kralle meine Hände in seinen Rücken, um ihn so nah wie möglich zu haben und ebenso tief. Eindringen ist ein viel zu technisches Wort, klingt zu ordentlich. Wir ficken miteinander und fühlen uns dabei besonders am Leben.

Anke Stelling schreibt in *Schäfchen im Trockenen*:

> »Sex ist Trotz, hab ich irgendwo gelesen, denn mit Sex trotzt man dem Tod. Nicht nur, weil vielleicht jemand Neues entsteht, der einem die Art erhält, sondern auch ohne Akt der Zeugung, einfach nur, indem man's tut. Der Tod steht daneben, sieht zu und denkt: Mist, sie wissen was mit sich anzufangen. Ich muss wohl besser gehen. Mit Liebe, Lust und Spaß hab ich nichts am Hut, da bin ich raus. Und dann geht er, der Tod, und mit ihm die Angst, die Sorge um die Versorgung, der Zorn über die Ungerechtigkeit der Welt, alles ist weg, und ich bin ganz woanders, bin auch wer anderes, bin Herzschlag, Haut und Leben.«[71]

Der Lover und ich kommen an unsere Grenzen. Nicht nur körperlich. Das Leben im Hotel ist ein anderes als unser bisheriges (gemeinsames). Uns ist langweilig. Also gehen wir in die Sauna. Ständig und immer wieder. Wir gehen in den Spa-Bereich und liegen dort herum. Wir gehen spazieren. Wir gehen essen. Wir gehen durch den Wald, als der Nebel dicht dazwischenhängt. Wir vögeln miteinander. Im Bett, auf dem Sofa, auf dem Stuhl, an der Wand, auf dem Schreibtisch, auf dem Boden, immer wieder in dem Bett. Wir schauen Filme, wir lesen, wir haben nichts mehr miteinander zu besprechen,

---

71 Anke Stelling: *Schäfchen im Trockenen*, S. 142.

wir essen Pizza im Bett, wir trinken keinen Alkohol, weil wir uns das seit längerer Zeit vorgenommen haben, wir trinken Kaffee in schönen Kaffeehäusern, wir besichtigen Sehenswürdigkeiten, und wir vögeln. Dann packen wir unsere Sachen, kontrollieren die Schränke, das Badezimmer, schließen die Tür, geben die Zimmerkarten zurück und reisen ab. Manchmal betritt man so ein Hotel und kommt anders wieder heraus. Schade. Wir hatten so gut zusammengepasst.

Dein Bett

Dein Bett als Ort der Zuflucht, der Sicherheit, als Unterschlupfoption. In das ich mich hineinlege, wenn ich nicht alleine sein will. Dein Bett als die Möglichkeit des Bösen, der Auslieferung, der Übergriffigkeit.

Ich schrieb schon einmal über die Vergewaltigung. An anderer Stelle, also in dem anderen Text, konzentrierte ich mich auf den technischen Ablauf. Ich lag im Bett und schlief. Dann wachte ich auf. Dann ließ ich es nicht geschehen, sondern machte mit. Ich weigerte mich nicht. Dann zogen wir uns an und hingen rum, gingen irgendwann raus, verabschiedeten uns. Dann haben wir nie darüber gesprochen. Dann habe ich es vergessen. Dann ist es mir eingefallen. Das ist nicht präzise genug.

Der ganze zeitliche Vorgang, die exakte Reihenfolge, die einzelnen Schritte, sie sind mir längst entglitten. Davongelaufen sind sie mir, wurden überschrieben, dabei versuche ich, mich genauer zu erinnern. Ich lag in seinem Bett und schlief. Wovon wachte ich auf? Eine Möglichkeit: von dem plötzlichen Gewicht auf mir. Eine andere: davon, dass mir die Hose geöffnet oder ausgezogen wurde. Oder davon, dass etwas in mich eindrang, schnell und ruckartig. Woran habe ich gedacht, als ich aufgewacht bin? Habe ich sofort verstanden, was geschieht? Habe ich doch viel früher etwas mitbekommen?

Nicht einmal das gelingt mir, den Vorgang in seiner Kohärenz zu verschriftlichen. Es ist aber auch schon so lange her. Ich weiß, dass ich es nicht schlimm fand. Dass ich zwar nicht wusste, was das sollte, es auch unlogisch fand, aber ich mir keiner Gewalt bewusst war. Mir tat schließlich nichts weh. Niemand tat mir weh. Weil ich davon ausging, eine Vergewaltigung muss mit enormer Gewalt einhergehen. Mit jemandem, der einen festhält, den Mund zudrückt, die Luft weg, die Kleider vom Leib reißt.

Erst viel später also begriff ich, dass es sich um einen Übergriff gehandelt hatte. Retrospektiv stelle ich fest: Das war nicht konsensueller Geschlechtsverkehr. Sex, der ohne meine Zustimmung stattfand. Zumindest anfänglich, denn dann machte ich ja mit. Ich wurde feucht, ich bewegte mich. Der vielleicht erste klare Moment im Ablauf der Erinnerungen: Als er den Schwanz aus mir rauszog und ich danach griff, um das Kondom zu ertasten. Puh, zum Glück verhütet! Er stand auf, ging aus dem Zimmer, entsorgte das Gummi in seinem eigenen Bad. Ich lag einfach da und fragte, als er zurückkam, sich sein T-Shirt überstreifte und mich weitestgehend ignorierte, ob er denn nicht gewusst habe, dass ich schlief. Er sagte: »Ich dachte, du würdest nur so tun.« Er verstand es als ein Spiel. Ich verstand gar nichts. Verstehe es immer noch nicht, Jahrzehnte später. Über Erinnerungen und ihre wandelnden Interpretationen schreibt wiederum Maggie Nelson:

> »Interpretation vollzieht sich niemals statisch; nur selten bleibt man ein Leben lang bei der gleichen Version einer Geschichte. Im Laufe der Zeit stellen wir immer wieder fest, dass Geschichten, die wir uns selbst erzählt haben, nicht mehr funktionieren; wir haben das Gefühl, sie ändern zu müssen, damit sie uns in anderer Weise dienen und sich neuen Erkenntnissen und Einsichten anpassen können. (...) Es bedeutet (...), dass wir zu verschiedenen Zeitpunkten unterschiedliche Sichtweisen auf die Ereignisse in unserem Leben haben und dass die Anziehung, Abscheu oder Gleichgültigkeit, die wir gegenüber Gegen-

ständen, Menschen oder Ereignissen empfinden, immer von unserem Gemütszustand abhängig ist.«[72]

Die Neubewertung wird durch ein neues Verständnis von Sex und Zuwendung angestoßen. Und mit der Neubewertung tauchen neue Erinnerungen auf. Zum Beispiel die: Es geschah in *seinem* Bett. Ein Bett, in dem ich zuvor schon und danach wieder übernachtete. Eins, in dem ich mich wohlfühlte, gut aufgehoben (und das, obwohl er seine Bettwäsche nicht so häufig wechselte, aber damals wusste ich es auch nicht besser). Ein Bett, das mir als ein Zufluchtsort diente. In dem ich umarmt, gehalten, geküsst und geliebt wurde. Die neue Beurteilung des Erlebten stieß Überlegungen in sämtliche Richtungen an. Eine davon handelt von den sichersten Orten außerhalb meines Zuhauses.

Das Bett der anderen ist ein Ort, in dem wir uns verkriechen, wenn wir von einem anderen Körper gehalten werden wollen. In den Betten meiner Freund*innen, auf Durchreise, aber auch einfach so. Weil wir zusammen einen Film schauen, essen, uns sehen, Zeit miteinander verbringen wollen. Sleep Over ist für mich eine liebevolle Praxis. Mein Bett ist ein Bett für meine Freund*innen.

Es ist Freitagnacht. Ich komme aus dem Theater, habe mir einen vegetarischen Burger auf dem Weg geholt, will noch was glotzen, dabei essen. Will noch für eine Sekunde da auf dem Sofa liegen, noch für einen Moment die Euphorie über die Inszenierung behalten und dann wieder wegdriften. Es klingelt. Es ist spät. Ein Versehen vermutlich. Dann klingelt das Telefon. Eine Freundin steht vor der Tür: »Darf ich in dein Bett schlüpfen?« »Sicherlich.« Sie schluchzt, ist kaum zu trösten. Aber auch ohne einen Grund für Kummer hätte sie sich zu mir legen dürfen. Die Betten der anderen bieten Komfort

---

72 Maggie Nelson: *Freiheit*, S. 183.

und Sicherheit, die man manchmal nicht aus sich heraus generieren kann. Sanaz legte sich nach der Trennung in mein Bett und hielt mich fest. Ein Jahr später lag ich einfach so in ihrem Bett, und wir hielten einander. Adrian und ich. Chrissi und ich. Maria und ich. Katharina und ich. Leonie und ich. Helena und ich. Die Betten meiner Freund*innen sind sichere Orte für mich.

Befindet man sich in einer gewaltvollen, vergifteten, übergriffigen und manipulativen Beziehung, ist das Bett einer der gefährlicheren Orte. Ich habe bereits davon geschrieben: Zwischen 70 bis 80 Prozent der sexualisierten und körperlichen Gewalttaten finden in der eigenen Wohnung statt. Im Privatraum. Wie scheinbar ausweglos es ist, wenn das eigene Zuhause zu einem Ort der andauernden Vorsicht, der Überwachung wird, wenn sich aus einer Verliebtheit eine manipulative, gewaltvolle (hier übrigens lesbische) Beziehung herausschält, beschreibt Carmen Maria Machado in *Das Archiv der Träume*:

> »Was genau ist eigentlich gemeint, wenn es heißt, dass es irgendwo spukt? (...) In den Gemäuern des Traumhauses verbringst du sehr viel Zeit mit Zittern, mit der zwanghaften Ortung ihres Körpers im Verhältnis zu deinem, mit unruhigem Schlaf, mit dem Horchen auf ihre Schritte, auf die Verachtung, die sich in ihre Stimme schleicht, mit leerem, fassungslosem Starren auf Dinge, die du nie im Leben zu sehen gedacht hättest.«[73]

Auch in meinem Bett lag einmal eine von ihrem Freund verprügelte Frau. Nachdem sie sich erholt und wieder hergerichtet hatte, ging sie zu ihm zurück. Ein paar Wochen später stand sie wieder vor der Tür, noch entstellter als zuvor. Des-

73 Carmen Maria Machado: *Das Archiv der Träume*, Berlin 2021, S. 176.

infektionsspray, Kühlpacks, Schmerzmittel. Nach der Regeneration holte er sie mit einem neuen roten Auto ab. Sie kam nicht mehr zu mir zurück, rief nicht mehr an, mied mich. Ich habe sie nie wiedergesehen.

Das eigene Zuhause ist nie nur eine Adresse, es ist immer auch eine Geschichte. Eine Geschichte kann erzählt oder verschwiegen werden. Wer entscheidet darüber? Medial wird darauf bestanden, dass endlich *das Schweigen gebrochen* werden muss, wenn (erneut) das *Unsagbare* geschah – es soll allerdings bitte von denen gebrochen werden, die es doch schon so oft gebrochen haben. Laura Leupi notiert in *Das Alphabet der sexualisierten Gewalt*:

> »Das Schweigenbrechen ist der Fetisch des öffentlichen Diskurses über sexualisierte Gewalt. Das Schweigenbrechen wird eingefordert, angeordnet, ritualisiert«, und fordert: »Das Schweigen sollten diejenigen brechen, die das Schweigen zu verantworten haben. Das Schweigen sollten diejenigen brechen, die es sich im Schweigen gemütlich gemacht haben.«[74]

Ich habe den Schläger mit dem Faible für rote Sportwagen nie genötigt, Stellung zu beziehen. Ganz im Gegenteil. Auch ich habe damals, beim ersten Mal, mit der einstigen Freundin über mögliche Gründe der Gewalt gerätselt.

Warum lande ich, wenn ich über Pleasure, über Lust und Genuss nachdenke, immer wieder bei der Gewalt?

---

74 Laura Leupi: *Das Alphabet der sexualisierten Gewalt*, Berlin 2024, S. 33.

Streit im Penthouse

Bis zur Manuskriptabgabe sind es noch wenige Tage, und ich schreibe überall dort, wo ich gerade bin. Eva organisiert mir eine Nacht in einem Hotel, das früher ein Frauengefängnis war. An der Rezeption wird mir gesagt, dass ich ein Upgrade erhalte – hot! Der Schlüssel zum Penthouse. Ich rufe den Lover an. Das große Zimmer, das riesige Bett, das elegante Sofa, das schöne Bad, sie sind eine Verschwendung für den singulären Frauenkörper, der sich eigentlich nur ausruhen wollte, nun aber schlagartig keine Ruhe mehr will, sondern Berührung und Verführung.

Seit unserem hirnrissigen Urlaub sehen wir uns kaum noch. Ich schlafe wieder mit anderen. Aber jetzt will ich ihn. Die Erotik des Penthouses ist anders, ein Penthouse, das vormals ein Frauengefängnis war, verschmilzt Macht und Machtlosigkeit. Beim Sex will ich genau das: Subjekt und Objekt sein. Ich will die Macht besitzen (mich auf ihn setzen, ihn ertrinken lassen), die Kontrolle abgeben (gefesselte Handgelenke).

Maggie Nelson: »[Man sollte] der Grundannahme mit Skepsis begegnen, dass ›korrekter‹ Sex – also Sex, der ethisch und gleichberechtigt ist und unser aller Ziel sein sollte – so frei von Machtbeziehungen wie möglich zu sein hat. Macht ist für manche Leute ein integraler Bestandteil ihrer Sexualität. Manche wollen beim Sex über sie verfügen oder sie abgeben; für andere ist sie ein kompletter Lustkiller.«[75]

Die Machtverhältnisse in meinem Bett sind dynamisch. Der Lover nimmt die Macht, die ich ihm freiwillig über mich

75 Maggie Nelson: *Freiheit*, S. 169.

gebe, gerne an, er weiß sie zu nutzen. Noch lieber jedoch gibt er mir die Macht über sich. Die Entscheidung, sich zum Objekt zu machen, ist auch eine Demonstration von Macht.

Ich will mich unterwerfen. Der Lover kann aber gerade nicht. Also er will natürlich. Eigentlich will er nichts anderes. Er versichert es, beteuert und bestätigt es, bis ich es ihm beinah glaube. Taten, mein Freund, sagen allerdings mehr als Worte. Alle Begriffe, die er zur Beschreibung der Vorstellung verwendet, sind gewaltig. Sie sind kraftstrotzend und exzessiv, unter anderen Umständen wären sie angsteinflößend, jetzt sind sie erregend heiß. Dann würgt er mich ab. Was wichtiger sein soll, als jetzt hier mit mir zu vögeln, zu ficken, zu bumsen, mit mir Liebe zu machen, mich zu lieben? Arbeit natürlich. Die Arbeit, unser Leben.

Dann bekomme ich Lust auf Streit. Ich will mich richtig streiten, will unangenehme Grundsätzlichkeiten durchdiskutieren. Eine nie da gewesene Auseinandersetzung forcieren. Ihn regelrecht bedrängen, um meine neu entfachte Energie zu bündeln, zu katalysieren und loszuwerden. Der Lover und ich streiten uns allerdings nicht. Der Lover und ich sind wie ein Fantasiegebilde, ein ideales Konstrukt, das sich verpflichtungsarm so perfekt arrangiert hat, dass wir uns die Enttäuschung verzeihen. Neulich gab der Lover eine Party. Dort traf ich den einstigen Crush, der ebenfalls eingeladen war. Der Crush wurde längst zu einem Freund, dem ich, als er die Party mit einer Frau verließ, ehrlich eine schöne restliche Nacht wünschte. Der Lover hingegen, der das Aufeinandertreffen sensationslüstern beobachtete, uns ständig in gemeinsame Gespräche verwickelte, schien gar enttäuscht darüber zu sein, dass alles so harmonisch vonstattenging. Vielleicht sucht er die Eskalation, um, ach, was soll das, ich bin es leid, mir Gedanken über die Motivation von Männern, über ihr Handeln oder Nichthandeln zu machen.

Ich greife nach meinem Sakko und verlasse das Hotel. Ich trage ein semitransparentes weißes, knöchellanges Kleid von Krizia, schwarze Miu-Miu-Sandaletten, grüne Wollsocken, meine Haare sind zu drei Zöpfen geflochten. Ich will ein Getränk. Es kostet mich stets Überwindung, eine Hotelbar alleine zu betreten. Fast immer greife ich deshalb zu einer Begründung oder Waffe. In meinem Fall ist es, natürlich, ein Printprodukt. Nicht weil ich so gerne und zu jeder (un)möglichen Uhrzeit lesen will, weil ich nicht genug kriegen kann von Buchstaben und Geschichten, sondern weil es ein klares Signal ist, der unmissverständliche Hinweis, dass ich bereits einer Beschäftigung nachgehe. Lesen ist schließlich eine konzentrierte, einsame Angelegenheit. Ein Zeichen, das alle kennen, das trotzdem nicht alle verstehen, sondern gelegentlich absichtsvoll übersehen und dann auf die wohl unmöglichste Art versuchen, über das Printprodukt als Vehikel in Kontakt zu treten. »Na«, sagen sie dann, »was liest du da?« Oder: »Würdest du mir das Buch empfehlen?« Als würde ich wissen, wer du bist. Als wäre die Weitergabe, die Weiterempfehlung nicht ein intimer Akt. Als würden nicht andere Leute für meine Empfehlung gut bezahlen. Als würde es keine besseren ersten Sätze geben. Als würde ich nur darauf warten, endlich angesprochen zu werden.

Dass es nicht nur mir so geht, sondern auch anderen, belegt Lou Zucker mit dem Text *Eine Frau geht einen trinken. Alleine*:

> »Ich betrete nie allein eine Bar ohne ein Buch in der Hand. Und zwar aus zwei Gründen: Ich möchte das Signal aussenden, dass ich nicht darauf warte, angebaggert zu werden. Und ich habe das Gefühl, eine Rechtfertigung zu brauchen, warum ich dort bin. Grundlos in der Öffentlichkeit herumzuhängen, ist in unserer kapitalistischen Gesellschaft für kein Geschlecht angesehen. Für FLINTA*, die so

lange aus dem öffentlichen Raum verdrängt wurden, gilt das aber noch mal im Besonderen.«[76]

Zucker beschreibt, wie Frauen sukzessive aus der öffentlichen Wahrnehmung gedrängt wurden und sie sich diesen Raum wieder rückerobern müssen, da es lange Zeit als unsittlich, amoralisch und verdorben galt, sich unnötig und allein in der Öffentlichkeit aufzuhalten. Für mich als Schriftstellerin ist das Lesen nicht nur ein Hobby, es ist Arbeit. Daher habe ich mit meiner Methode direkt zwei Fliegen mit einer Klappe geschlagen.

Das Sakko locker über die Schultern geschmissen, gehe ich selbstbewusst in das schummrig beleuchtete Lokal. Ich werde gesehen, begrüßt, begutachtet. So wie beim Frühstück suche ich mir einen Tisch, an dem ich gut andere beobachten kann, allerdings selten in der letzten Ecke. Für so eine Distanz (zum Ausgang, zum Essen) müssen die Anwesenden oder die Einrichtung schon besonders nervtötend sein. Es ist Mittwochabend, der Laden ist mittelmäßig, aber gut genug besucht. Hinsetzen, Karte studieren, auswählen, das Buch aufschlagen, umgehend und allumfassend das Desinteresse signalisieren. Keinen Blickkontakt aufbauen. Tausend Mal geübt, den Ablauf perfektioniert. Man kann meine Nippel durch das Kleid erahnen, das scheint hier schon zu genügen, um Blicke wie Erwartungen auf einem zu spüren. Ich bestelle, weil ich mir wie das Klischee meiner selbst vorkomme, mir bei der Überwindung meines Unwohlseins aber freudvoll und stolz zuschaue, einen Martini und denke über die immensen Anstrengungen nach, die es mit sich bringt, als Frau alleine saufen zu gehen. Dann erst schaue ich mich einmal so richtig um. Sehen eigentlich alle harmlos aus und in ihre eigene Realität vertieft.

---

76 Lou Zucker: *Eine Frau geht einen trinken. Alleine*, Augsburg 2023, S. 9.

Frauen, die auf so eine obszön wirkende Art Alkohol genießen, also allein, gehobener Standard, fern der Mädelsabende-Prosecco-Cosmo-Zusammenkünfte (ich liebe Prosecco und Cosmopolitan), drängen in männlich dominierte Sphären ein. In die Männeretablissements für gute, tiefsinnige Gespräche, Zigarren und Freunderlwirtschaften. Frauen, die auf diese Art alleine trinken gehen, wird viel eher ein Alkoholproblem als Sinn für den Genuss und die Wertschätzung eines guten Drinks unterstellt. Da sitze ich nun, der Martini wird vor mir platziert, die gute Nussmischung und ein Glas Leitungswasser daneben. Alles ist köstlich, wo ist das Problem? Zum einen ist es gefährlich, also tatsächlich gefährlich, alleine auszugehen, andererseits werden wir ein Leben lang davor gewarnt, nie und nimmer auch nur irgendwas alleine zu tun (Urlaub, Leben, Wohnen, Sein). Wie soll man da entspannt einen Martini trinken?

Louisa, Lilli, Charlotte und ich trafen uns vor Kurzem in der *Victoria Bar*. Hübsch nebeneinander aufgereiht, gut zu betrachten, ließen wir uns an der Bar nieder. Weil wir alle dermaßen unterschiedliche Vorlieben und Geschmäcker haben, standen vor uns vier unterschiedliche Drinks. Auf eine Sache können wir uns jedoch immer einigen: auf Klares. Weil wir es nicht lassen und es uns vor allem nicht entgehen lassen konnten, bestellten wir dann noch das Hildegard-Knef-Gedächtnisgetränk (vier Mal hintereinander). Schampus und Wodka, in kleinen eiskalten Kristallgläsern. Sie ergänzen sich so gut wie Menstruation und Frittiertes. Im Gegensatz zu der Sorglosigkeit, die ich mit meinen Freundinnen in der Bar verspürte, fühle ich mich jetzt weniger frei und wesentlich eingeschränkter. Konzentration. Der Martini ist köstlich, darüber ließen sich ganze Essays schreiben, ich habe mein Leben offensichtlich im Griff, sonst säße ich nicht hier und würde einen Cocktail für 17 € trinken, wie eine, die es hat und lecki findet. Aha, da komme ich dem zweifelhaften Gefühl, welches mich beschleicht, etwas näher. Ich halte mich zusammen, um nicht aufzufallen. Die saufende Frau säuft schließlich als Reaktion auf eine Problemstellung. Da ich keins habe, denke ich darüber nach, nach welchem Problem ich für die anderen aussehen könnte.

Sind die Probleme ortsspezifisch? Na sicherlich. Säße ich jetzt in einer Boazn statt mit einem Martini mit einem Bier, Wein oder gar Schnaps vor mir, würden mir andere Konflikte und Schwierigkeiten, eine andere Maßlosigkeit und Schadhaftigkeit unterstellt werden als hier. Der Komplettausfall wird in ein anderes Milieu geschoben. Für wen also gerade die Show, die ich durch meine Selbstbefragung, meine Selbstdisziplin, meine Contenance, durch mein vertieftes Lesen darbiete? Lou Zucker schreibt:

> »Ich sehe mich mit den Augen der anderen: Frau allein, leicht zu haben, Freiwild, auf der Suche, verzweifelt, einsam, keiner will sie, hat ihr Leben nicht im Griff. Es spielt in diesen Fällen keine Rolle, ob die anderen das wirklich denken, es genügt, dass diese Vorurteile gesellschaftlich präsent sind, denn sie beeinflussen, wann ich wo mit wem hingehe – oder nicht.«[77]

Die eigene Souveränität ist so lange eine geliehene, eine Behauptung, bis sie zur Selbstverständlichkeit wird. Der Martini ist ausgetrunken. Ich bestelle noch einen. Das habe ich noch nie getan. Na ja, ein- oder zweimal vielleicht. Ich rufe den Lover an. Der weiß gar nicht, wie ihm geschieht, denn ich mache Schluss.

---

77 Lou Zucker: *Eine Frau geht einen trinken. Alleine*, S. 20.

Träume

Während ich dieses Buch schrieb, hatte ich folgende Träume:

Es wird mir zu Ehren ein Dinner ausgerichtet. Die Tafel ist lang und hübsch gedeckt. Es ist dunkel, überall Kerzen. Ich sitze beinah alleine am Kopf des Tisches, der sich meterlang in einem riesigen Speisesaal erstreckt. Alle sind gerade weg, auf Toilette oder rauchen. Dann wird der Dessertwagen hereingerollt. Ich finde ihn schön und erkenne, das ist ja alles Milchschokolade! Dann verkünde ich gönnerhaft, dass das nicht so schlimm ist, ich bin einfach nur glücklich darüber, dass wir alle zusammen sind, und weiß, dass die meisten anderen sehr gerne Milchschokolade essen.

Ich befinde mich am Rande eines Regenwaldes und habe Geburtstag. Es ist gleich Mitternacht, und ich weiß, dass sich meine Freund*innen etwas für mich ausgedacht haben. Plötzlich überkommt mich die Lust, und ich will mit dem Lover schlafen. Es klopft an der Tür, und zwei Männer eilen herein: »Wir müssen noch die Businessgeschäfte erledigen!« Also gehen die Männer und ich aus dem Zimmer und lassen den Lover allein. Nach Stunden, es geht bereits die Sonne auf, komme ich erst zurück. Aber niemand ist sauer auf mich. Dana drückt mir ein Glas frisch gepressten Saft in die Hand und einen Kaffee und sagt: »Dann machen wir halt jetzt ein schönes Geburtstagsfrühstück.« Jonathan sitzt auf der Terrasse und schneidet eine Papaya auf. Alle gratulieren, der Tisch ist schön gedeckt.

Ich liege im Hotelbett und werde vom Klopfen an der Tür geweckt. Der Room Service steht vor der Tür und bringt das köstlichste Frühstück. Dann klopft es wieder. Jemand liefert haufenweise Geschenke von verschiedenen PR-Agenturen. Es klopft wieder. Jemand bringt die schönsten Blumen. Es klopft wieder. Jemand bringt eine Flasche Schampus. Es klopft wieder, und in freudiger Erwartung, was jetzt noch kommen mag, öffne ich die Tür, und eine Grundschulklasse kommt herein. Die eine Lehrerin sagt: »So, Kinder, schaut euch das an. Das ist die Ungerechtigkeit, denn so leben die Schönen und Reichen!«

In einer Kaufhalle verscherbeln befreundete Kostümbildner*innen die prächtigsten abgelegten Stücke. Allerdings ergreift mich keine Lust zu shoppen. Jemand serviert fantastische japanische Sandwiches, die ich alle aufesse.

Im Morgengrauen und leicht bekleidet stütze ich mich auf die Brüstung einer Terrasse und schaue in einen Garten. Jahreszeit: Sommer. Der Lover taucht plötzlich auf, positioniert sich halb neben, halb hinter mir, umarmt mich von hinten, küsst mich auf die Wange und entschuldigt sich. Ich: »Für was?« Er: »Für alles.« (lol) Er schiebt seine Hand unter meinen Rock, legt sie auf den Po, streichelt ihn liebevoll, dann meine Vulva, und dann werde ich nass, und er kann problemlos seine Finger in meine Vagina einführen. Währenddessen, es ist schon richtig hot, schauen wir in den Garten, der vielmehr ein gepflegter Park ist, und überall befinden sich nun bunte, prächtige Vögel.

Jessica und ich sind wandern und werden von einer Frau angesprochen, die uns als Models für die eigentlich langweilige, aber seit Kurzem erstaunlich hippe Schuhmarke Camper casten will. Ich bin ganz begeistert und sage: »Das passt so gut, meine Schuhe sind ja vulkanisiert, und wir stehen auf einem Vulkan!«

Im Baum hängt Speck, so gebratener wie beim Frühstück, und unter den Palmen ist ein Buffet angerichtet.

Der Lover und ich sitzen auf dem Sofa und essen aus einer großen Schüssel etwas Schlonziges. Er lacht viel, weil er es nicht so gut auf dem Löffel balancieren kann und ständig kleckert. Ich finde ihn zwar süß, aber will später nicht sauber machen. Ich denke, ein Mann, der so unordentlich isst, kann nur ein guter Liebhaber sein.

Ich bin in einem erstklassigen Pralinenladen. Die Auslage ist überbordend schön, ich habe alle Zeit der Welt und betrachte sie ausgiebig. Dann entscheide ich mich, ich weiß, ich kaufe gerade die teuersten Pralinen der Welt, und ich will genau das. Während die strahlende Verkäuferin mir ein hübsches Päckchen schnürt, sage ich zu ihr: »Wissen Sie, ich bin Single!« Sie schaut mich entzückt an, antwortet: »Das freut mich so für Sie!«, und ergänzt: »Dann verdienen Sie die hier«, und reicht mir die schönste Praline, die ich jemals gesehen habe.

Ich bin in einer dunklen Welt, in der Lava fließt. Ich locke drei Tiere aus dem Garten in meine Villa. Die Tiere sehen aus wie die bösesten Varianten von eigentlich lieblichen Tieren. Eine übergroße Heuschrecke, die ein absurdes Grinsen innehat, ein Schmetterling, dessen Flügel schwarze Schleier sind, und ein Nilpferd, dessen Falten rot leuchten, als würde auch in ihnen Lava fließen. Die Tiere haben keine Freude in meiner Villa, wollen wieder raus, aber können den Weg nicht finden, was mich ärgert. Sie benehmen sich wie Fliegen im Sommer oder Bienen, wenn sie das offene Fenster nicht finden. Also zeige ich erst allen Gäst*innen (plötzlich ist da eine Party) die

Tiere (sie ekeln sich) und manövriere sie dann hinaus. Dann gucke ich mir von der Brüstung aus die weit entfernten Lavaströme an. Finde es beruhigend schön. Weltuntergang halt.

Ich bin im Hotelrestaurant ohne Wände. Es ist Nacht, warm, und der Ort ist am Rande des Regenwaldes. Ein großes Fest findet statt. Jonathan, Emily und Adrian sitzen mir gegenüber. Vielleicht eine Hochzeit? Jonathan geht aufs Klo. Ich will ihn nicht gehen lassen, weil ich glaube, er würde etwas verpassen. Kaum ist Jonathan weg, spielt der Alleinunterhalter *Eternity* von Robbie Williams. Alle singen mit. Jonathan kommt zurück, hereingestürzt, und wir liegen uns in den Armen und singen zusammen.

Der Crush kommt und sagt: »Jovana, ich liebe dich, lass uns durchbrennen.« Ich sage: »Nein.« Der Lover kommt und sagt: »Jovana, ich liebe dich, lass mich dich schwängern.« Ich sage: »Nein.« Der Ex-Mann kommt und sagt: »Jovana, ich liebe dich, lass uns zusammenleben.« Ich sage: »Nein.« Der toxischste Boyfriend von allen kommt und sagt: »So, Jovana, jetzt, wo endlich alle weg sind, kann ich dich domestizieren und zu dem machen, was du eigentlich sein willst, eine liebe Hausfrau.«

Ich träume den gleichen Traum in der darauffolgenden Nacht noch mal:

Der Crush kommt und sagt: »Jovana, ich liebe dich, lass uns durchbrennen und heiraten.« Ich sage: »Nein.« Er sagt: »Aber ich brauche deine Staatsbürgerschaft.« Der Lover kommt und sagt: »Jovana, ich liebe dich, lass mich dich schwängern.« Ich sage: »Nein.« Er sagt: »Ich muss aber einen Nachkommen zeugen und meine Gene weitergeben.« Der Ex-Mann kommt und sagt: »Jovana, ich liebe dich, lass uns zusammenleben.« Ich sage: »Nein.« Er sagt: »Aber ich kann mir die Scheidung nicht leisten.« Der toxischste Boyfriend von allen kommt und sagt: »So, Jovana, jetzt, wo endlich alle weg sind, kann ich dich domestizieren und zu dem machen, was du eigentlich sein willst, eine liebe Hausfrau.«

Clara hat eine Ausstellung über Nail Design kuratiert. Mir wird vor Ort ein Badeanzug tätowiert. Damit gehe ich an den Strand.

Ich bin auf einem großen Schiff, plötzlich hochschwanger und davon total genervt und weiß jetzt auch nicht so recht. Sagt ein Mann: »O. k., los, Sie müssen jetzt in den Kreißsaal.« Dann kommt ein winziges Baby raus, so groß wie eine Handfläche. Ich nehme es mit und verstaue es in meiner Handtasche. Das Schiff legt an, und ich werde abgeholt: der Crush ist der Kindsvater. Im Auto sitzen meine Tante, der Vater meines Ex-Mannes und die Eltern vom Crush. Er aber nicht. Ich hole das Baby nach Stunden mal aus der Handtasche und lass es Milch trinken. Es wird sofort sehr viel größer. Ich ärgere mich darüber, dass ich keine coolen Schwangerschaftslooks präsentiert habe. Weil ich ja nicht wusste, dass ich schwanger bin.

Ich adoptiere Paris Hiltons Chihuahua Tinkerbell, und aufgrund von Hochwasser sitzen wir in einem schäbigen Ruderboot und kentern. Aber alles nicht so schlimm, Tinkerbell kann schwimmen.

Ich spiele Tennis und bin gut.

Ich muss mich vor einer Behörde über mein Datingleben rechtfertigen. Mein Sachbearbeiter ist durcheinander und findet, es sind zu viele verschiedene Personen, und fragt, ob ich mir bitte ein Ordnungssystem überlegen kann, so kommt da ja niemand mehr mit.

Mama hat einen neuen Mann und mit dem eine neue Katze und ein neues Kind. Kind und Katze heißen beide Jovana. Weil ich ja nie nach Hause komme und generell eher enttäuschend bin. Neue Versuche!

Ich träume von Butterbroten und Sanbitter. Das ist alles. Als ich aufwache, hatte ich das Brot soeben zu Ende geschmiert und Lust, es zu essen.

Für ein Theaterstück, das auch ein Dinner sein soll, muss ich ständig etwas probieren. Die Dramaturgie überfällt mich in der U-Bahn: »Probiere diese Suppe!«, an der Kreuzung: »Koste dieses Dessert!«, an einer Haltestelle: »Wie findest du diesen Hauptgang?«, zu Hause: »Ein Gruß aus der Küche!« Alles schmeckt köstlich.

Ich träume davon, auf einem Liegestuhl zu liegen.

Ich träume davon, Margaritas zu trinken, sie schmecken sehr gut.

Ich war mit einer, die ich von PR-Events kenne, unterwegs, plötzlich kommt raus, sie ist Designerin bei Balenciaga. Sie sagt, ich darf mit ins Büro. Das Büro befindet sich in einem versteckten Bereich eines Shoppingcenters, und kaum sind wir drin, ertönt über die Lautsprecher die Warnung, dass Jovana Reisinger eingebrochen ist. Sie: »Ah oooopsie, du darfst gar nicht rein!«, und setzt sich an den Schreibtisch. Die Polizei kommt sofort, nimmt mich mit, und ich denke: Na, so werde ich mit meinem Buch ja nie fertig.

Ich trage eine Kette mit sehr vielen Anhängern. Ich verliere sie, und alle sind traurig. Ich freue mich, dass ich sie hatte. Dann finden wir sie wieder und bestellen Cocktails.

Ich gehe aus, nehme Ecstasy und habe Spaß. Steffen macht mit. Alles ist schön. Es gibt ein Buffet mit hundert verschiedenen Melonensorten. Ich bin erstaunt über die Vielfalt und dass ich bislang nichts davon wusste.

Tina und ich essen ein Käsebrot.

Das Buch wird veröffentlicht, und deshalb verlasse ich den Lover. »Das ist nun abgeschlossen«, sage ich zu ihm. Die Party ist geheim, aber alle kommen. Es ist das allerschönste Fest. Die Lektorin ist auch zufrieden.

Ich organisiere eine Beerdigung.
(Zehn Nächte in Folge)

Epilog.

Das Ende einer Ära

»Man muss mit der Zeit gehen!«, denkt sich Tiffany, die hier so heißt, weil niemand annehmen würde, eine Tiffany käme in einem Buch über Pleasure vor.

»Man muss mit der Zeit gehen!«, dachte Tiffany also und bestieg das Flugzeug. Ihr Ziel war so groß wie die Gucci-Tasche in ihrer Hand. Sie wollte nach Venedig, aber das war nicht ihr Ziel, sondern nur der Ort, an den sie reiste. Tiffany wollte nach la Dolce Vita, zum Campari Soda, wollte in die Stadt der Brücken und des Untergangs und des edlen Murano-Glases – sie wollte dahin, wo sich die Wichtigsten der globalen Kunstszene versammelten und man sich über die heißesten Investitionsmöglichkeiten austauschte.

Tiffany wusste, dass das Geld auf der Bank nicht für sie arbeitete, sondern schlief, und das war in Tiffanys Welt ein Fauxpas. Streng genommen war es in der Welt, zu der Tiffany gerne gehören würde, ein Fauxpas, denn Tiffany hatte überhaupt erst seit ganz kurzer Zeit Geld auf dem Konto. Jetzt aber war sie im Game, und das Game hieß Anlage und Investment, und zwar beides mit einem feministischen Twist. Tiffany saß also im Flieger und hörte ihre *female empowerment rap*-Playlist und freute sich, denn das schöne Leben war zum Greifen nah und endlich bezahlbar.

Das Geld auf ihrem Konto war durch einen äußerst klugen und etwas überraschenden Schachzug von ihr zustande gekommen, und während sich die männlichen Kollegen noch das Maul über ihren Megadeal zerrissen, saß Tiffany längst im Büro der Finanzberaterinnen. Da freuten sich die Frauen, denn Tiffany war nun eine von ihnen. Also eine von ihren

Kundinnen. »Die Zeit ist reif für Kunst!«, sagte die eine von den beiden, die äußerlich kaum zu unterscheiden waren und nebeneinander und freundlich lächelnd in ihrem perfekt eingerichteten Edelbüro in der Münchner Innenstadt standen, das nicht protzig, sondern zeitgemäß reich wirkte, mit all dem Teakholz und Leder und Stahl und den bunten Lampen und Teppichen, die farbenfrohe und exzentrische Akzente setzten, so wie auch die ausgewählten Kunstkataloge im Regal.

Kunst – das leuchtete auch Tiffany sofort ein, denn Kunst schien ihr nicht nur an sich eine wertvolle und schützenswerte Sache zu sein, sondern auch ein irgendwie unschuldiger Weg, Geld aus Geld zu machen. Deshalb trat sie zunächst einigen Fördervereinen bei, dem des Theaters, des Kunstvereins, des Museums, und buchte sich dann, kurz darauf, die vielversprechende Reise. Der Gewohnheit wegen allerdings nur in der Economyclass. Tiffanys Leben hatte sich, seit sie die vielen Nullen auf ihrem Konto zum ersten Mal erblickt hatte, vor allem *innerlich* geändert: Nicht nur war ihr ein Stein vom Herzen gefallen, nein, eine gewaltige Welle der allumfassenden Ruhe hatte Besitz von ihr ergriffen. Die neue Tiffany war entspannt.

Als Tiffany sich eingestanden hatte, dass sie an diesem Morgen ohnehin nicht mehr einschlafen würde, beschloss sie, aufzustehen, den Seidenmorgenmantel überzustreifen und den Sonnenaufgang vom Balkon aus zu beobachten, wie eine, die die Welt begrüßen will, als hätte sie sie selbst erschaffen: großherzig, enthusiastisch und ein klein wenig verärgert über die kurze Nacht. Aber das tat der Laune keinen Abbruch, Reichtum verpflichtet, und Pflichten erfordern ein aktives Leben.

Anders als erwartet wurde Tiffany nach der Landung in der Stadt der gotischen Paläste nicht von einem Entsandten, einem Mitarbeiter des berühmt-berüchtigten Kunstsammlers, in Empfang genommen. Sie manövrierte sich beherrscht und eigenständig durch die Massen der Tourist*innen, die bei 35 Grad mehrheitlich so aussahen, als würden sie jede Sekunde kollabieren, und die die Straßen verstopften wie Eiter die Poren der Jugendlichen. Es stank nach Schweiß, nach Ausdünstungen, nach Sommer. Was immer noch besser war als der Gestank von nassem Pelz. Tiffany hingegen roch gut, nach einem erstklassigen und hochpreisigen Parfüm und nach Selbstbewusstsein.

Während sich die Welt durch die winzigen Gassen schob oder auf dem Canal Grande herumschipperte, nannte Tiffany, die Frau der Stunde, artig ihren Namen an der Tür des Palazzo und wurde nach einer unangenehmen Wartezeit hineingelassen. Eine Eisentür führte in einen Vorgarten, an dessen Ende sich eine weitere Mauer befand sowie ein übertrieben hohes Holztor. Auch dort läutete sie, wurde dieses Mal aber sofort eingelassen. Es erwartete sie eine Person in klassischer, zurückhaltender Kleidung und Geste. Ein Angestellter, ein Bediensteter, ein Butler. Tiffany, die in ihrem Leben außerhalb des Kinos noch nie, wirklich niemals Hausangestellte gesehen hatte, fand den überfürsorglichen Empfang befremdlich, erinnerte sich dann aber an ihren persönlichen Leitspruch und gab nun beinahe euphorisch den Blazer ab. Mit der Zeit würde sie gehen, ach was, der Zeit davonschreiten wollte sie, jawoll, und die Zeit hier, die war eine andere. Die Zeit hier, beim großen und wichtigen Sammler und Unterstützer und Förderer der Künste und Kunstschaffenden, war irgendwann einmal stehengeblieben, nicht erst bei ihm, sondern schon viel früher, Generationen früher, als dieses Stadtschloss gebaut und mit den Kostbarkeiten des Landes sämtlicher Epochen gefüllt wurde.

Des Sammlers Schuhe glänzten wie der Marmorfußboden, und der Butler lächelte so zugewandt und leer wie die Flugbegleiterin, die ihr am Vormittag den Kaffee gereicht hatte.

Man führte Tiffany in einen Raum, der alles hielt, was ihr im Vorfeld versprochen worden war: die Aussicht auf die romantische Stadt, direkt am großen Kanal, spitzenmäßiges Mobiliar, gepflegte übergroße Pflanzen für das Flair, ein längst nicht mehr verwendeter Kamin und darüber, wie sollte es anders sein, ein spektakulär gut erhaltenes Mosaik aus Pompeji. Bevor Tiffany Erkundungen zur Provenienz dieser Seltenheit anstellen konnte, führte der Sammler, gefolgt vom Butler, die frisch vermögende Frau in ein vollständig rotes Zimmer. Roter Boden, rote Wände, rote Möbel. »Die Exzentrik der Reichen«, dachte sich Tiffany, da blieb der Sammler stehen und wies mit der Hand, so stolz wie ein Mann kurz nach dem Orgasmus, auf einen winzigen Rahmen. Doppelt geschützt hinter Sicherheitsglas: ein original da Vinci.

»Do you want to see my collection upstairs?«, fragte der Sammler dann, und Tiffany wusste nicht, ob das in dieser Welt bedeutete, dass man die Betrachtung wichtiger und seltener Werke auf eine zweite Etage ausweitete oder dass sie sich ausziehen sollte, und verschob die weitere Tour auf später. Schließlich war sie nicht fürs Privatvergnügen hier, sondern fürs Geschäftliche, und heute wollte sie eine Künstlerin kennenlernen. Eine vielversprechende Neuentdeckung, noch nicht zu teuer, gerade noch erschwinglich, aber so gehypt, dass es mit ihr nur nach oben gehen konnte. Kunst ist ein Markt, der Markt bestimmt die Kunst.

Der Butler verließ den roten Raum, und zwischen Tiffany und dem Sammler entstand ein elegantes und inniges Gespräch. Es kreiste um historische Bezüge von Kunst im Allgemeinen, um zeitgenössische Referenzen, Strömungen, Gruppierungen und natürlich um Gossip. Ach, wie gut sie sich verstanden! Tiffany, die eine Souveränität ausstrahlte, als wüsste sie, was sie tat, war begeistert von dem fähigen Mann, der sich, von ihrer Aufmerksamkeit angestachelt, intellektuellen Ausschweifungen hingab und kein Halten mehr kannte, während sie längst in einen Tagtraum verfallen war, der sie seit einiger Zeit mehrmals in der Woche heimsuchte.

Seit einer Weile, um genau zu sein seit fünf Wochen, wünschte sich Tiffany heimlich eine Tennisplatzaffäre. Sie imaginierte es sich auf die immer gleiche Weise, unfassbar heiß: Nach dem Spiel würde sie verschwitzt mit einem Mann in die Dusche gehen und sich von ihm erst lecken und dann ficken lassen. Im Anschluss würden sie einander sorgfältig einseifen und waschen, zum Abschluss etwas Kleines snacken, da sich der Appetit in der Zwischenzeit auch auf den Magen ausgeweitet hatte. Diese Fantasie, die Tiffany nicht losließ, übertrug sie nun auf den prominenten Kunstkenner und fragte sich, ob er sie nicht direkt auf der kleinen ledergepolsterten Bank bumsen wollen würde. Weil ihr sein Verhalten keine Auskunft darüber gab, ob er sich nun für sie auch sexuell interessierte oder nur intellektuell und finanziell, fragte sie eilig nach, und nach einigen weiteren Worten und Blicken fielen die beiden dann auch tatsächlich auf der Lederbank übereinander her.

Tiffanys lindgrüner Seidenrock war hernach etwas verknittert, aber immer noch hübsch anzusehen, und dann läutete es auch schon an der Tür, und die weiteren Gäst*innen betraten hintereinander die stattliche Villa, ehe die beiden noch ein Wort der Verständigung miteinander wechseln konnten. Der Gastgeber begrüßte jede*n der Hereintretenden per Handschlag und Küsschen sowie einigen ausgewählten Sätzen, die Individualität und Verbindlichkeit verhießen.

Die Antipasti auf den makellos polierten Silbertabletts sahen so appetitlich aus, dass Tiffany sich nicht zurückhalten wollte. So stand sie davor und befahl und bestimmte, und es landete eine beachtliche Häufung von Melanzane, Zucchini, Oliven, Schinken, Mozzarella, Tomaten auf ihrem Teller. Dass man bei solchen Events das Essen für gewöhnlich ausschlug, hatte man Tiffany im Finanzbüro nicht als Tipp mitgegeben.

Ein Butler ging eilig durch die lachende Menge und verteilte den Champagner. Die Menge dankte ihm recht herzlich, als hätte er das teure Getränk aus eigener Tasche gezahlt. Tiffany traf auf *die* Szene, die Clique, aufs Know-how. Entrepreneurs, Gründer*innen, Macher*innen. Diszipliniert, eifrig und motiviert. Nur die Künstlerin war nirgends zu sehen. Sei es drum, das Netzwerk stärken! Da lief ihr ein bisschen Sperma das Bein entlang, und Tiffany war umgehend alarmiert, denn dieses Zeug aus der Seide rauszukriegen, war kein Ding der Einfachheit. Sie entschuldigte sich und suchte nach einem Badezimmer. Prunk, Kitsch, Erbe, wie sollte es anders sein, bildete einen guten Selfie-Hintergrund. Ach, wie schön ist das bloße Dasein.

Tiffany, die ihr Leben lang von solchen Momenten geträumt hatte, fand sich nun mit gereinigtem Rock im Mosaikraum wieder, wo sie dem lustigen Monolog eines deutschen Regisseurs über den Versuch, einen feministischen Film zu drehen, zuhörte, allerdings hatte dieser weder von Feminismus eine Ahnung noch von guter Erziehung. Nicht nur stellte er Tiffany keine einzige Frage, nein, er ging auch selbstverständlich davon aus, dass sie sich für sein Gejammer interessieren würde. Nun, wo sich ihre finanzielle Situation zum Guten verändert hatte, wollte Tiffany für so etwas keine Zeit mehr aufbringen und unterhielt sich stattdessen mit einer Schriftstellerin, die gelangweilt auf dem Sofa lag.

Die Schriftstellerin hatte sich darniedergelegt, weil sie von einem plötzlichen und offensichtlich übertriebenen Unwohlsein aufgrund der geschmacklosen Zurschaustellung des Reichtums erfasst worden war. »Aber nicht doch«, wollte Tiffany tröstend der Schriftstellerin die Hand reichen, »das ist doch alles nur Fassade! Der Hintergrund! Die Kulisse! Respektiert wird schließlich, wer den Reichtum zeigt!«, aber da wurde die Schriftstellerin schon aus dem Raum gezerrt, und zwar von der vielversprechenden Künstlerin selbst.

Eine kleine Rede, ein großer Dank, und die Party konnte endlich beginnen. Tiffany trank noch ein Gläschen und plauderte mit einem Künstler*innenpaar aus Frankfurt, mit einer PR-Agentin aus Berlin und einer römischen Schauspielerin. Die Künstlerin stellte sich dazu, sprach über ihre Ästhetik, dabei war Tiffany längst überzeugt: Das hier, das war ihre Zukunft, und den Eintritt in dieses Milieu würde sie sich einiges kosten lassen. Sie schlug sofort zu und kaufte noch an Ort und Stelle bei der Galeristin ihr erstes Werk. Der Sammler staunte nicht schlecht und nickte anerkennend. Ein kleines Teil zwar, aber der Anfang war gemacht. Die Schriftstellerin knutschte indes mit einem ebenso spöttischen Fotografen auf dem Balkon, die PR-Agentin zwang die Butler, ordentliche Cocktails zu bringen, und der Sammler fummelte an Tiffanys Po herum, während er etwas von *Amore* säuselte. Der Regisseur gestikulierte übertrieben in Richtung eines Models, und Tiffany erhielt eine Textnachricht: »Tiffany, ich habe einen Fehler gemacht. Können wir reden?« Tiffany lachte in sich hinein, am Ende kommen sie doch gekrochen. Was wollte sie noch vom Leben? So viel mehr.

~

Tiffanys Geschichte ist nicht nur die des plötzlichen Wohlstands, sondern auch der Genussfähigkeit. Deals, Jetset und Sex, Tiffany wurde zu einer Frau, die ich sein will: unabhängig, schamlos selbstsicher und unerschrocken. Eine, die weiß, was sie will, die sich selbst diesen Wunsch abnimmt und ihr Leben zu einem besseren macht. Manchmal gelingt mir das, manchmal lasse ich mich auf dem Weg reinlegen, von beidem habe ich hier Zeugnis abgelegt. Dieses Zeugnis soll keine Anleitung, sondern ein Manifest sein. Pleasure ist nicht nur die kühne Behauptung dazuzugehören, sondern der eigenmächtige Versuch, genau das zu schaffen. Trotz der Unsicherheiten, der Widrigkeiten und der vermeintlichen Defizite. Entgegen der Scham.

Tiffanys Aufstieg führt sie an Orte, von denen sie vorher nicht mal geträumt hatte. Doch geht es bei Pleasure nicht um eine große Bewegung, sondern um eine große Bereitschaft zur Hingabe. Für manche mag das bedeuten, in elitäre Räume einzudringen, die ihnen qua Herkunftsgeschichte nicht selbstverständlich erscheinen. Für andere, sich den Themen zu widmen, für die sie verachtet werden. Für die einen ist Pleasure der ungestörte Schlaf, für die anderen die Limonade auf der Dachterrasse, für die nächsten die Markenklamotte. Pleasure ist immer eine persönliche Anspruchsgeste und zugleich eine politische Intervention. Das fotzige Kleid, die Discounter-Delikatesse, die Müdigkeit – das bin nie nur ich. Da sind immer die anderen, das ist der gesellschaftliche Kontext, die Fallhöhe, die Provokation. Pleasure ist ein Manifest, weil das gute Leben allen zusteht.

Es ist 2:51 Uhr, eine gewöhnliche Nacht in einer gewöhnlichen Woche. Die Matratze, die Decke und die Kissen sind frisch bezogen, das Nachthemd an diesem Abend neu aus dem Schrank genommen. Die Freuden der kleinen Frau. Sie wissen jetzt alles über mich, bloß meine Geschichte kennen Sie noch nicht. Heute werde ich sie nicht mehr erzählen. Wozu auch. Sie ist gut ausgegangen, vorerst. Das genügt.

Die Nacht ist angenehm ruhig, das Gewitter hat sich verzogen, und dementsprechend entspannt verweile ich, blättere ein letztes Mal meine Notizen durch. Auf eine ansonsten leere Seite habe ich in einem Moment, an den ich mich nicht mehr erinnern kann, geschrieben: »Wer am Leben ist, ist dazu verpflichtet.«

Mehr steht nicht da. Weil ein halber Spruch nichts Ganzes ist, will ich vervollständigen, aber mir fällt nichts wirklich Gutes ein. Ergänzen Sie ihn einfach selbst.

Die Welt ist noch immer nicht untergegangen. Ganz im

Gegenteil. Sie ist schön, sie ist schmerzhaft, sie ist lustvoll, sie ist bescheuert, sie ist ambivalent. Bevor ich das Licht ausschalte, weil es morgen weitergehen wird, erstelle ich ein Verzeichnis meiner Verluste. Der Tod des Vaters, die Trennung vom Lover, das Vergessen des Crushs. Während ich dieses Buch geschrieben habe, habe ich mehr Männer gehen lassen als Preise oder Stipendien (eins) erhalten. Denn wer am Leben ist, ist dazu verpflichtet. Ich bemerke erst jetzt, dass meine Notiz gar keine Ellipse ist. Mein Satz ist das Leben selbst. Darin liegen die Spannung und die Schönheit und, in alldem, der Genuss.

Danke

Sapir von Abel, Charlotte Adam, Duygu Agal, Antonia Baum, Alexandra Bondi de Antoni, Ufuk Cam, Caroline Daube, Sascha Ehlert, Katja Eichinger, Helena Eckert, Lena Marie Emrich, Theresia Enzensberger, Mareike Fallwickl, Alexander Freudenberger, Luisa-Celine Gaffron, Jonathan Guggenberger, Hannes Heinrich, Baran Hêvi, Katharina Holzmann, Maria Hunstig, Balbina Jagielska, Anna Jung, Clara Kacinari, Leon Kahane, Barbara Kalender, Sanaz Klaus, Sarah Kohm, Malakoff Kowalski, Natalie Krahl, Alexandra Kruse, Katja Kullmann, Leonie Kusterer, Adrian Lambert, Mia Latkovic, Kristine Listau, Ilija Matusko, Kokutekeleza Musebeni, Louisa Müller, Anja Pawlik, David Rabolt, Benjamin Radjaipour, Theresa Reiter, Gabriele Reisinger, Robert Reisinger, Jotar Reisinger, Caroline Rosales, Steffen Roßmanith, Christina Maria Ruederer, Linda Sakallah, Miryam Schellbach, Sophie Schling, Laura Schupp, Katharina Pia Schütz, Emrah Seçkin, Tijan Sila, Elke von Sivers, Silviu Slavu, Lara Sperber, Anke Stelling, Dana von Suffrin, Jörg Sundermeier, Julian Tiefenbacher, Yana Eva Thönnes, Tina Totic, Eva Urbann, Sophie Wanninger, Laura Wiesböck, Diana Weis, Nicolas Wenz, Monika Wöhrl, Hengameh Yaghoobifarah, Ta-Som Yun, Bastian Zimmerman, dem Ullstein Verlag.

Register